广州教育事业发展报告
（2018）

ANNUAL REPORT ON EDUCATION OF GUANGZHOU
(2018)

主　编／方晓波　查吉德
副主编／杜新秀　陈发军　张海水

社会科学文献出版社
SOCIAL SCIENCES ACADEMIC PRESS (CHINA)

编 委 会

主　　编　方晓波　查吉德

副 主 编　杜新秀　陈发军　张海水

编委成员　郭海清　刘　霞　谢　敏　刘荣秀　高珂娟
　　　　　　李清刚　万　华　杨　静　李赞坚　简铭儿
　　　　　　李柯柯　蒋亚辉

主要编撰者简介

方晓波 法学博士，现任广州市教育研究院党委书记、院长。长期从事基础教育教学研究工作，曾任湖北省教研室常务副主任。2017年作为广州市基础教育高层次人才引进到广州工作。承担基础教育课程与教学研究项目多项，主编经审定通过的国家课程教材4套，公开发表"道德情感教育"等学术论文40余篇（核心期刊发表15篇），编著《思想品德教育理论与实践》《哲学与生活》等专业书籍10部。在实验研究基础上，提出"培育道德情感，提升道德情商"教育理念，主持德育课程教学实践成果获得2014年首届基础教育国家级教学成果奖。在人民出版社出版反映个人学术思想的专著《道德情感教育研究》。

查吉德 研究员，北京师范大学教育学博士，广州市教育研究院副院长，广州市教育政策研究专业委员会理事长，主要从事职业教育、教育政策和高等教育研究。主持承担国家、省部级等各级各类课题30多项，主持承担十余项政府委托的教育政策研制项目。在《现代大学教育》《江苏高教》《外国教育研究》等中文核心期刊或CSSCI来源期刊发表论文80多篇，9篇论文被人大复印资料全文转载，独著和合作出版著作8部，主笔完成各类政策咨询报告及政策文本草案30余份，获国家级教学成果二等奖一项（合作），广东省教学成果一等奖一项（合作）、二等奖一项（合作），广州市教学成果特等奖一项（合作），广州市哲学社会科学优秀成果二等奖一项（独立）。

摘　要

《广州教育事业发展报告（2018）》是在对《广州市教育事业发展第十三个五年规划》中期评估的基础上完成，属于教育政策研究范畴，主要关注教育政策执行和教育政策评估。全书分为四大部分：总报告、各级各类教育篇、专题篇和区域篇等。

总报告在阐述各级各类教育事业发展的总体进展情况的基础上，与京沪深的一些主要指标进行比较，从中分析广州市教育事业发展的优势与不足，进而提出未来发展展望与建议。

各级各类教育篇中包括了学前教育、义务教育、普通高中教育、中职教育、高等教育、特殊教育和民办教育7个领域。各个领域概括了十三五规划前两年发展的总体情况、主要经验与做法和未来发展建议等。

专题篇精选了德育、师资队伍、教育信息化、教育治理现代化和学校家庭教育工作5个版块的发展情况。

区域篇选取了三个区域来反映区域层面教育规划执行、各项教育政策落地和各区教育特色发展方面的经验与做法，值得借鉴。

目 录

Ⅰ 总报告

广州市教育事业发展总报告 …………………………… 陈发军 / 001
 一 各级各类教育基本情况 ……………………………………… / 002
 二 主要做法与经验 …………………………………………… / 007
 三 京沪穗深教育发展主要指标比较 …………………………… / 021
 四 展望与建议 ………………………………………………… / 027

Ⅱ 各级各类教育篇

广州市学前教育事业发展报告 …………………………… 刘 霞 / 031
广州市义务教育事业发展报告 …………………………… 张海水 / 043
广州市普通高中教育事业发展报告 ……………………… 陈发军 / 058
广州市中等职业教育事业发展报告 ………………… 谢 敏 刘荣秀 / 068
广州市高等教育事业发展报告 …………………………… 杜新秀 / 078
广州市特殊教育事业发展报告 …………………………… 高珂娟 / 096
广州市民办教育事业发展报告 …………………………… 李清刚 / 108

Ⅲ 专题篇

广州市德体卫艺科教育发展报告 ·················· 万　华／119

广州市中小学教师队伍发展报告 ·················· 杨　静／140

广州市教育信息化发展报告 ············ 李赞坚　简铭儿／159

广州市教育治理现代化发展报告 ·················· 李柯柯／169

广州市学校家庭教育工作发展报告 ················ 蒋亚辉／187

Ⅳ 区域篇

广州市番禺区教育事业发展报告 ········ 广州市番禺区教育局／207

广州市花都区教育事业发展报告 ········ 广州市花都区教育局／218

广州市海珠区教育事业发展报告 ········ 广州市海珠区教育局／229

Contents ·· ／244

总报告
General Report

广州市教育事业发展总报告

陈发军*

摘　要： 两年来，广州教育紧紧围绕着"为了每一位学生的全面发展和终生幸福"的核心理念，加快推进教育治理体系和治理能力现代化，不断深化教育体制机制改革，推进教育供给侧结构性改革，着力解决教育发展不平衡不充分问题，不断推动教育高质量发展，努力满足人民日益增长的对优质教育的需要。针对广州教育的学位供给压力较大、高层次人才培养数量不够、师资队伍整体水平不高和教育财政经费投入相对不足等问题，提出了今后发展的战略举措。

关键词： 教育事业发展　教育规划　发展指标

---

* 陈发军，教育学硕士，广州市教育研究院副研究员，主要研究领域为教育政策、教育战略规划、教育心理学、德育、物理教育等。

《广州市教育事业发展第十三个五年规划》（以下简称《规划》）发布以来，特别是在党的十九大以来，在市委、市政府领导下，广州教育深入贯彻习近平新时代中国特色社会主义思想，执行"五位一体"总体布局和"四个全面"战略布局，紧紧围绕"为了每一位学生的全面发展和终生幸福"的核心理念，加快推进教育治理体系和治理能力现代化，不断深化教育体制机制改革，推进教育供给侧结构性改革，着力解决教育发展不平衡不充分问题，不断推动教育高质量发展，努力满足人民日益增长的对优质教育的需要，真正实现"幼有所育、学有所教"，努力将广州教育打造成世界前列、全国一流、广州特色、示范引领的现代化教育。

两年来，广州教育系统深入贯彻实施社会主义核心价值观，不断完善立德树人的德育一体化体系；着力推进规范化幼儿园建设，学前教育优质资源不断扩大；继续推进基础教育优质资源向外围城区辐射延伸，高位优质均衡态势基本形成；不断完善产教融合与校企合作机制，深化职业教育综合改革，促进了职业教育内涵发展；继续推进"双一流"高水平大学建设和加大高等教育对外开放力度，高等教育办学水平不断提高和创新服务能力不断增强。广州教育发展基本达到了《广州市教育事业发展第十三个五年规划》设定的预期进度和目标，同时教育系统各领域的数量和质量发展均取得了长足的发展。

一 各级各类教育基本情况

（一）基本概况

2017年，广州市普通中学招生17.65万人，在校生50.94万人，毕业生16.10万人。普通小学招生19.11万人，在校生100.47万人，毕业生13.98万人。幼儿园在园幼儿48.35万人。与2015年相比，普通中学在校学生人数降低了1.13%，小学生在校学生人数增加了7.12%，幼儿园在园幼儿人数增加了8.60%。详见表1。

表1 2015～2017年广州市基础教育学生情况

单位：万人，%

			2015年	2016年	2017年	总增长率	平均增长率
普通中学	招生数	人数	17.11	17.46	17.65	3.16	1.78
		增长率	—	2.05	1.09		
	在校生数	人数	51.52	50.57	50.94	-1.13	-1.06
		增长率	—	-1.84	0.73		
	毕业生数	人数	17.67	17.22	16.10	-8.89	-2.98
		增长率	—	-2.55	-6.5		
小学	招生数	人数	17.80	18.03	19.11	7.36	2.71
		增长率	—	1.29	5.99		
	在校生数	人数	93.79	96.85	100.47	7.12	2.67
		增长率	—	3.26	3.74		
	毕业生数	人数	12.52	13.27	13.98	11.66	3.41
		增长率	—	5.99	5.35		
幼儿园	在园生数	人数	44.52	46.30	48.35	8.60	2.93
		增长率	—	4	4.43		

资料来源：2015年、2016年、2017年广州市国民经济和社会发展统计公报。

2017年，广州地区技工学校招生7.65万人，在校生22.97万人，毕业生5.66万人。中等职业学校招生6.27万人，在校生19.60万人，毕业生7.29万人。与2015年相比，技工学校在校学生数降低了2.79%，中等职业学校在校学生数降低了17.33%。详见表2。

表2 2015～2017年广州地区中等职业教育学生情况

单位：万人，%

指标			2015年	2016年	2017年	总增长率	平均增长率
技工学校	招生数	人数	8.09	7.90	7.65	-5.44	-2.33
		增长率	—	-2.35	-3.16		
	在校生数	人数	23.63	22.23	22.97	-2.79	-1.67
		增长率	—	-5.92	3.33		
	毕业生数	人数	5.45	6.71	5.66	3.85	1.96
		增长率	—	23.12	-15.65		

续表

指标			2015年	2016年	2017年	总增长率	平均增长率
中职学校	招生数	人数	8	6.73	6.27	-21.63	-4.65
		增长率	—	-15.88	-6.84		
	在校生数	人数	23.71	21.62	19.60	-17.33	-4.16
		增长率	—	-8.81	-9.34		
	毕业生数	人数	7.13	7.07	7.29	2.24	1.50
		增长率	—	-0.84	3.11		

资料来源：2015年、2016年、2017年广州市国民经济和社会发展统计公报。

2017年，广州地区全年研究生教育招生3.41万人，在校研究生9.07万人，毕业生2.41万人。普通高等教育本专科招生30.93万人，在校生106.73万人，毕业生28.41万人。与2015年相比，在校研究生人数增加了14.09%，在校本专科人数增加了2.31%（见表3）。

表3 2015~2017年广州地区高等教育学生情况

单位：万人，%

指标			2015年	2016年	2017年	总增长率	平均增长率
研究生	招生数	人数	2.71	2.86	3.41	25.83	5.08
		增长率	—	5.54	19.23		
	在校生数	人数	7.95	8.23	9.07	14.09	3.75
		增长率	—	3.52	10.21		
	毕业生数	人数	2.32	2.41	2.41	3.88	1.97
		增长率	—	3.88	0		
普通本专科	招生数	人数	30.74	30.38	30.93	0.62	0.79
		增长率	—	-1.17	1.81		
	在校生数	人数	104.32	105.73	106.73	2.31	1.52
		增长率	—	1.35	0.95		
	毕业生数	人数	27.14	27.68	28.41	4.68	2.16
		增长率	—	1.99	2.64		

资料来源：2015年、2016年、2017年广州市国民经济和社会发展统计公报。

（二）各级各类教育主要进展

1."立德树人"德育一体化体系初步建成

贯彻实施了社会主义核心价值观"三进"工作，形成了政府主导、部门协作、家长参与、学校组织、社会支持的家庭教育工作格局，建立了贯通市、区、校的三级心理辅导体系，大中小学校德育一体化体系框架初步建成。

2. 基础教育高位均衡态势逐渐形成

2015年、2016年、2017年学前三年毛入园率分别为171.42%、153.54%、150.59%，超过100%的目标值；2017学年度，公办幼儿园和普惠性民办幼儿园占比为73.2%；规范化幼儿园占比为93.3%。

义务教育标准化学校覆盖率达94.97%，11个区全部通过"全国义务教育发展基本均衡区"和"广东省推进教育现代化先进区"督导验收，广州市被授予"广东省推进教育现代化先进市"称号；积极落实来穗人员随迁子女积分入学政策，2017年共安排24760名随迁子女入读义务教育学校起始年级，占总申请人数的63%。

全市示范性高中由41所增加到51所；高中教育质量连续提升，2017年高考一本上线率达到24.72%，比2016年提高了2.5个百分点；99所普通高中学校特色课程获得立项，占比82.5%，其中51所学校被认定为"广州市特色学校"。

3. 职业教育综合改革成果显著

2016年广州市成为全国首批"中职赢未来计划"三个试点省市之一。2017年广州市获批"广东省现代职业教育综合改革示范市创建单位"。广州市交通运输职业学校等5所中职学校被认定为全国中职教育发展改革示范校，广州市纺织服装职业学校等8所学校被评为省示范校。认定了10所市级教学工作诊断与改进试点学校，市旅游商务职业学校成为全国教学诊改试点学校，4所学校成功入围广东省首批省级试点学校；市中职学校工学结合课程改革广州模式成为全国职业教育教学改革的成功范例。2017年获省教学成果奖特等奖1个、一等奖7个、二等奖9个，获奖数均居全省第一。

4. 高等教育办学水平和创新服务能力不断提升

广州医科大学的高质量科研产出全球自然指数排行榜上位居全国高校第129名；两所本科高校入选广东省高水平大学重点学科建设项目5项；广州

番禺职业技术学院和广州铁路职业技术学院被纳入广东省一流高职院校建设单位;广州番禺职业技术学院荣登2016年度"全国高职院校国际影响力50强"和"全国高职院校服务贡献50强"榜单;高职院校33个专业被确立为省高职教育品牌专业建设点;广州交通大学、北京大学经济学院华南分院、中国科学院大学黄埔分院、广州幼儿师范专科学校和广州旅游(烹饪)职业技术学院等设置筹建工作均在推进中;加快推进引进香港科技大学来穗合作办学工作,预计可达到"引进1~2所国际知名大学来穗合作办学"的目标。

5. 终身教育学习型组织网络基本建成

全市基本形成了市—区—街(镇)—居(村)四级学习型组织网络,基本实现了创建学习型城市工作覆盖率达到90%的目标;增城区被评为第一批国家级农村职业教育和成人教育示范县,提前实现了"创建1~2个省级农村职业教育和成人教育示范区"。增城区社区教育学院、南沙区万顷沙成人文化技术学校被评为全国首批新型职业农民培训特色学校,增城区、从化区被正式授牌成为广东省社区教育实验区,全市11个区均成功创建成为省级以上社区教育实验区。

6. 特殊教育受惠面不断扩大,服务质量不断提升

学前特殊教育和中等职业特殊教育有所发展。截至2017年,全市共有在校学生5155人,其中在特教学校就读的有2975人。特殊教育学校22所,全市共有开展特殊教育的普通学校581所,共建立随班就读资源室125间、特教班30个。

7. 民办教育财政投入和支持力度不断加大

标准化民办学校占比83%,与"100%"目标值差距较大;民办教育财政补贴得到落实,对普惠性幼儿园予以生均定额补助、对符合条件的随迁子女入读的公办学校和民办学校学位进行补助,2017年市本级财政通过一般性转移支付安排义务教育阶段随迁子女学位补贴经费1.48亿元。

8. 教育信息化网络全覆盖基本实现

全市教育科研网光纤总长度近40000千米,出口带宽达40G,实现了公办学校宽带网络"校校通"。越秀、从化两区实现以千兆及以上带宽接市教

科网，番禺、荔湾实现以万兆带宽接市教科网，海珠区实现学校无线网络100%覆盖，与《规划》中提出的"万兆带宽接市教科网""各类学校校园网达标率100%""学校无线网络实现100%覆盖"仍存在差距。完成了首批71所中小学（中职学校）智慧校园样板校和实验校建设，与"建成智慧校园达到50%以上"差距较大。

9. 师资队伍建设总体水平不断提升

2017年广州市基础教育系统引进人才53人，下达人才引进专项资金1929万元，市属高校引进各类人才666人。"双师型"教师比例达58.68%。教师学历水平有所提升，2017学年，幼儿园教师具有大专及以上学历的比例为79.98%，小学教师本科及以上学历比例为70.74%，初中专任教师本科及以上学历比例为91.77%，中职教育专任教师本科毕业及以上学历比例为96.99%，普通高校专任教师研究生以上学历比例为57.50%，成人高校专任教师研究生以上学历比例为15.94%。

10. 教育经费"三个增长"基本兑现

2016年、2017年广州市公共财政教育经费占财政预算支出的比例分别为16.81%、18.45%。2016年，全市教育经费总投入480.68亿元，比2015年增长13.64%，其中公共财政预算教育经费364.45亿元，比上年增长14.83%。广州市各级各类教育生均教育经费和预算内生均公用教育经费基本实现了逐年增长。

二 主要做法与经验[①]

（一）完善立德树人推进体系

1. 完善立体式德育工作体系

打造多位一体教育平台，将社会主义核心价值观融入教书育人全过程，

---

① 根据各分报告有关材料整理。

遴选和树立了第二批广州市培育和践行社会主义核心价值观示范校。完善并落实《广州市中小学名班主任工作室建设与管理办法》，加强了34个省市级名班主任工作室建设。制定了《广州市学校家庭教育指导意见》，认定了30个示范家长学校，建立了26个家庭教育实践基地。建立了贯通市、区、校的三级心理辅导体系，成功创建了心理健康教育特色学校国家级1所、省级14所、市级58所；举办了市中小学心理教师专业能力大赛，并获省大赛3个一等奖、1个二等奖。

2. 全面提升学生身心健康

全面普及中小学校大课间体育活动，1486所中小学校落实了在校每天一小时体育活动，904所学校达到体育特色"一校一品"要求。制订了《广州市青少年校园足球发展计划（2017—2020年）》，全市发展校园足球学校1008所，54%的学校设置了足球教学内容。学校体育卫生基础设施升级改造项目完工2262项。建立了学生体质和健康数据动态管理机制，定期发布年度《广州市中小学生体质健康状况报告》。学生体质体能得到积极改善，合格率94.7%、优良率34.5%。强化了生命安全教育和学生心理危机干预，开展了学生心理危机干预专题调研和心理排查工作。

3. 推进学生综合素养培养工作

出台了提升中小学生阅读素养指导意见。深入推进中小学美育课程改革，完善了课堂教学、艺术活动及校园文化"三位一体"的艺术教育工作机制，创建了文学艺术名家市级专家库，创新开展了两届羊城学校美育节等系列活动，认定了112所广州市首批艺术重点基地学校（幼儿园），实现了省市区、公民办、中小幼全覆盖的新布局。创建国家级文明校园3所、省级4所、市级65所，实施了多项校园文化活动渗透融合和"书香校园"建设等。创建了市科学教育特色学校和基地，创建了省科学教育特色学校21所、全国科技体育传统校16所。全国青少年航空航天、车模、纸飞机比赛金牌和奖牌总数全国第一，成功申报专利22项，实施科技项目495项，举办市级以上科技教育活动66场，参与人数近10万人。

4. 建立育人协作机制

立德树人协同发展校外教育与校内教育教学有效衔接，采取多项行动建立地方政府、科研院所、专业团队、行业企业、大中小学校协同发展德育、体育、卫生教育、艺术教育、科技教育的新机制。建立了广州市学校安全教育信息化平台，动态监测和数据收集、分析机制以及风险排查预警机制，打造了"安全教育第一课"品牌，创建了"广州市安全文明校园"87所，累计已达650所，其中省安全文明校园83所。开展了国防教育"五进"活动，全国国防教育示范学校2所、特色学校20所。

（二）全面提升基础教育优质资源供给能力

1. 制定教育设施和空间布局规划

市教育局会同市国土规划局等部门，对接广州国民经济社会发展规划和城市总体规划，"市区联动"开展了幼儿园和中小学等基础教育设施布局规划编制工作，完成了《广州市中小学发展策略研究与布点规划》和11个区《广州市中小学控制导则》的"1+N"成果体系，已于2017年7月报市政府，并成为全市首批"多规合一"三个专项试点之一，成果已纳入"多规合一"城乡规划一张图GIS平台参考层。幼儿园布点规划已基本编制完成，形成《广州市学前教育发展策略研究与布点规划》、11个区幼儿园控制导则和《广州市职业教育发展策略研究与布点规划》等成果。

2. 引导优质资源向外围辐射

制定实施《关于进一步推动中心城区优质教育资源向外围城区辐射延伸工作方案》、《广州市教育局关于推进市属优质教育资源集团化办学的实施方案》和《广州市教育局推进区域学区化办学实施方案》等文件，推动市属学校通过直接建校、委托管理、合作帮扶等方式向外围城区辐射延伸。2017年先后成立了广东广雅、执信中学、广州二中、广州六中、广铁一中、广大附中和广州实验教育集团等7个市属教育集团，扩大了优质教育资源供给与覆盖面。

3. 推进公益普惠学前教育公共服务体系建设

印发了《广州市发展学前教育第三期行动计划（2017—2020年）》。进一步完善学前教育财政投入机制；出台《广州市幼儿园生均定额补助实施办法》，建立了以生均财政拨款保障公办和普惠性民办幼儿园经费投入的长效机制，逐步提高普惠性幼儿园生均定额补助标准。调整了生均定额补助的使用方向，其中不超过50%可用于补助幼儿园非在编教职工津贴，改善教师待遇。指导各区制定普惠性民办幼儿园扶持办法，用于综合奖补、教师待遇奖补等。加大对各类公办园发展扶持力度，对公办园新增班数按照每班30万元进行财政补助。印发了《广州市幼儿园保教质量评估监测方案》。通过镇村一体化推进了农村学前教育发展，各镇每年资助20万元。

4. 大力推动义务教育均衡优质发展

出台了《广州市人民政府办公厅关于进一步推动全市义务教育均衡优质发展的实施意见（2016—2018年）》，顶层设计全市义务教育均衡优质发展路线。大力推进广州市中小学校体育卫生基础设施升级改造，完成广州市中小学校三年提升计划和奖励补助办法中期调整并加快推进实施，制定《广州市居住区教育配套设施历史遗留问题处理办法》，加大基础教育公办学位供给。推进集团化、学区化办学，加大优质教育资源辐射延伸力度。加快教育人才引进和教育人才培养工作，引育并举促进义务教育师资均衡发展和专业成长。建立了广州市教育科研网和广州"数字教育城"信息化公共服务平台，扩大优质教育资源的覆盖面。开展全市义务教育均衡发展水平监测，促进教育资源配置合理优化。

5. 促进普通高中教育质量不断提升

大力推进示范性高中建设，出台了《关于新建一批广州市示范性普通高中的实施方案》《广州市示范性普通高中学校认定办法和指标体系》等系列文件，拟新增30所示范性高中，使全市示范性高中增至70所，学位占比从56%增加到85%以上，目前已完成财政投资2.32亿元；广州外国语学校等13所普通高中被认定为首批广州市示范性普通高中，共增加示范性高中学位12633个，示范性高中学位占普通高中学位比例从52.7%增加到61%。育人方式和教育教学改革不断深化，开展普通高中拔尖创新人才培养，各区和市直属学校积极探索普通高中走班制、导师制、选课制改革与试验，在引进国内外优质资源、与高校和科研院所合作、十五年制学校、特色班建设、智慧课堂、创新实验室等方面进行了有益的尝试和实践。

（三）深入推进职业教育综合改革

1. 顶层设计职业教育发展

先后出台并推进实施《广州市职业教育发展规划（2016—2020年）》《广州市人民政府关于加快发展现代职业教育的实施意见》，完善职业教育和培训体系，深化产教融合、校企合作。制定了局属中职学校专业建设三年规划，按照重点建设专业、辅助专业和调整（淘汰）专业三类重新定位和建设，建立了专业动态调整机制，实施专业分类发展和差异化财政投入制度，促使各学校主动对接广州市产业发展需要，逐步形成品牌特色专业。

2. 探索改革职业教育人才培养模式

有条件学校先行先试了"五年一体化""三二分段"等多种中高职衔接、高本衔接的培养模式。2017年市属高职院校共82个专业点开展中高职三二分段试点，6所高职院校与31所中职学校进行三二分段试点，招生计划数3525人。自2017年起开始采取高中学业水平考试成绩的方式进行高职院校招生录取改革，逐步扩大招收中职毕业生的比例。番禺职业技术学院有2个专业与韶关学院对接四年制应用型本科人才培养项目，广州工程技术职业学院有2个专业与惠州学院对接三二分段专升本应用型人才培养项目。

3. 继续完善产教融合与校企合作机制

主动对接产业发展计划，配合广州市IAB战略，起草了支持IAB产业发展的人才支撑计划。积极推动"人才共育、过程共管、责任共担、成果共享"的校企合作机制建设，组建6个职业教育集团。继续探索校企双主体办学；现代学徒制改革试点范围扩大至5所高职院校。组建了15个市级专业指导委员会和6个职教集团构建产教融合、校企合作机制，各类企业在全市中职学校设立培训中心（基地）达95个，校企联合开办178个"订单培养班"，年均订单培养学生近1万名。

4. 推动职业教育内涵建设

中职工学结合课程改革的广州模式成为全国职业教育教学改革的成功范例。2017年，在全省中职学校教学成果奖评审中，广州市获一等奖、二等奖以及总获奖数三个指标均居全省第一。国家示范校、省级示范校、国家级重点校、省级重点校数量均位居全省第一，省级重点及以上学校提供优质学位占76%；累计建成国家级重点专业2个、省级重点建设专业66个、市级重点建设专业69个；建成市级示范专业19个，市级示范教产对接（校企合作）项目7个。中职学生代表广东省参加全国技能大赛的比例每年均超30%，居全省第一。市建筑工程职业学校梁智滨同学代表中国参加第44届世界技能大赛夺得砌筑项目金牌，受到李克强总理的亲切接见，被评为CCTV三农人物，先后被授予广东省五一劳动奖章、广东五四青年奖章。2017年毕业生一次就业率98%，专业对口就业率80%。

5. 提升职业教育造福社会能力

实现了校企精准对接和精准育人，提升技术技能人才培养质量，保障毕业生高质量就业。全市年均投入中职免学费、国家助学金补助2.1亿元，受益学生7.4万多人次；市教育局与中国发展研究基金会合作开展"中职赢未来"计划，丰富中职校园活动，年均投入1200万元，受益学生近2万人；全国首办中职启能班24个，让轻度智障、自闭症学生入读中职学校学技能、就好业，免除家庭后顾之忧，让特殊学生也公平享受职业教育资源；大力推进"精准扶贫""技能扶贫"，每年面向省内欠发达地区转移招生学生近2.5万人，开办新疆、青海内地民族班，每年招生120名，促进民族融合和团结。

（四）大力推动高等教育内涵发展

1. 不断完善创新人才培养机制

通过设立拔尖创新实验班和校企协同育人模式推进人才培养模式改革。强化内涵建设，着力通过人才培养模式的不断完善提高人才培养质量。完善研究生招生、培养和管理制度，实施学术学位与专业学位研究生课程分类建设。深化创新创业教育改革，会同广州市科技创新委、广州市人力资源和社会保障局制定《关于深化广州市高等学校创新创业教育改革的实施意见》，以创新创业教育改革作为突破口，促进人才培养质量全面提升。设立高校创新创业教育项目，通过立项建设引导推动高校的创新创业教育工作。市属各高校将创新创业教育贯穿教育的全过程，着力提升师生创新创业教育素养。

2. 建立和完善协同创新发展平台

建立和完善与在穗高校协同育人机制，已与多所高校达成战略合作共识。加强职教联盟（集团）建设，规划形成大交通组团、智能制造与信息技术组团、城乡建设服务组团三大专业院校组团，提出了广州科技教育城一期工程入驻调整方案。高校、科研机构、行业企业通过联合办学、合作办班、协同培养等方式协同育人，搭建了政校行企各类合作平台。

3. 加强高等教育领域的国际交流与合作

签署部省市校四方共建协议，推进部省市校共建华南理工大学广州国际校区工作。市属高校不断拓展联合人才培养项目，广州医科大学分别与美国圣约翰大学、荷兰奈梅亨大学、西悉尼大学、多伦多大学、加拿大麦玛斯特大学健康学院和西班牙巴塞罗那大学医学院、法国斯特拉斯堡大学、白俄罗斯国立交通大学、乌克兰国立技术大学等国（境）外大学合作开展人才培养。广州大学承办了广州—奥克兰—洛杉矶经济联盟2017广州年会教育专题圆桌会议和第十三届穗台校长论坛。广州番禺职业技术学院与加拿大北大西洋学院合作举办机械制造与自动化专业高等专科教育项目获广东省教育厅批准及教育部备案，与芬兰坦佩雷成人教育学院签署了《中国广州－芬兰坦佩雷中芬职业教育培训中心合作协议》，启动双方合作开展教师交流、课程开发、职业资格培训、技能认证、继续教育、学生交换、学术交流等工作，与新加坡南洋理工学院深化研习基地建设。广州铁路职业技术学院牵头成立华南"一带一路"轨道交通产教融合联盟。

（五）逐步健全终身教育网络

1. 完善终身教育制度

进一步推动了广播电视大学的转型发展；印发《广州市推进老年教育

发展实施方案》，推进首批广州老年开放大学区级分院建设。严格执行"珠三角地区按社区常住人口计算人均不低于2元"标准统筹安排社区教育专项经费。

2. 稳步发展成人继续教育

积极开展非学历继续教育，为社区内在职人员、失业人员、外来人员、残疾人等提供技能和上岗培训。稳步发展学历继续教育，通过开办成人文化技术学校、多元联合办学、开设特殊课程、鼓励企业办职校等举措，逐步开拓全日制学历班教育市场。通过多种渠道筹措教育经费，从化区政府积极开展农村实用技术培训和农村富余劳动转移培训工作，2017年增城区、从化区被省教育厅授予"广东省社区教育实验区"称号。

3. 逐步健全社区教育网络

积极开展全民终身学习周活动，"公民大讲堂""全民读书节"等群众性学习活动基本覆盖全市11个区。各区依托高等职业学校开设了多样化社区教育课程，建设了区数字化学习中心，番禺、从化、花都、海珠等部分区建立了现代信息技术及新媒体服务平台。积极打造社区教育特色品牌，开发优质课程。通过开设社区教育骨干培训班、举办专题培训活动、创新人才引入机制等途径逐步完善社区教育人才队伍建设。

（六）不断完善特殊教育体系

1. 构建完整的特殊教育体系

全面实施特殊学生15年免费教育，义务教育阶段特殊学校教育、普通学校随班就读教育、普通学校附设特教班教育和送教上门教育四级网络建设初见成效。大力推动普通学校特殊教育工作，多形式探索学前阶段融合教育运作模式，增设普通中职学校启能班，支持鼓励特殊教育学校兴办职业高中。成立了广州大学市政技术学院特殊教育部，将特殊教育延伸至高等教育。成立了广州市特殊儿童少年转介安置指导中心；各区资源教室建设进入提速增质期，资源教室总量已达125间。

2. 建立医教结合的干预机制

市教育局联合市卫计委、市公安局、市人社局、市财政局、市残联等单位共同推动医教结合干预机制。依托广州市教育研究院和市区两级特殊儿童随班就读指导中心，开展特殊儿童评估、转介安置、个别化教育计划设计与实施等工作。实施"融爱行"项目，拓宽特殊教育购买服务渠道，与各类公益组织及机构合作不断深化，为特殊儿童提供了多元化教育服务。

3. 不断提升教师队伍专业能力

广州大学开设了特殊教育专业。建立和完善了"特殊教育教研中心组""特殊教育特约教研员""特殊教育教学研究会"等专业团队。特殊教育教师队伍中"教育名家""教育专家""名校长""名教师"数量显著增加。制定了特殊学校教师职称评审标准，特殊教育正高级教师实现了零突破，副高级教师数量快速增长。

（七）继续加大民办教育支持力度

1. 稳步推进民办学校分类管理工作

深入实施民办义务教育分类扶持和管理意见，通过规范教师管理、保障教师工资福利待遇、加强办学帮扶等举措扶持义务教育民办学校健康发展。指导各区建立健全民办学校风险准备金制度和综合执法机制。深入学习贯彻《民办教育促进法》，并研制《广州市民办教育分类扶持和管理办法》。

2. 规范和扶持民办中小学健康发展

制定实施《广州市民办学校教师入户工作方案》，保障民办学校教师在购买社保、继续教育培训、教师档案、评优评先和职称评审等方面的合法权益。截至2017年共有931名民办学校教师（含夫妻双方）通过特殊艰苦行业入户广州。各区出台政策规范和引导民办学校发展。白云区完善了民办学校设立指南、民办学校违规办学行为处理办法和民办学校年检工作机制，建立预防和查处无证办学联动工作机制，实行民办教育机构风险储备金制度。荔湾区通过专项检查督促民办学校规范办学。花都区建立民办学校风险防范机制等，设立了民办学校教师最低薪酬指导标准，支持民办学校建立教师从教津贴和职业年金制度,对符合条件的民办学校由政府予以经费补助。

3. 引入民间资本和优质教育品牌

一是大力推进公办学校帮扶民办学校。番禺区出台《广州市番禺区公民办中小学结对帮扶活动方案》,天河区出台《天河区义务教育阶段公民办学校结对帮扶工作实施方案(2017—2020年)》,海珠区开展公民办学校"2+1"牵手结对工作,制定公民办幼儿园"1+1+10"教研责任片制度,白云区推动教育集团带动民办学校发展等。二是引进优质资源办学。白云区批复开办华师附属太和实验学校,推进华南理工大学附属白云实验学校建设,引进均瑶集团上海世界外国语学校;增城区相继引进黄冈中学广州学校、华中师范大学、广东外语外贸大学附属学校、广州大学附属中学、华商外国语学校和嘉德外国语学校等优质教育资源在本区办学等。

(八)深化教育对外交流合作

1. 不断拓展教育对外交流合作空间

各区和市属高校引入国际资源合作参与师资培训和专业建设、聘请外籍专家开展国际交流、支持教师赴国(境)外参加国际会议,采取各种方式鼓励教师出国出境访学,具有海外学习工作经历的教师比例有所提高。市属高校寻求多样化合作途径,开展联合培养,开展与境外知名大学间的学分互认联合培养学生项目,涉外合作办学成果丰富。多所市属中等职业学校与国外相关教育机构建立了紧密的合作关系。荔湾区成功承办中俄人文合作委员会第十八次会议配套活动——中俄教育战略对话。南沙区有序开展教育国际合作交流综合改革试验,借力教育部基础教育课程教材发展中心高品位的专业指导和服务,全方位进行基础教育国际化的探索。

2. 对外交流合作从"引进来"到"走出去"

继续依托意大利帕多瓦孔子学院和美国卫斯理安孔子学院的作用,积极开展对外文化交流活动,开展汉语教学、推广中华文化,两所孔子学院在当地的地位和影响力得到了全面的提升。越秀区开展打造区域国际教育指导与服务中心计划,推广汉语和中华经典文化,打造对外交流的"暑期学校"

和面向在穗国际友人的"孔子学堂"等一系列尝试。

3. 持续深化与港澳台地区教育交流合作

穗港澳教育交流与合作继续深化，2017年全市组织穗港澳教育交流活动192次，组建了穗港澳STEAM教育联盟，新增19所学校参与"粤港澳姊妹学校缔结计划"，累计缔结粤港澳姊妹学校191对。2016年成功举办穗港澳台四地职业教育技能节；2017年成功举办穗台校长论坛。

4. 有效推进教育信息化对外合作

自2015年起，与美国麻省理工学院开展合作在中小学推动基于App Inventor的计算机思维与人工智能教育，联合挂牌成立了"MIT App Inventor应用推广中心"，举办了多次国际交流活动，部署和运维国内唯一的App Inventor服务器，为全国数千所学校开展人工智能教育提供了支撑。

（九）稳步推进招生考试评价制度改革

1. 平稳推进义务教育招生和中考改革

坚持义务教育阶段免试就近入学原则，2016年公办小学、民办小学和民办初中招生全部实行网上报名。稳步实施普通高中"指标到校"招生工作，指标分配比例保持30%不变，取得预期效果。建立健全随迁人员子女报考资格网上联审机制，"四个三"异地中考新政顺利落地，共有逾2.9万名随迁子女在穗参加中考，中考录取平稳有序。

2. 深化中小学教育质量评价改革实验

继续推进广州中小学教育质量综合评价改革（简称"阳光评价"）实验区工作，基于学生发展核心素养构建了具有广州特色、涵盖六大方面23项指标的教育质量综合评价指标体系，并依靠专业机构和社会组织开展评价；研制了覆盖学业与非学业指标的测量工具；初步建成了基于网络、依托大数据和云计算的"阳光评价"云平台。"阳光评价"试点学校扩大到486所，完成了对试点学校的第二期试测，出具市、区、校级报告共500多份。

3. 启动基础教育拔尖创新人才培养试点

以行政主导推动，市教育研究院为实施主体，面向全市遴选一批普通高中学生，建立了5个跨校分层辅导基地校，初步构建了培养课程体系、质量管理机制、心理辅导与干预机制，推动拔尖创新后备人才培养有条不紊地开展。

（十）落实教育经费投入"三个增长"

1. 教育财政经费投入持续增长

2017年广州市财政局、广州市教育局和广州市人力资源和社保局印发了《关于完善市属公办高校、中小学、中职、技工学校预算内生均经费制度的通知》，完善了市属公办学校预算内生均经费制度，生均公用经费标准逐年提高。按照《广州市幼儿园生均定额补助实施办法》，对普惠性幼儿园予以生均定额补助，2017年市财政安排学前教育经费4.2亿元，比2016年增加0.4亿元。落实城乡免费义务教育经费保障机制，全市城乡免费义务教育公用经费补助标准由小学每生每年950元提高到1150元，初中从每生每年1550元提高到1950元。2017年市财政安排城乡免费义务教育补助专项经费5.28亿元。根据《广州市人民政府办公厅关于进一步做好来穗人员随迁子女接受义务教育工作的实施意见》（以下简称《实施意见》）的精神，从2017学年小学一年级和初中一年级开始，对各区按《实施意见》要求解决符合条件的随迁子女入读公办学校和民办学校学位进行补助，2017年市本级财政通过一般性转移支付安排市教育局义务教育阶段随迁子女学位补贴1.48亿元，逐步扩大来穗人员随迁子女入学优惠待遇覆盖面。

2. 公共财政对弱势群体实施重点倾斜

教育帮扶工作成效显著，2017年全年共投入帮扶资金164万元，帮助改善办学条件，培训师资2056人次，派出支教教师32名。学前教育将优先资助对象扩大到在经区级以上教育行政部门审批设立的公办幼儿园（含幼儿班）、普惠性民办幼儿园以及与普惠性民办幼儿园收费相当的幼儿园就读且符合国家相关政策的本市3~6岁常住人口家庭经济困难儿童、孤儿、残疾儿童及其他优抚对象，完成了广东省教育厅关于"资助学前教育困难家庭幼儿36.7万人"民生实事资助工作任务。2017年全市义务教育和普通高中学校共资助建档立卡学生341名、资助非建档立卡农村低保和农村特困学生 351 名，共免费资助普通高中贫困学生 1439 名、国家助学金资助 1950 名；全面实施中职学校免学费、国家助学金以及建档立卡等精准扶贫政策，年度投入补助 4500 多万元，受益学生 9 万多人次，农村户口和家庭经济困难学生入读中职学校权益得到保障。印发了《关于推进普通学校特殊教育工作的指导意见》，基础教育阶段特殊学生免费教育覆盖至学前阶段，下达市级特殊教育专项经费 2500 万元。

（十一）全面提高师资队伍整体素质

1. 加强师德师风建设

贯彻落实国家和省关于严禁中小学教师有偿补课、收受礼品礼金问题专项工作要求，将专项工作纳入开学检查工作之中；规范制度建设，建立了主动接受监督的平台和渠道。以主题活动为载体，加强正面宣传。树立师德典型，强化正面引导。

2. 推进教师管理体制改革

基本实现了教师资格认定工作全程网办，大大提升了教师资格认定的管理和服务水平，研制教师资格定期注册制度实施方案。创新教师队伍聘用方式，做好临聘教师预算编制的规范化管理。启动了教师管理"区管校聘"市级试点区建设工作；借助学区化、集团化、师范生实习支教、九年一贯制等多种形式，切实促进义务教育学校校长教师交流轮岗工作。通过定期到企业跟岗培训、与企业共建教师培养基地、与境外机构共同培养等途径，积极推进职业院校"双师型"教师队伍建设，并纳入中职教师量化评价体系中。中小学职称改革中，专门制定了特殊教育标准并设置评审学科组。

3. 完善教育领军人才引进机制

制定了《广州市基础教育人才引进办法（试行）》，刚柔并济引进基础教育名校长、名教师 53 名。积极支持市属高校引进以院士、"千人计划"入选者、长江学者、珠江学者等为重点的高层次人才及其创新团队，引进优秀青年博士和博士后，以及具有海内外高水平大学或科研机构学习背景和工作经历的优秀青年人才。

4. 加强教师培养培训工作

一是深入推进基础教育系统新一轮"百千万人才培养工程""广州市卓越中小学校长培养工程""卓越中小学校长促进工程",及启动"广州教育家培养工程"等培养学校领导者和管理者,第一批36名教育家培养对象在全国高中校长高峰论坛等教育论坛中展现了广州教育家风采。二是大力推进教育专家工作室、名校(园)长工作室、名教师工作室和名班主任工作室等建设,发挥专业人才的示范引领作用。三是实施广州市义务教育学校校长教师专业能力提升工程,实施"广州百名校长京津沪名校跟岗访学计划",在非中心城区遴选100名中小学校长赴京津沪江浙等地名校跟岗访学。四是开展信息技术应用能力提升工程广东省试点市工作,全市逾13万人次的中小学教师参加了信息技术应用能力提升工程的培训,为广州教育信息化提供了人才支撑。

(十二)提升教育信息化应用水平

1. 加强教育信息化基础建设

全市实现了教育信息化建设的"校校通"、"班班通"和"人人通"。截至2017年底,教育科研网经6期建设,光纤总长度近4万千米,出口带宽达40G,实现宽带网络"校校通";"数字教育城"公共服务云平台优质资源总量已超过120TB。番禺、南沙、从化区投入大量资金用于教育信息化基础设施建设,区内教育信息化基础设施建设取得较大进展。

2. 提高智慧教育应用与创新能力

广州市先后出台了《广州市教育信息化"十三五"规划》《广州市"教育u时代"信息化提升工程实施方案》,组织各类教育信息化培训,着力提升教师信息化应用能力;"一师一优课、一课一名师"规模和质量在省内稳居前列。越秀、天河、番禺等区探索了基于"三通"环境下的教学创新模式、智慧学习模式、互动协作模式等,取得良好成果。

3. 探索大数据教育决策与管理体系建设

越秀、海珠已完成教育公共服务平台建设并投入使用。白云、花都等区积极推进教育公共服务平台建设，已取得一定建设成果。越秀区挂牌成立了全省首个教育信息化大数据研究院——越秀区教育大数据应用研究院。

三 京沪穗深教育发展主要指标比较

（一）学前教育比较

广州市幼儿园在校幼儿为48.35万人，仅次于上海，体量较大。公办幼儿园数量占比为29.86%，低于北京和上海的59.55%、62.65%。公办幼儿园在校幼儿占比为32.83%，低于北京和上海的63.98%、69.88%，低于全国平均水平的44.77%。幼儿园专任教师具有大专及以上学历比例为79.98%，低于北京和上海的91.77%、96.98%。可见，广州市公办幼儿园学位占比只有北京和上海的一半；幼儿园教师的学历水平低于北京和上海；每10万人口在校学生数与全国平均水平持平，低于深圳（见表4）。

（二）义务教育比较

广州市小学在校学生100.47万人，在四个城市中体量最大。每10万人口在校学生数为6930人，低于深圳的8564人。广州市小学学校生师比为18.31，高于北京和上海。广州市小学专任教师本科及以上学历比例为70.74%，低于北京和上海的91.88%、81.45%。广州市初中在校学生数为33.88万人。每10万人口在校学生数为2336人，高于北京和上海，低于深圳的2439人。初中专任教师本科及以上学历比例为91.77%，在四个城市中最低；研究生学历比例为6.53%，远低于北京和上海的17.60%和11.69%。生师比为12.00，高于北京和上海的5.89、10.85，低于深圳的9.46。可见，广州市义务教育阶段学校教师负担较重，学历水平偏低（见表5）。

（三）普通高中教育比较

广州市普通高中在校学生人数为17.07万人，在四个城市中体量最大。

表4 2017年京沪穗深学前教育主要指标比较

城市		广州	北京	上海	深圳	广东	广东省到2020年的要求	全国	国家到2020年的要求
幼儿园数量（所）	幼儿园数量（所）	1775	1570	1553	1624*	17288	—	254950	—
	公办幼儿园数量（所）	530	935	973	—	—	—	94578	—
	民办幼儿园数量（所）	1245	635	580	—	—	—	160372	—
公办幼儿园占比（%）		29.86	59.55	62.65	4.43*	28.78	30.00	35.70	—
教育部门办园占比（%）		7.90	32.00	62.00	—	—	—	—	—
公办及普惠性民办幼儿园占比（%）		80.40	—	—	—	—	—	—	—
在校学生数（万人）	全部	48.35	44.55	57.27	46.33*	421.67	—	4600.14	—
	其中：民办	32.48	16.05	17.25*	—	—	—	2572.34	—
	其中：普惠性	19.64	—	—	—	—	—	—	—
公办幼儿园在园幼儿占比（%）		32.83	63.98	69.88	5.50*①	—	—	44.77	—
公办及普惠性民办幼儿园在园幼儿数占比（%）		73.45	—	—	70.30*	—	80以上	—	80左右
专任教师数（万人）		3.75	4.03	4.22	4.28*	30.83	—	271.21	—
生师比		12.88	11.06	13.58	10.82	13.68	—	16.96	—
幼儿园专任教师具有研究生学历比例（%）		—	1.40	0.94	—	0.17	—	0.27	—
幼儿园专任教师具有本科及以上学历比例（%）		—	43.53	72.63	—	13.48	—	22.67	—
幼儿园专任教师具有大专及以上学历比例（%）		79.98	91.77	96.98	68.90*	77.40	85以上	79.97	—
每10万人口在校学生数（人）		3335	2050	2367	3891*	4013	—	3327	—

注：*为2016年数据。①数据来源：广州市政府研究室《坚持以人民为中心的发展思想，努力实现人民对美好生活的向往——关于提高保障和改善民生水平的调研报告（征求意见稿）》。"—"表示数据未采集到。

资料来源：根据教育部2017年教育统计、各省市统计年鉴和各省市教育行政部门网站数据整理。

表5 2017年京沪穗深义务教育主要指标比较

城市		广州	北京	上海	深圳	广东	广东省到2020年的要求	全国
在校学生数（万人）	小学	100.47	87.58	78.97	96.45	905.22	—	10169.12
	初中	33.88	26.64	41.33	29.05	347.84	—	4442.06
每10万人口在校学生数（人）	小学	6930	4031	3243	8564	8099	—	7300
	初中	2336	1226	1701	2439	3163	—	3213
专任教师数（万人）	小学	5.49	5.38	5.34	4.70	48.66	—	594.49
	初中	2.82	4.52	3.81	3.07	27.58	—	355.01
生师比	小学	18.31	16.28	14.79	20.53	18.60	—	17.12[②]
	初中	12.00	5.89	10.85	9.46[①]	12.61	—	12.52
学历比例（%）	小学专任教师本科及以上学历比例	70.74	91.88	81.45	76.22	59.52	—	55.07
	小学专任教师研究生学历比例	—	7.01	5.66	—	1.09	—	0.95
	初中专任教师本科及以上学历比例	91.77	99.13	98.86	93.22	86.95	—	84.63
	初中专任教师研究生学历比例	6.53	17.60	11.69	—	2.97	—	2.60
小学适龄儿童入学率（%）		101.59	100.83	99.99[③]	142.42	—	99.99[④]	—
小学五年保留率（%）		99.67	—	99.9[③]	135.46	—	98.50	—
初中毛入学率（%）		109.09	超过100			—	—	—

注：①数据来源于2016年广州教育发展监测；②数据来源于教育部2017年教育统计数据；③为学龄儿童净入学率；④为小学适龄儿童入学率。
"—"表示数据未采集到。
资料来源：根据广州市教育事业统计2017学年度、教育部2017年教育统计数据、深圳市教育统计年鉴2017年等整理。

每10万人口在校学生数为1177人,远高于其他三个城市。生师比为11.69,远高于北京和上海的7.64、8.82。专任教师研究生比例为16.72%,明显低于北京、上海和深圳的28.25%、21.70%和23.02%。普通高中毕业生升大学率为95.36,超过深圳和上海。可见,广州市普通高中专任教师的工作量较大,研究生学历比例较低,普通高中学位较为充足,普通高中教育质量较好(见表6)。

表6 2017年京沪穗深普通高中教育主要指标比较

城市	广州	北京	上海	深圳	广东	广东省到2020年的要求	全国	国家到2020年的要求
在校学生数(万人)	17.07	16.40	15.78	12.71	189.27	—	2374.55	—
每10万人口在校学生数(人)	1177	755	652	1067	1721	—	1717	—
专任教师数(万人)	1.46	2.15	1.79	—	15.14	—	177.64	—
生师比	11.69	7.64	8.82	12.10①	12.50	—	13.37	—
专任教师研究生比例(%)	16.72	28.25	21.70	23.02	11.37	—	8.94	—
高中阶段毛入学率(%)	114.50	99.00	98.7②	111.52	96.00	95以上	—	90.00
普通高中毕业生升大学率(%)	95.36	—	89.80	88.30	—	—	—	50.00

注:①数据来源于2016年广州教育发展监测;②为高中阶段新生入学率。"—"表示数据未采集到。
资料来源:根据广州市教育事业统计2017学年度、教育部2017年教育统计数据、深圳市教育统计年鉴2017年(2016年数据)等整理。

(四)中等职业教育比较

广州地区中等职业教育学校在校学生为42.57万人(其中市属中等职业学校和技工学校共20.62万人),接近北京和上海的4倍,主要因为广州属于省会城市,大量初中毕业生来广州就读中等职业学校和技工学校,广州市中等职业教育学生总量达到广东省总量的一半。广州市属中等职业学校与技工学校生师比为21.94,远高于北京和上海的11.76、13.06;专任教师研究生学历比例为11.45%,低于北京和上海的15.07%、18.50%。可见,广州中等职业教育学生体量非常大,教师工作量较大,研究生学历比例较低(见表7)。

表7 2017年京沪穗深中等职业教育主要指标比较

城市		广州 地区(含省属校)	广州 市属中职与技工学校	北京	上海	深圳	广东	全国
在校学生数(万人)	普通高中	17.07	17.07	16.40	15.78	12.71	189.27	2374.55
	中等职业学校	19.60[①]	9.69	21.70	8.72	3.92	106.57	—
	技工学校	22.97[①]	10.93	22.23	0.84	3.49	53.26	—
	小计	42.57	20.62	43.93	9.56	7.41	159.82	1592.50
	高中阶段合计	59.64	37.69	60.33	25.34	20.12	349.10	3967.05
每10万人口在校学生数(人)	普通高中	1177	1177	755	652	1067	1721	1717
	中等职业教育	2936	1422	999	360	329	969	1152
	合计	4113	2599	1245	1099	1690	3128	2869
高中阶段专任教师数量(万人)	普通高中	1.46	1.46	2.15	1.79	4.53[②]	15.14	177.64
	中等职业学校	0.80	0.52		0.75	—	4.48	83.92
	技工学校	—	0.42	0.76	0.05	—	2.16	—
	小计	—	0.94	2.91	0.81	4.92[③]	6.64	83.92
	合计	—	2.40	7.63	2.60	12.10[④]	21.78	—
生师比	普通高中	11.69	11.69	11.76	8.82		12.50	13.37
	中等职业学校	—	21.94	15.07	13.06	—	21.99	18.98
中等职业专任教师研究生比例(%)		13.81	11.45		18.50		10.85	7.64

注：①数据来源于2017年广州市国民经济和社会发展统计公报；②为2017年深圳初中与高中数据；③为2017年深圳数据；④数据来源于2016年广州教育发展监测。"—"表示数据未采集到。

资料来源：根据广州市教育事业统计2017学年度、深圳市教育统计年鉴2017年(2016年数据)、教育部2017年教育统计数据等整理。

（五）高等教育比较

广州地区高等教育在校学生数为115.80万人，其中研究生9.07万人，研究生占比7.84%。虽然广州地区高等教育在校学生数超过北京和上海，但研究生比例远低于北京和上海的40.30%、27.67%，也低于全国平均水平（8.75%）。北京和上海博士研究生占比达到10.06%和4.49%。每10万人口平均在校高等学校学生数广州、北京、上海分别为7988人、4571人和2942人，广州远高于这两个中心城市。广州、北京和上海的高等教育学校生师比分别为24.90、17.13和16.82。可见，广州地区高等教育在校学生数体量最大，但研究生占比低（见表8）。

表8　2017年京沪穗深高等教育主要指标比较

城市		广州	北京	上海	深圳	广东	全国
在校学生数（万人）	本科	—	51.53	37.62	—	110.58	1648.63
	专科	—	7.76	13.88	—	82.00	1104.95
	本专科合计	106.73	59.29	51.49	12.71	192.58	2753.58
	硕士研究生	—	30.03	16.51	—	10.43	227.76
	博士研究生	—	9.99	3.19	—	1.57	36.20
	研究生合计	9.07	40.02	19.70	—	12.00	263.96
	总计	115.80	99.31	71.19	—	204.58	3017.54
每10万人口在校学生数（人）	本科及专科	7362	2729	2128	1067	1751	1991
	硕士研究生	—	1382	682	—	95	165
	博士研究生	—	460	132	—	14	26
	研究生合计	626	1842	814	—	109	191
	总计	7988	4571	2942	—	1860	2182
	博士研究生占比(%)	—	10.06	4.49	—	0.75	1.19
	研究生占比(%)	7.84	40.30	27.67	—	5.86	8.75
	普通高校（含成人高校）	1215[①]	5300[②]	3498[②]	—	2454[②]	2576[②]
	普通高校本科与专科	—	2708[③]	2130[③]	—	1721[③]	2530[④]

续表

城市	广州	北京	上海	深圳	广东	全国
生师比	24.90	17.13	16.82	—	17.68	17.52

注：①数据为每10万人普通高校在校学生数（以市属高校学生数量为依据），来源于广州市统计年鉴2017年（2016年数据）；②为每10万人口高等教育平均在校生数，包括普通高等学校和成人高等学校；③数据来源于各市2017年统计年鉴（2016年数据）；④为每10万人口高等教育平均在校生数，包括普通高等学校和成人高等学校，数据来源于教育部2016年教育统计数据。"—"表示数据未采集到。

资料来源：根据广州市教育事业统计2017学年度、教育部2017年教育统计数据、深圳市教育统计年鉴2017年（2016年数据）整理。

四　展望与建议

通过与北京、上海等先进城市对比分析，广州市教育在取得重大进展的同时也存在着一些短板。如广州教育总体体量很大，学前教育和小学教育学位相对不足；广州高等教育研究生层次培养数量和占比偏低；广州市的教育财政经费投入受地方财政支出总量的限制而偏低；教育基础设施重大工程项目建设进展有待加快等。因此，要奋力实现"四个走在全国前列"，广州市需要充分利用国家粤港澳大湾区建设战略机遇，深化教育领域综合改革，努力探索解决路径和方法，推动教育事业全面发展，实现世界前列、全国一流、广州特色、示范引领的现代化教育的发展目标。

（一）加强"立德树人"顶层设计

紧扣社会主义核心价值观，结合《中国学生发展核心素养》《中小学德育工作指南》等文件，出台相应的纲要或指引，将立德树人工作"统"起来。制定广州市青少年科技教育三年规划。支持引导各区县挖掘德体艺卫资源、构建德体艺卫体系、形成德体艺卫品牌，在全市范围内形成一个覆盖大中小学段的区域德体艺卫一体化教育体系。通过项目推动校外教育与校内教育教学有效衔接机制进一步完善，巩固教育局与地方政府、科研院所、专业团队、行业企业、大中小学校协同发展德体艺卫科技教育的新机制。

（二）实现基础教育优质均衡

全面实施广州市发展学前教育第三期行动计划。切实加大投入，实施"一区一策"，制定应对"全面二孩"政策带来的入园高峰的措施，努力满足适龄幼儿入园需求。加大公办幼儿园建设力度，力争到2020年公办幼儿园学位占比提高到50%。开展公办幼儿园管理改革试点工作，推动幼儿园均衡发展。继续推进实施中小学校三年提升计划，持续增加公办中小学学位供给。继续推进实施新增一批广州市示范性高中方案，探索高中分层分类建设，深入推进拔尖创新人才培养工作，推进生涯规划和职业指导教育，推动普通中学与职业院校、中等职业学校和技工学校合作，开设职业课程。

（三）推动职业教育跨越式发展

加快广州科技教育城建设，推进中职学校布局结构优化提升，推进市属中职、高职院校集约办学，探索中高职衔接、高本衔接以及中本贯通培养模式，建设中高本贯通的现代职教体系。建立深层次产教关系，推进教产精准对接、精准育人。

（四）提升高等教育办学水平

继续推进高等教育内涵发展，深化教学与科研融合。大力推进高水平大学建设，实施"IAB"产教融合及人才支撑计划，培养"IAB"战略性新型产业所需的高素质人才。继续加快推动市属高校选址和设立工作，加快华南理工大学广州国际校区建设和推进与香港科技大学合作办学。引导高职院校特色发展，释放高校的办学活力。积极推动区域内各高校间的横向联系与合作，建立起协同创新机制。

（五）完善学习型城市建设制度保障体系

加快推动学分银行制度和继续教育学分累计转换制度建设，推进职业教育与普通教育、学历教育与非学历教育、职前教育与职后教育沟通衔接，推行社区居民"终身学习卡""终身学习账户";推动老年人及残疾人教育资源建设,加强学校教育、家庭教育、社会教育有机结合;完善继续教育培训机构的准入制度,完善市民终身学习监测评价体系,构建基于大数据的终身教育决策服务体系等。

(六)提升特殊教育服务水平

不断完善特殊学生转介安置体制机制;开展特殊教育教师"双证上岗"制度试点工作;研制出台普通学校特殊教育工作指导意见,建立普通学校特殊教育工作评价体系。

(七)规范民办教育管理

大力推进民办义务教育学校标准化建设;加大对民办学校违规办学行为和无证办学整治力度,完善民办教育准入标准、监管、预警和退出机制;制定实施差别化扶持民办学校发展相关政策;充分发挥民办教育行业协会在行业自律、交流合作、协同创新、履行社会责任等方面的重要作用。

(八)加大教育对外开放力度

加强教育对外交流与合作顶层设计,出台相关政策措施推动国际理解教育落地,鼓励和支持中小学校开展国际交流与合作,多层次、多途径开展港澳台基础教育领域合作。加大市属高校引进高端国际化人才力度,吸引港澳台人才参与市属高校的教学与科研工作;推动市属高校与境外一流高校展开合作交流,积极参与国家和省对外高级别人文交流机制和项目合作;加强与"一带一路"沿线国家的交流与合作,增进新欧亚大陆桥、中国—中亚—西亚等重要廊道及澜湄合作机制下的区域教育合作交流;提高重点学科和专业相关学位研究生的留学生就读比例,扩大留学生规模,提升留学生教育质量和层次;推动南沙自贸区设立独资外籍人员子女学校进程和建设职业教育国际化示范区。

（九）不断提升教育治理水平

全面落实国家、省、市关于科研管理的改革措施，建立广州地区高校科研协作机制，推动高校科技成果转化及服务广州经济社会发展；着力完善智库发展的机制与平台建设，给予智库在专兼职研究人员聘用、项目经费使用、项目委托和管理方面更多的自主政策和权限；完善教育经费投入的监测制度，加强对预算编制的指导和绩效管理，建立各级各类教育经费动态调整机制。

（十）全面提升师资队伍整体质量

在加大引进高水平教育人才力度的同时，给予政策支持，吸引更多研究生以上学历水平应届毕业生从教，注重本土教师培养和培训，提高在职教师学历水平和专业能力。适当提高编制标准和附加编制比例，创新选人用人机制。进一步健全民办学校教师从教津贴、年金和入户制度，切实保障民办学校教师的权益。

（十一）提高教育信息化应用水平

加快推进广州教育大数据基础支撑平台和基于大数据应用系统的建设。加大资金投入力度，加快广州市中小学（中等职业学校）智慧校园建设。与国内外高校合作，多层次、多维度开展人工智能教育的研究与应用。

各级各类教育篇

Education at All Levels

广州市学前教育事业发展报告

刘 霞*

摘　要： 2016～2017年，广州市加大投入，不断完善学前教育保障机制；加快发展普惠性学前教育资源，不断彰显学前教育的公益性；科学规划，促进学前教育协调发展；夯实发展基础，不断提升学前教育整体质量。为进一步推动学前教育高质量发展，广州市要科学规划并增加幼儿园学位供给，继续提升学前教育的均衡发展水平，着力补充并稳定幼儿园教师队伍，加快学前教育优质园的建设进度，重视婴幼儿早期教育社会服务体系的建立。

关键词： 普惠性学前教育　学前教育质量　学前教育

---

* 刘霞，教育学硕士，广州市教育研究院教育发展研究室副研究员，主要研究方向为学前教育、教育政策。

学前教育是基础教育的重要组成部分，是终身教育的起点，是重要的社会公益事业。学前教育也是重大的民生工程，办好学前教育，关系亿万儿童的健康成长，关系千家万户的切身利益，关系国家和民族的未来。作为国家重要中心城市，广州市积极贯彻国家和广东省关于促进学前教育发展的重要部署，大力推进学前教育三年行动计划的落实，不断推进学前教育高质量、均衡协调发展。

一 基本情况

2015年以来，广州市学前教育稳步健康发展，学前教育规模持续扩大，幼儿园师资队伍素质不断提高。2015~2017年，广州市幼儿园数从1666所增加到1775所，增长了6.54%，在园幼儿数从445218人增加到483497人，增长了8.60%。随着学前教育规模的扩大，幼儿园专任教师数也相应增长，从30875人增加到34096人，增长了10.43%，高于幼儿园数增长率和在园幼儿数增长率，幼师比有所降低。幼儿园专任教师的学历层次逐年提高，专科毕业及以上学历的专任教师总量不断增加，占比由69.87%上升到79.98%，上升了10.11个百分点（见表1）。

表1 2015~2017年广州市学前教育发展基本情况

年份	幼儿园数（所）	在园幼儿数（人）	教师数（人）	幼师比	专科毕业及以上学历教师人数（人）	占比（%）
2015	1666	445218	30875	14.42	21572	69.87
2016	1693	463037	32653	14.18	24920	76.32
2017	1775	483497	34096	14.18	27270	79.98

资料来源：广州市教育局、广州市教育研究院：《广州市教育统计手册2015~2017学年度》，内部资料。

二 主要做法与经验

（一）加大投入，不断完善学前教育保障机制

财政性学前教育经费投入逐年增长。2015~2017年，广州市、区两级

政府不断加大教育投入，重点安排学前教育经费，财政性学前教育经费投入逐年增长。2015年，广州市教育局学前教育专项经费为3.40亿元，2016年达到3.47亿元，2017年增长到4.17亿元。① 具体到各区，如番禺区建立了公办幼儿园生均经费拨款机制，完善了区属幼儿园的经费拨款办法，统一镇街中心幼儿园的经费标准。综合考虑幼儿教育生均成本、教师社保医保等因素，番禺区区属幼儿园生均公用经费执行每生每年2640元的标准，2016年区属幼儿园非在编合同制教师年收入从原有6.2万元提高至8.2万元，镇街中心幼儿园参照实施；2017年，天河区公办幼儿园生均公用经费提高到2500元/年，编外专任教师年人均拨款达到12.07万元，各园自主制定编外专任教师工资分配方案，在专项经费总量内自主分配；② 2014~2016年，越秀区财政共投入了5356.06万元专项资金用于普惠性民办幼儿园建设，投入了857.90万元专项资金用于规范化幼儿园建设。③

制定并实施普惠性幼儿园生均财政拨款标准。为保障幼儿园经费投入的长效机制，确保政策执行的稳定性和延续性，2015年8月，广州市教育局、市财政局印发了《广州市幼儿园生均定额补助实施办法》，④ 对经所在区教育行政部门登记造册的集体办园、国有企业办园、事业单位办园，经所在区认定的普惠性民办幼儿园进行生均公用经费和生均设备费补助，明确了"集体办园、国有企业办园、事业单位办园每人每学年400元，普惠性民办幼儿园每人每学年300元，力争逐年提高"的生均公用经费补助标准，以及"集体办幼儿园每人每学年1000元、其他公办幼儿园和普惠性民办幼儿园每人每学年700元"的生均设备费补助标准。并明确"上述幼儿园生均公用经费补助和生均设备费补助在市学前教育专项经费中安排。各区应根据

---

① 此数据由广州市教育局基础教育二处沈蔓科长提供。
② 《立足普惠，注重内涵 着力提升天河学前教育优质均衡水平——天河区发展学前教育第二期三年行动计划督导验收自评报告》，内部资料。
③ 《聚焦内涵 发展特色 着力构建优质均衡的学前教育体系——越秀区完成学前教育第二期三年行动计划自评报告》，内部资料。
④ 广州市教育局、广州市财政局：《广州市幼儿园生均定额补助实施办法》，穗教基教〔2015〕46号。

财力加大相应投入，并制定本区幼儿园生均定额补助办法和标准"。该办法同时要求广州市各级政府和有关部门履行各自职责，共同做好幼儿园生均定额补助制度的实施工作。

努力完善公办幼儿园成本分担和运行保障机制。为进一步完善公办幼儿园成本分担和运行保障机制，保障公办幼儿园健康规范发展，2017年4月，广州市教育局委托北京兴华会计师事务所广东分所对广州市公办幼儿园2013~2015年办园成本和经费使用情况进行了综合调研，提出适当增加公办幼儿园生均经费投入、健全公办幼儿园培养成本分担机制等建议，为2018年开展的幼儿园保教费定价改革实施试点方案奠定了良好的基础。

（二）加快发展普惠性学前教育资源，不断彰显学前教育的公益性

积极发展公办幼儿园。广州市、区各级政府通过挖潜、扩容、迁移、易址重建、办分园、民办园转制等措施，努力扩大公办幼儿园数量，增加公办学前教育资源。例如，白云区按照"当年接收，次年开办"原则，及时推进4所新接收小区配套公办幼儿园开办工作，其中2所已于2017年9月顺利开学，新增540个公办学前教育学位；剩余2所正加快推进建设项目，计划于2018年3月开学；积极鼓励村社集体开办集体办公办园，2017年上半年新设立了2所村集体办公办园。① 越秀区为登峰幼儿园扩租场地约600平方米，回收和盘活了泰康路120号、新桥市18号两处校舍用于泰康路幼儿园、真光幼儿园设立分园区。3所公办幼儿园扩容项目共扩大幼儿园建筑面积近5000平方米、户外场地2000平方米，改善了幼儿园园舍场室和环境，增加了优质公办幼儿园学位。② 番禺区深度挖潜，改造18所村级园完成规范化达标。③ 据统计，全市公办幼儿园由2015年的1147所增加到2017年的

---

① 《白云区教育局基础教育科2017年工作总结》，内部资料。
② 《聚焦内涵　发展特色　着力构建优质均衡的学前教育体系——越秀区完成学前教育第二期三年行动计划自评报告》，内部资料。
③ 《立足普惠，注重内涵　着力提升天河学前教育优质均衡水平——天河区发展学前教育第二期三年行动计划督导验收自评报告》，内部资料。

1245所，增长了8.54%；公办幼儿园在读幼儿数由2015年的149060人增加到2017年的158743人，增长了6.50%。

大力扶持普惠性民办幼儿园。根据《广州市教育局 广州市财政局关于印发〈广州市幼儿园生均定额补助实施办法〉的通知》，广州市对经区教育局认定的普惠性民办幼儿园，自认定次年起实行生均公用经费补助和生均设备费补助。各区政府也积极采取各项措施支持普惠性民办幼儿园发展。例如，番禺区出台《番禺区普惠性民办幼儿园认定实施方案（修订稿）》（番教文〔2016〕47号）、《广州市番禺区普惠型幼儿园教师从教津贴实施方案》等政策，从生均公用经费奖补、教师从教津贴奖补、创建规范化或上等级奖补、建设项目奖补、优质园考核奖补等五大方面全面扶持普惠性民办幼儿园。2017年，天河区印发了《天河区普惠性民办幼儿园认定扶持和管理办法》，明确国家机构以外的社会组织或者个人，利用非国家财政性经费举办具有办园资质、面向大众、收费合理、办学规范、质量有保障的民办幼儿园为普惠性民办幼儿园，给予普惠性民办幼儿园10万~30万元的办园质量奖励。[①]

2015年，广州市公办幼儿园和普惠性民办幼儿园合计1221所，占比73.29%；2016年，广州市公办幼儿园和普惠性民办幼儿园合计1348所，占比79.62%；2017年，广州市公办幼儿园和普惠性民办幼儿园合计1450所，占比81.69%。公办幼儿园和普惠性幼儿园数量及占比不断提升，广州市学前教育的公益性、普惠性不断彰显。

（三）科学规划，促进学前教育协调发展

加快幼儿园布点规划和建设使用。2017年，为更好地应对"全面二孩政策"实施后的人口变化及入园高峰，广州市教育局联合市人力资源和社会保障局、市国土规划委有序推进学前教育（幼儿园）布点规划编制工作，

---

① 广州市天河区教育局、广州市天河区发展和改革局、广州市天河区财政局、广州市天河区人力资源和社会保障局：《天河区普惠性民办幼儿园认定、扶持和管理办法》，穗天教〔2017〕71号。

分别完成了广州市 11 个区的《区学前教育现状调研报告》、《区学前教育建设发展策略研究与布点规划》及《广州市学前教育发展策略研究与布点规划》。①番禺区出台了《番禺区教育局幼儿园选址规划（2020）》，优化中心城区、地产新区、农村社区的学前教育规划布点，进一步明确园所设施建设数量及建设标准，着力解决"入园难""入园贵"问题。

加快发展农村学前教育。为加快发展农村学前教育，缩小区域、城乡、公民办之间的幼儿园办园差距，广州市采用镇村一体化的政策促进农村学前教育的发展，每年资助每个镇 20 万元。按照生均定额补助办法每年递增 100 元的原则，对农村幼儿的补助已经达到 1600 元/（年·人）。广州市教育局明确要求各区必须将幼儿园作为新农村公共服务设施统一规划，优先建设。每个（街）镇要办好 1 所以上公办中心幼儿园；常住人口规模 4000 人以上的行政村要举办规范化普惠性幼儿园，常住人口规模不足 4000 人的行政村设分园或联合办园。

（四）夯实发展基础，不断提升学前教育整体质量

推进幼儿园规范化建设。广州市教育局提出了"到 2020 年，全市规范化幼儿园比例达到 95% 以上"的目标。②各区教育局结合本地实际，对辖区内达不到规范化标准的公、民办幼儿园进行改造，引导未达标幼儿园对标规范化幼儿园标准改善办园条件、规范办园行为。从 2015 年起，番禺区对改造园舍通过规范化达标及年审的幼儿园，除继续执行"连续 3 年按照每生每年 300 元奖励资助用于补充公用经费"外，集体办园每班奖励 15 万元，普惠性民办幼儿园每班奖励 5 万元。2015 年，全市规范化幼儿园 1393 所，占比 83.61%；2016 年，全市规范化幼儿园 1618 所，占比为 95.57%；2017

---

① 广州市教育局基础教育二处：《2018 年政府工作报告材料》，内部资料。
② 广州市教育局、广州市机构编制委员会办公室、广州市发展和改革委员会、广州市国土资源和规划委员会、广州市财政局、广州市人力资源和社会保障局、广州市住房和城乡建设委员会：《广州市发展学前教育第三期行动计划（2017—2020 年）》，穗教发〔2018〕13 号。

年，全市规范化幼儿园1688所，占比为95.10%。

规范对幼儿园的日常监管。广州市教育局及各区通过开学检查、定期视导、专项督察等措施对幼儿园日常办园行为进行过程性动态监管与指导。例如，番禺区建立了幼儿园日常管理和随机抽查制度，落实了幼儿园年检制度，出台了《番禺区民办幼儿园设置和管理指引》，启动综合管理信息化平台建设工程，研究建立涵盖"资助申报、数据录入、监督管理"等功能的普惠性民办幼儿园管理平台。天河区重视干净整洁、平安有序的幼儿园环境建设，区教育局定期联合公安局、区卫计局和区食品药品监管局等部门对全区幼儿园开展常态化校园安全、卫生工作督查，切实加强幼儿园校园安全、食品安全、环境卫生和传染病防控工作，全区188所幼儿园的食堂均已达到B级以上，其中A级达到42所。

启动广州市《指南》实验幼儿园的建设工作。为进一步构建好《3—6岁儿童学习与发展指南》（以下简称《指南》）的实践探索和研究平台，推动各类幼儿园科学保教，在幼儿身心全面和谐发展、课程建设、教师成长、家园共育等方面实现突破性进展，广州市启动了市《指南》实验幼儿园的建设工作。2016年，广州市教育局印发了《关于建设广州市贯彻落实〈3—6岁儿童学习与发展指南〉实验幼儿园的指导意见》（穗教基教二〔2016〕58号）；2017年，基础教育二处规划并启动了覆盖城乡、各种类型的《3—6岁儿童学习与发展指南》实验幼儿园认定工作。在幼儿园自荐、区考察和审核推荐名单、市审核和专家抽查等工作的基础上，2017年完成认定广州市100所覆盖城乡的《指南》实验幼儿园。

加强幼儿园师资队伍建设。广州市实施了学前教育师资专项培养培训项目，努力促进教师队伍优质均衡发展，2017年，举办幼儿园园长任职资格培训班，第五、第六期卓越幼儿园园长培训班，幼儿园教师资格证考前辅导班等，并面向从化、增城、花都区农村幼儿园举办各类专项培训。[①] 2017年8月，番禺区安排95万元专项资金举办园长资格培训，保障园长持证上岗

---

① 广州市教育局师资工作处：《2017年工作总结及2018年工作计划》。

并为幼儿园储备管理人才；强化骨干培训，分批组织优秀园长、骨干教师60多人参加省市卓越培训项目；每年安排区级专项经费200万元，分层分类培训600人次以上。番禺区近三年参加大专以上学历进修的幼儿园教师1800多人次，通过培训取得上岗证的教师800多人次。[①]

开展全覆盖的幼儿园保教质量监测评估工作。广州市在学前教育一期、二期行动计划期间开展了幼儿园保教质量评估监测方案的研究及试点监测工作。2017年11月，市教育局召开了广州市幼儿园保教质量评估监测培训工作会议，对广州市区域内取得办园许可证的所有幼儿园进行评估监测。广州市教育局印发了《广州市幼儿园保教质量评估监测方案（试行）》作为《广州市发展学前教育三期行动计划（2018—2020年）》的配套文件，努力以科学的幼儿园保教质量评估监测体系，促进广州市学前教育决策和管理的科学化，指导和改进广州市幼儿园保教工作，促进广州市幼儿园保教质量的有效提升。

三 展望与建议

党的十九大强调"办好学前教育"，并在"坚持在发展中保障和改善民生"这一条基本方略中，提出了"幼有所育"的要求。这给当前广州市学前教育事业的发展带来了前所未有的发展机遇。与此同时，作为常住人口超千万的超大城市，广州市学前教育也面临着新时代带来的新问题与新挑战。当前，广州市应着手做好以下工作。

（一）科学规划并增加幼儿园学位供给

广州市外来人口快速流入与国家"全面二孩"政策的实施，带来大量学龄前人口的增长，广州市学前教育供给将面临更大的压力。如何解决学前教育资源需求与供给之间的矛盾，提供有质量的学前教育公共服务，将成为

[①] 《番禺区教育局职成幼民办教育科2017年工作总结》。

未来广州市学前教育发展必须应对的重大挑战。2017年，广州市常住人口1449.84万人，其中非户籍人口占比近40%。《国家基本公共服务体系"十二五"规划》明确提出，要逐步将基本公共服务领域各项法律法规和政策与户口性质相脱离，保障符合条件的外来人口与本地居民平等享有基本公共服务，逐步实现基本公共服务由户籍人口向常住人口进行扩展。[1]我们以40个学位/千人的幼儿园千人学位指标标准和广州市常住人口数为基准进行测算，发现2015~2017年广州市供给的幼儿园学位数存在一定的缺口。此外，广州市还要直接面对"全面二孩"人口生育国策实施后户籍人口出生率迅速上升的叠加压力。以广州市A区为例，伴随着"全面二孩"政策的实行，该区2016年10~12月分娩高峰凸显，出生数比2015年同期增长38%，增加了3537人。如果按此增长速度，2017年将在2015年的基础上增加16698人，三年后A区需要增加中等规模幼儿园（约300个学位规模）55所，三年共需增加165所，相当于目前该区幼儿园总数的50%。[2]据此，广州市及各区政府相关部门要主动谋划，根据《广州市社区公共服务设施设置标准（修订）》中的相关规定，综合考虑出生人口增长趋势，以常住人口数为基数科学规划并增加幼儿园学位供给。

（二）继续提升学前教育的均衡发展水平

广州市幼儿园空间分布存在区域、办园类型上的差异，因此，增加新的幼儿园学位供给量不应是简单的区域平均增量。我们以40个学位/千人的幼儿园千人学位指标和2017年广州市各区常住人口数为基准估算，发现广州市11个区幼儿园学位缺口差异较大；对家长的问卷调查也显示，中心城区和经济较发达区域幼儿家长"入园难"感受高于外围和经济欠发达区域，说明幼儿园学位供给量存在区域结构失衡。在各区内部也存在着

---

[1] 《国务院关于印发国家基本公共服务体系"十二五"规划的通知》，国发〔2012〕29号。
[2] 《关于"全面二孩"政策下加强我区学前教育供给侧改革的建议（2017年议案办理）》，广州市番禺区人民政府，2018-06-25，http://www.panyu.gov.cn/gzpy/2017ya/2018-01-10/content_ ff4a3c308bc44fd0abbdc0917d0d6ca6.shtml。

学前教育发展不均衡现象。例如，有的区随着近年来经济社会快速发展及城市化水平的不断提高，中心城区及各镇街新建住宅小区入住人口不断增加，全面二孩政策的实施和来穗人员及其随迁子女总数的不断增长，受教育人口规模不断扩大，且年龄段分布不均衡，造成部分区域学前教育学位供需矛盾突出。还有的区尽管总体上幼儿园学位供给较为充足，但由于部分区域人口集中，供需在空间上错位，部分镇街现有幼儿园不能满足居民入园需求。这提醒广州市及各区政府应重视幼儿园的布局调整，努力提升学前教育的均衡发展水平，保障大多数适龄儿童能就近接受有质量的学前教育。

（三）着力补充并稳定幼儿园教师队伍

充足的师资及其储备是学前教育事业发展的先决条件。我们发现，广州市幼儿园教师队伍总量虽然逐年增加，但教师配备总体不足，且区域间的教师分布失衡。2017年，我们对全市159所幼儿园的抽样调查显示，幼儿园专任教师年总流动率为16.9%，年总流失率为11.2%。[1] 幼儿园师资供给总量不足，且合格教师流失较严重，学前教育领域的"教师荒"问题将逐步凸显。要解决幼儿园教师缺口问题，需要政府统筹管理，从教师培养培训、教师待遇等方面加大工作力度。一是要大力加强幼儿园教师职前培养体系的建设。例如，加强广州市属高校、高职院校学前教育体系和中等幼儿师范学校的专业建设，增加幼儿园师资培养数量。二是要加大政府财政投入力度。要提高幼儿园教师工资水平，尤其要考虑公办幼儿园非在编教师和普惠性民办幼儿园教师的工资补贴和福利补偿问题。例如，2017年9月，深圳市教育局、深圳市财政委员会印发了《深圳市幼儿园保教人员长期从教津贴实施办法》，对在深圳市各类幼儿园任职的非在编保教人员（包括教师、保健人员和保育员）发放从教津贴。教师长期从教津贴的发放进一步稳定了深

---

[1] 查吉德主编《广州教师队伍发展报告》（2011~2015年），广东教育出版社，2017，第181页。

圳市学前教育师资队伍，吸引和留住优秀人才在深圳市幼儿园长期从教。[1]三是要加大正面宣传力度。要提高幼儿园教师的社会认可度及社会地位，增强幼儿园教师的职业认同感，更有针对性地稳定幼儿园教师队伍。

（四）加快学前教育优质园的建设进度

我国学前教育事业采用统一领导、地方负责、分级管理、分工负责的体制，学前教育实践中普遍使用和参照的质量评价标准是各地教育行政部门颁布的幼儿园督导验收（评估）标准。依据《广东省幼儿园督导评估方案》，全省幼儿园按质量等级分为省一级幼儿园、市一级幼儿园、区（县）一级幼儿园、未评估幼儿园。[2]《广东省教育强县（市、区）督导验收方案》明确规定，优质幼儿园指省一级和市一级幼儿园。[3] 2015年，广州市全市共有省一级幼儿园77所、市一级幼儿园131所，合计占比12.48%；2016年，全市共有省一级幼儿园77所，市一级幼儿园147所，合计占比13.23%；2017年，全市共有省一级幼儿园81所、市一级幼儿园153所，合计占比13.18%。[4]《广州市教育事业发展第十三个五年规划》提出"2020年，学前教育优质示范园达到30%以上"的发展目标。我们对广州市28468名幼儿家长的问卷调查显示，希望入读优质幼儿园（广东省一级幼儿园和广州市一级园）的幼儿家长合计占比为79.00%。优质幼儿园的供给现状与广州市学前教育事业发展目标、幼儿家长的需求之间存在着一定的落差。为更好地回应人民群众对接受优质学前教育的强烈需求，当前广州需要加快推进省一级园和市一级园等学前教育优质园的建设。

---

[1] 深圳市教育局、深圳市财政委员会：《深圳市幼儿园保教人员长期从教津贴实施办法》，深圳市教育局，2017-9-1，http://szeb.sz.gov.cn/xxgk/flzy/wjtz/201711/t20171122_9923246.htm。
[2] 广东省人民政府教育督导室：《广东省幼儿园督导评估方案》，2008年5月。
[3] 广东省人民政府教育督导室：《广东省教育强县（市、区）督导验收方案》，2007年3月。
[4] 广州市教育局、广州市教育研究院：《广州市教育统计手册2015~2017学年度》，内部资料。

（五）重视婴幼儿早期教育社会服务体系的建立

加强托幼一体化、构建全程学前教育体系是学前教育的发展趋势。早在2003年，国务院办公厅转发教育部等十几个部门《关于幼儿教育改革和发展的指导意见》就把0~3岁早期儿童养育和教育指导纳入了政府的工作范畴，提出了"全面提高0~6岁儿童家长及看护人员的科学育儿能力"和"根据城乡的不同特点，逐步建立以社区为基础，以示范性幼儿园为中心，灵活多样的形式相结合的幼儿教育服务网络，为0~6岁儿童和家长提供早期保育和教育服务"的目标。《广州市教育事业发展第十三个五年规划》提出"探索建立婴幼儿早期教育的社会服务体系"的任务。长期以来，广州市婴幼儿早期教育工作处于比较松散的状态，相关部门的管理权限不明确，致使早期教育工作缺乏业务指导，婴幼儿早期教育工作尚处在起步阶段。目前，仅有天河区教育局印发了《天河区0—3岁婴幼儿科学育儿指导方案》，且该项工作在2018年才能正式启动。在市级层面和其他区尚未看到相关工作的开展。建议各相关部门要充分重视婴幼儿早期教育社会服务体系建立工作，积极探索婴幼儿早期教育工作开展的各项措施，从育儿观念、管理体制、经费投入和人员素质等方面入手，力争提高广州市婴幼儿早期教育工作的水平。

广州市义务教育事业发展报告

张海水*

摘　要： 2015~2017年广州市义务教育发展取得明显进展，体制机制改革取得一定的突破，以优质均衡发展为特点的义务教育高质量发展迈开了更为坚实的一步。展望未来，对标北京、上海等教育更发达城市以及更好地满足广州人民群众对更高质量教育的需求，广州市应以校际均衡、标准引领、体制机制完善等为抓手，进一步提升义务教育高质量发展的水平。

关键词： 广州　义务教育　校际均衡

一　基本情况

（一）义务教育发展规模持续扩大，教师队伍结构进一步优化

义务教育发展规模持续扩大。截至2017年，小学校数961所和初中校数397所，分别比2015年增长了0.84%和1.79%；小学招生数191092人和初中招生数122090人，分别比2015年增长了5.97%和4.99%；小学在校生数1004695人和初中在校生数338751人，分别比2015年增长了3.73%和2.84%。随着义务教育规模的扩大，专任教师数也相应增长。小学专任

---

* 张海水，广州市教育研究院助理研究员，主要研究基础教育政策、儿童教育、人力资源开发等。

教师数由2015年的52075人增长为2017年的54867人，增长了5.36%，师生比有所上升；初中专任教师数由2015年的27542人增长为2017年的28227人，增长了2.49%，但师生比略有下降（见表1）。

表1 2015年与2017年广州市义务教育发展基本情况（一）

年份		2015年	2017年	变化值(%)
学校数(所)	小学	953	961	0.84
	初中	390	397	1.79
招生数(人)	小学	180334	191092	5.97
	初中	116292	122090	4.99
毕业生数(人)	小学	133032	139815	5.10
	初中	114105	102582	-10.10
在校生数(人)	小学	968531	1004695	3.73
	初中	329410	338751	2.84
专任教师数(人)	小学	52075	54867	5.36
	初中	27542	28227	2.49

资料来源：广州市教育局、广州市教育研究院编：《广州市教育统计手册（2016学年度）》《广州市教育事业统计简报（2017/2018学年）》。

教师学历结构和职称结构有所优化。2017年，小学教师专科及以上学历占比98.89%，较2015年增加了0.85%；本科及以上学历占比为70.74%，较2015年增加了7.35%；中级及以上职称占比44.46%，较2015年下降了8.27%；初中专任教师中本科及以上学历占比为91.77%，较2015年增加了1.40%；中级及以上职称占比为59.53%，较2015年下降了0.29%；高级占比为15.11%，较2015年提升了1.68%。

（二）小学办学条件有所下降，但初中办学条件略有改善

小学生均校舍面积数由2015年的7.30平方米下降为2017年的7.14平方米，减少了0.16平方米；生均藏书数由2015年的25.13册下降为2017年的24.77册，减少了0.36册；百生均计算机数由2015年的15.37台下降为2017年的15.18台，减少了0.19台。初中生均校舍面积数由2015年的

16.60平方米上升为2017年的17.15平方米，增加了0.55平方米；生均藏书数由2015年的44.77册上升为2017年的44.86册，增加了0.09册；百生均计算机数由2015年的26.06台上升为2017年的26.61台，增加了0.55台（见表2）。

表2　2015年与2017年广州市义务教育发展基本情况（二）

指标	生师比		生均校舍面积数（平方米）		生均藏书数（册）		百生均计算机数（台）	
	小学	初中	小学	初中	小学	初中	小学	初中
2015年	18.60	11.96	7.30	16.60	25.13	44.77	15.37	26.06
2017年	18.31	12.00	7.14	17.15	24.77	44.86	15.18	26.61
变化值	-0.29	0.04	-0.16	0.55	-0.36	0.09	-0.19	0.55

资料来源：广州市教育局、广州市教育研究院编：《广州市教育统计手册（2016学年度）》《广州市教育事业统计简报（2017/2018学年）》。

（三）义务教育标准化学校建设和均衡发展工作稳步推进

截至2017年底，全市义务教育标准化学校覆盖率达94.97%（其中公办学校覆盖率达100%、民办学校覆盖率达83%）。2016年底，广州市11个行政区全部通过"全国义务教育发展基本均衡区"督导评估。至此，广州市11个行政区全部通过"广东省推进教育现代化先进区"督导评估，广州市也达到了"广东省推进教育现代化先进市"的标准要求。

二　主要做法与经验[①]

（一）以项目驱动实现基建设施的提质增效

2017年经市政府批准，市教育局、市发改委、市财政局于9月13日印

[①] 本部分内容参考了广州市教育局相关处室提交的年度工作总结材料、各区教育局提交的年度工作总结材料。

发《广州市中小学校三年提升计划（2016—2018年）中期调整方案》，并创新性提出"先干先给，多干多给，快干快给"的经费保障方案。本次中期调整共涉及中小学校基础教育设施提升项目、新增示范性高中项目和校园功能微改造项目三类学校。其中，中小学校基础教育设施提升项目包括到2018年新改扩建163所中小学校（包括2015年启动建设的学校），其中政府主导投资、独立选址的公办学校114所，新增约105518个学位；政府委托建设的住宅配套公办学校49所，新增约65292个学位；到2018年，全市完成校园功能微改造项目37个。

截至2017年底，"基础教育提质增效计划"所包括的中小学校基础教育设施提升项目已开工（含已完工）105个，开工率64.42%；已完工46个，完工率28.22%；提供新增学位5.75万个。114个政府主导项目，取得项目建议书113个，立项率99.12%；已开工（含已完工）61个，开工率53.51%；已完工16个，完工率14.04%。其中37个新建项目，已开工（含已完工）21个，已完工6个。49个住宅配套项目，已开工（含已完工）44个，开工率89.80%；已完工30个，完工率61.22%。全市累计完成项目财政投资24.74亿元，投资完成率25.99%。校园功能微改造项目——37个校园功能微改造项目，已开工（含已完工）16个，开工率43.24%，已完工1个，完工率2.7%，21个项目正在进行设计方案审核。学校体育卫生基础设施升级改造项目——已完工2262项，完工率91.43%。

（二）适应新形势下的挑战与要求，适度超前规划义务教育资源布局

随着中心城区学位紧张的加剧、外围城区人口的快速增加、全面"二孩"政策的推进等，广州市各区义务教育资源的布局规划迫在眉睫。在此背景下，广州市教育局牵头各相关部门，加快推进义务教育资源布局的规划。如2016年编制《广州市中小学建设发展策略研究与布点规划及中小学建设控制性导则规划》，创新中小学布点规划与城市发展规划、土地利用规

划等相融合的学校布点规划编制新机制；2017年完成中小学校三年提升计划中期调整，制定《广州市居住区教育配套设施历史遗留问题处理办法》、《广州市中小学发展策略研究与布点规划》及11个区《广州市中小学控制导则》的"1+N"成果体系，已经报市政府审定，全市现状中小学校和三年提升计划学校规划信息成果已纳入全市"多规合一"城乡规划一张图GIS平台参考层。依据广州城市总体规划确定的2020年1800万常住人口规模，兼顾规划实施不确定性、全面"二孩"政策和未来城市发展的学位需求，面向2020年并展望2030年，全市中小学生规模预测控制在230万人内，中小学用地约44平方千米；全市规划中小学学校2185所，其中义务教育阶段规划小学1403所、初中372所、九年制学校127所。

具体到各区，基于本区实情与发展需求规划义务教育资源的布局，如番禺区全力推进仲元中学第二校区建设、进一步完善番禺中学附属学校的建设使用；黄埔区2017年新开办凤凰湖小学、玉鸣小学和北师大完全小学3所公办小学，北师大广州实验学校（十五年制）即将建成，2017年新增公办学位可达到1万个；南沙区制定的《南沙新区中小学布局及建设规划专题》计划在"十三五"期间投入63亿元，规划新建学校23所，改扩建学校18所，新增学位52240个，总学位数达130600个，以满足"十三五"期间该区110万常住人口居民子女入读需求；花都区正在进行中轴线、花都湖、广州北站、空港经济区等区域的规划修编，并进行产业园区规划，其中对学位偏紧的城区的调整总体思路——将中学向城区外移，原高中校址改建初中，初中改建九年一贯制学校，小学改建幼儿园；白云区在中心城区——均禾街清湖上官苑地块布局占地约270亩的完全中学，引进广州市铁一中学开办，在白云新城布局占地面积约94亩的培英中学北校区，使培英中学的重心向区内移动，充分谋划在工业园区配套优质学校等。

（三）高起点、多模式快速推动区域、城乡和校际优质教育资源共建共享新格局，并取得重大进展

市级层面，主要在如下方面发力。首先，加强优质教育资源共建共享的顶层设计与规划。如制定《广州市教育局关于进一步推进中心城区优质教育资源向外围城区辐射延伸工作方案（送审稿）》，在方案中提出直接建校、委托管理、品牌输出、合作帮扶、专业指导、设立优质民办学校等六种辐射路径和策略。明确分三步推动中心城区优质教育资源向外围城区辐射延伸。第一步是加强区内辐射，指导各区进一步以优质学校为骨干，重点开展学区化、集团化等办学模式，探索高中阶段走班制、导师制等教育模式，形成区域内优质资源共建共享机制。第二步是加大市属教育资源辐射力度，通过建设新校区、委托管理、教育集团等方式，推动市属中小学校和市教研院资源进一步向外围城区辐射延伸。第三步是推动中心城区各类教育资源辐射延伸，随着教师编制、经费渠道、招生考试政策等体制机制逐步完善，努力打破区域间发展与合作壁垒，推动省属和区属优质中小学校、教育科研机构和高等院校等中心城区优质资源向外围城区辐射延伸。其次，在实践层面，各区尽展所需各显其能。如近两年来市层面在既有基础上，加快推动市二中、广大附中到南沙区委托管理学校，已落实学校选址并签订合作协议；推动广雅中学到花都区新建校区，已落实学校选址，正在开展项目用地征收及编制项目建议书；推动执信中学到天河新建校区，已完成初步设计方案，征地拆迁工作已全面启动并有序推进；推动市铁一中学到白云区新建校区，已落实学校选址并签订合作意向书；推动市第六中学到从化区新建校区，已初步落实学校选址；向黄埔区输出广州实验中学校名品牌，向天河区输出广州中学、广州奥林匹克中学校名品牌；广东广雅、执信中学、广州二中、广州实验首批4个市属教育集团已正式成立。最后，注重运用信息化手段，扩大优质教育资源的覆盖面。如建立了广州市教育科研网和广州"数字教育城"公共服务平台，其中，市教育科研骨干网络光纤总长度超过35000千米，出口带宽达40G，连接到城乡的每一所中小学，为优质数字教育资源的共享创造了良好条件。

具体到各区，在增加优质义务教育资源方面，也呈现了多样的模式与态势。如黄埔区在引进市属学校办学及整合区内优质教育资源的基础上，注重借力国际优质教育资源；南沙区注重培育本土品牌，已经涌现出南沙第一中学、南沙小学、金隆小学等一批义务教育阶段名校；老城区越秀区注重将现有优秀学校办成九年一贯制学校，不仅实现了校区的资源整合，还实现了区域东部优质教育资源向西部的辐射提升和示范引领。此外，2016年启动的立体学区试点工作，提升了优质教育资源的共享水平；花都区注重建立义务教育学校委托管理机制，推动名校办分校，仅2017年就有新华第五小学托管新华五华小学、新华云山学校托管新华田美小学、花都区骏威小学托管三东小学、花都区圆玄小学托管石岗小学等4对托管与被托管学校；从化区则注重利用高校与企业资源，新建优质教育资源，如与广东外语外贸大学、广州御盈房地产有限公司合作建设广东外语外贸大学从化实验小学、与中山大学南方学院、广州市从化珠江房地产开发有限公司合作建设中山大学南方学院附属小学；白云区注重以教育集团、教育联盟的方式，扩大优质教育资源的辐射范围，如2017年成立了广州培英教育集团、广州市六十五中教育集团、广州大同教育集团等三大教育集团，充分发挥3所国家级示范性高中的辐射引领作用，成立5个教育"微"集团——京溪小学、华师附中实验小学、金沙小学、三元里中学、明德中学为核心，其成员学校（含校区）共有18所，成立5个教育联盟——以广州市第六十七中学、江村中学、人和第一中学、广州市第七十二中学、广州市第二外国语学校为龙头，辐射棠溪小学、蚌湖小学等13所学校；荔湾区通过先进办学理念辐射、骨干教师柔性流动、教育教学资源共享、设施设备场地共用、学校办学文化生成等策略，激发集团内学校主动发展的积极性、创造性，增强薄弱学校"改进"与"重建"的能力，逐步形成各自的办学优势和办学特色等。

（四）创新实践，深入开展中小学教育质量评价改革实验（"阳光评价"）

立足广州实情，探索且创新地建立了行政主导、业务实施、高效协同创新的工作机制，坚持科研引领、上下联动，创新了自上而下的引领和自下而上的创新相结合的区域推进模式。其中，2016年根据具有广州特色、涵盖六大方面22项指标的"阳光评价"指标体系，研制覆盖学业与非学业指标的测量工具，开发评价实施数据库处理的"云平台"，充分依靠专业机构和社会组织开展评价，推进"管、办、评"分离相结合的评价机制。在第一批116所试点学校进行测试分析的基础上扩大试点学校到427所。2017年"阳光评价"试点学校扩大到486所，完成了对试点学校的第二期试测，出具市级、区级和校级报告逾500份，研究分析广州市中小学教育质量区域和校际发展的整体状况、中小学生综合素质各项指标情况，并提出诊断意见，为促进基础教育提质增效、高位均衡寻求策略。此外，2017年还进一步完善了具有广州特色的科学系统的评价指标体系和"阳光评价"云平台，建立了为今后进一步评价学生的发展积累的数据常模，其中先进的分析技术尤其是LPA等的运用获得了教育部好评。

与此同时，各区还结合自身发展特点与需求，努力探索区层面实施中小学教育质量评价改革。如番禺区继续修订《番禺区小学办学绩效评估方案》《番禺区初中办学绩效评估方案》《番禺区初中毕业班工作评奖方案》等评价方案，完善义务教育阶段的学业评价内容，建构番禺区中小学教学质量评价体系；海珠区完善符合素质教育要求的学校教育教学质量评价体系，围绕"学习负担改变"和"身心发展水平提升"两个重点，深入推进海珠区中小学教育质量"阳光评价"改革试验工作，探索制定科学、量化、可操作的区级中小学质量综合评价方案，科学评价学校教育教学质量和办学水平，综合评价学生发展，为学校精细化管理、教师教学改进、学生完善自我提供科学依据等。

（五）稳步推进招生考试制度改革

1. 加强招生工作管理，确保公平有序

2016年首次实施公办小学、民办小学和民办初中招生全部网上报名。进一步优化网上报名流程，简化报名程序。指导各区教育局贯彻落实《广州市义务教育阶段学校招生工作指导意见》，组织各区教育局签订规范义务教育招生行为责任书，进一步规范招生行为，化解矛盾，维护招生工作秩序的稳定。2017年建立招生舆情反应机制，大力规范招生行为，继续实施义务教育学校招生网上报名。

2.稳步推进异地中考政策

建立健全随迁人员子女报考资格网上联审机制，异地中考政策顺利落地，其中2017年逾2.9万名随迁子女在穗参加中考，其中1.4万名符合报考公办普通高中资格。

（六）逐步完善义务教育师资队伍管理机制

1.改革创新教师队伍聘用方式

为应对各区空余编制少、新增学位数巨大，特别是"二孩"政策全面放开所带来的系列师资短缺问题，同时也为了进一步规范广州市市属中小学临聘教师预算编制程序，严肃财经、人事、机构编制纪律，做好临聘教师预算编制的规范化管理，不断提高办学水平，市教育局和市财政局在2016年共同研究制定了市属中小学临聘教师预算编制管理的相关文件，不仅为市属中小学校临聘教师预算编制提供依据，也为各区在解决此类问题上提供重要的参考意见。目前天河、黄埔、南沙、白云、花都、番禺等区积极探索"新机制教师"机制。此外，南沙区还试点开展教师招聘改革，采取"面试—专业能力测试—笔试"的招聘程序取代传统的"笔试—面试—专业能力测试"招聘程序，取得了较好成效。

2.启动"区管校聘"市级试点区工作

遴选确定增城区为"区管校聘"市级试点区，推进校长教师交流轮岗工作进入新常态。

3.稳妥推进义务教育学校校长教师交流轮岗

借助学区化、集团化、师范生实习支教、九年一贯制等多种形式，切实促进义务教育学校校长教师交流轮岗工作。具体到各区，如越秀区建立教师编制动态管理机制，实行指导性交流、指令性流动和新增教师在区域内统一调配制的三种方式，开展中学师资流动工作；海珠区试点探索教育集团、学区内校长和教师的流动机制，逐步建立校长教师交流轮岗制度，促进人才队伍的优化管理。

（七）加快推进义务教育领军人才引育机制的建立，并大力完善了教师荣誉体系

1. 制定高层次人才引进办法，创新柔性人才引进使用机制，并取得较好成效

2017年为落实广州市第十一次党代会关于加快建设人才高地、建设领军人才集聚地，把教育发展作为城市核心竞争力的重要组成部分，加大名校长、名教师的引进、培养、储备力度的要求，制定印发《广州市基础教育高层次人才引进办法（暂行）》，同时按照市委市政府"引进一批、培养一批、储备一批"的要求，以"不限时间、不限人数、刚柔并济、市区共享"的方式创新引进教育人才。该办法的出台弥补了广州市基础教育人才引进的政策真空，极大地推进了广州市基础教育外地高层次人才引进工作。紧接着，番禺区、南沙区、越秀区、花都区、白云区、海珠区、增城区等各区也从区层面相应地制定了基础教育高层次人才引进和培养办法。2017年全年，全市基础教育系统引进人才53人，下达人才引进专项资金1929万元。

2. 大力推进教育专家、名校长、名教师、名班主任、特级教师工作室建设

在市级层面的进展主要有：2017年评定首批教育专家工作室主持人10名、名校（园）长50名、名教师337名，同时，拟同步建立工作室，充分发挥教育领军人才的示范引领作用。具体到各区，采取的举措有，如番禺区与中山大学、北京师范大学联合建设名校长、名教师、名班主任工作室；南沙区继续借力教育部基础教育课程教材发展中心、中国教科院、省教育厅、市教育局加强师资队伍培训，实施"明珠工程"（打造品牌学校、品牌校长、品牌教师、品牌学科、品牌特色项目）；白云区启动新一轮的区名校长、名教师和青年骨干教师培养工程；海珠区建立名师名校长培养认定长效机制，设立教育专家、名校长、名教师、名班主任、特级教师工作室，研究制定《海珠区"名师""名校长"评选实施方案》《广州市海珠区基础教育系统骨干教师评选认定工作方案》；荔湾区开展中国教科院"名校长名教师挂职研修项目"，2名教师成为中国教科院访问学者，同时引进国际优秀师

资团队举办"校长教育领导力国际培训班",学习借鉴先进国家学校管理经验,全面培养与发展中小学校长的领导力等。

3. 创新地启动"广州教育家培养工程"

2017年6月,"广州教育家培养工程"启动仪式暨首批培养对象开班典礼在广州大厦举行。"广州教育家培养工程"是市教育局认真谋划"十三五"广州教育的蓝图,为广州实现教育现代化提供人才保障的重要途径之一。该工程是建立在广州市卓越校长培养工程、广州市基础教育系统新一轮百千万人才培养工程两项高水平教育人才培养工程基础之上,顺应广州打造"世界前列、全国一流、广州特色、示范引领"现代化教育目标要求,目标更高大、意义更深远的一项品牌工程。计划在2020年前,为广州市培养小学、初中、高中校长共72人。

4. 完善中小学教师荣誉体系

初步建立教坛新秀—学科带头人—骨干教师—优秀教师—名校长名教师—教育(专)家校长和教师荣誉体系。以2017年为例,教师节期间,组织表彰广州市优秀教师60名、优秀教育工作者20名、教育工作先进集体40个,由市政府颁发证书、奖牌并发放奖金,提升了表彰规格,鼓舞了广大教师。

(八)各级政府在保障义务教育阶段适龄儿童就近入学的基础上,重点对弱势人群给予了特别关爱

1. 来穗人员随迁子女接受义务教育工作取得重要突破

2016年广州市印发《关于进一步做好来穗人员随迁子女接受义务教育工作的实施意见》(穗府办函〔2016〕174号),指导各区建立健全"积分入学"制度,逐步解决来穗人员随迁子女入读公办学校和政府补贴的民办学位。2017年相继出台了《关于落实来穗人员随迁子女接受义务教育实施意见有关工作的通知》《广州市教育局关于做好符合条件的承租人适龄子女接受义务教育工作的通知》,指导各区制定了来穗人员随迁子女接受义务教育工作的实施办法,首次全面实施以积分制入学为主的方式解决随迁子女入

学问题，多数区以报读志愿和积分数作为学位安排依据，建立了较为完善的随迁子女接受义务教育工作机制。与此同时，广州市教育局联合市来穗局对积分入学工作实行精细化管理，建立了规范透明的工作流程和便民利民的信息化服务平台，以便民惠民为出发点，周密部署统筹推进。其中，2016年，小学随迁子女数为300427人，较2015年增加了30268人；初中随迁子女数为87414人，较2015年增加了4151人。2017年全年共安排24760名随迁子女入读义务教育学校起始年级，占总申请人数的63.29%，实现了"2017学年起以公办学校和政府补贴的民办学校学位解决随迁子女入读小学一年级和初中一年级的比例不低于50%"的发展目标。

2. 大力保障残疾孩子入学

如越秀区建设了两所公办特教学校和17个随班就读点，三类残疾儿童少年入学率均达到99%以上；番禺区建有1所特教学校和1所残疾人康复中心，中心被定为国家级定点康复机构，并被中残联作为试点机构推广"引导式教育"项目；黄埔区与广州市救助保护流浪少年儿童中心达成长期合作协议，全国首创公办小学教师每天免费为流浪未成年人义务送教。

3. 大力保障家庭经济困难学生入学

构建了完善的助学体系，不断扩大学生资助覆盖面，学生资助政策实现学前教育至研究生教育的全覆盖。

4. 大力保障留守儿童入学

如从化区建立了由教育部门、妇联组织、基层政府、学校、家庭、社会共同参与的立体化、全方位的留守儿童关爱网络；白云区建立了进城务工人员随迁子女接受义务教育的保障机制，其中区财政每年用于保障来穗人员子女入读公办学校经费投入约6亿元；南沙区区属公办中小学校学生免收书（学）杂费，本地户籍与外地户籍的学生同等享受12年免费教育政策；增城区建立健全贫困学生资助体系，有效实现了"不让一个学生因贫困失学"的目标，2016年以来，该区扶助各级各类学校困难学生共计11974人次、扶助金额达1061.3376万元，实施学生交通补贴制度，有效解决了山区小学撤并学校学生上学远问题，2016年以来，全区享受交通费补助学生共31807人次，交通费补助支出共49954.9万元，实施城乡公办义务教育阶段学生营养改善计划全覆盖，2016年以来，共覆盖全区各义务教育公办学校学生，受惠学生17.7万人次，投入费用约为1.3亿元。

三 问题与建议

借鉴北京、上海等教育发达地区教育发展的经验以及面对近两年来国家、广东省、广州市经济社会发生的新变化，特别是党的十九大以来所面临的新形势，在"十三五"后续，广州市义务教育可从如下方面，加大相关工作的开展力度，进一步提升义务教育高质量发展的水平。

（一）以市域内校际均衡为目标，加快提升广州市义务教育均衡发展水平与质量的新格局

尽管2015年广州市各区100%通过"全国义务教育发展基本均衡区"的国家督导评估，广州市实现了县域内义务教育均衡，但市域内义务教育校际均衡问题较突出。如《全国十五个副省级城市教育现代化监测评价与比较研究报告（2016年）》显示，在15个副省级城市里，广州市市域内义务教育县际均衡指数排名第1，但市域内义务教育校际均衡指数排名第13。[1]《国家教育事业发展"十三五"规划》提出"在确保2020年全国基本实现县域内义务教育均衡发展的基础上，推动有条件的地区实现市域内均衡发展"[2]，其中市域内均衡主要指市域内校际均衡。为此，建议：①以促进广州市市域内义务教育校际均衡发展为目标，并设定合理的差异系数目标值、实现路径及配套相关举措；②深化学区化办学和集团化办学，真正实

---

[1] 广州市教育研究院编《十五个副省级城市教育现代化水平比较及启示》，《教育决策参考》（内部资料）第39期。
[2] 中华人民共和国教育部官网：《国务院关于印发国家教育事业发展"十三五"规划的通知》，http://www.moe.gov.cn/jyb_xxgk/moe_1777/moe_1778/201701/t20170119_295319.html。

现各类资源在学区内和集团内的均衡优化配置；③进一步有效地通过委托管理、精准帮扶、校长教师交流轮岗等途径加大对薄弱学校的扶持力度，缩小校际差距；④统筹资源，丰富基础教育优质资源供给层次和主体，实现供给主体多元化，同时利用多种手段，打破地域、时间等外界条件限制，实现供给路径多样化；⑤进一步推动并实现城乡义务教育一体化高质量发展等。

（二）设定科学、合理的义务教育教师学历层次、职称层次提升的目标值，通过多项举措，加快缩小与教育发达城市之间的差距

2015年以来，广州市义务教育教师学历层次、职称层次得到一定优化，但与教育发达城市之间的差距仍很明显。如2016年小学教师本科及以上学历占比为67.53%，远低于北京（2015年为89.34%）、上海（2015年为76.28%）、天津（2015年为73.56%）；2016年初中教师本科及以上学历占比为91.15%，低于北京（2015年为98.67%）、上海（2015年为98.33%）、天津（2015年为94.67%）。[①]为此，建议提出广州市义务教育教师学历层次、职称层次提升的具体目标值、时间表，通过多项举措，加快缩小与教育发达城市之间的差距。

（三）建立基于事业发展与物价变化的义务教育经费动态调整机制

《国家教育事业发展"十三五"规划》提出"更加注重通过加强政策设计、制度设计、标准设计带动投入，健全保证财政教育投入持续稳定增长的长效机制，确保财政一般公共预算教育支出逐年只增不减，确保按在校学生人数平均的一般公共预算教育支出逐年只增不减"[②]；中共中央《关于深化教育体制机制改革的意见》提出"确保一般公共预算教育支出逐年只增不

---

① 广州市教育研究院主编《2016年广州教育发展监测》，广东教育出版社，2017。
② 中华人民共和国教育部官网：《国务院关于印发国家教育事业发展"十三五"规划的通知》，http://www.moe.gov.cn/jyb_xxgk/moe_1777/moe_1778/201701/t20170119_295319.html。

减,确保按在校学生人数平均的一般公共预算教育支出逐年只增不减"①。尽管近年来广州市义务教育投入得到一定增长,但缺乏标准以及机制引领的经费投入模式,难以保障投入的科学与稳步增加。为此建议:①建立基于事业发展与物价变化的义务教育经费标准及动态投入机制,以此切实落实公共财政优先保障义务教育;②进一步完善公共财政教育投入制度与保障机制,强化区级主体责任;③适当调整政府财政在义务教育与非义务教育之间的分配结构,将财政性教育经费重点投向义务教育与学前教育等。

(四)建立义务教育基本公共服务标准体系

《国家教育事业发展"十三五"规划》提出"加快实现义务教育学校管理标准化,整体提升义务教育质量"②;《北京市"十三五"时期教育改革和发展规划(2016—2020年)》也提出"初步建立涵盖学校办学条件标准、校长发展专业标准、教师教学基本功标准、教育教学质量标准等内容的义务教育基本公共服务标准体系"③。由此可见,以科学的标准保障与促进义务教育公共服务质量,是大势所趋。为此,建议广州市组织专家团队,加快义务教育基本公共服务标准体系的研究,研制符合广州实情、具有广州特色的义务教育基本公共服务标准体系(简称"标准体系"),"标准体系"相关指标的设计与要求应遵循"全面性""系统性""引领性""前瞻性""定量与定性结合""自由度""差异性""发展性"等原则。同时,还应结合"标准体系",并主要围绕义务教育内涵发展、供给侧发展等主题研制与出台相关配套政策,以推动广州市义务教育学校实现更高水平的优质均衡发展。

---

① 中华人民共和国中央人民政府官网:《中共中央办公厅 国务院办公厅印发〈关于深化教育体制机制改革的意见〉》,http://www.gov.cn/xinwen/2017-09/24/content_5227267.htm。
② 中华人民共和国教育部官网:《国务院关于印发国家教育事业发展"十三五"规划的通知》,http://www.moe.gov.cn/jyb_xxgk/moe_1777/moe_1778/201701/t20170119_295319.html。
③ 教育部学校规划建设发展中心官网:《北京市"十三五"时期教育改革和发展规划(2016—2020年)》,http://www.csdp.edu.cn/article/2074.html。

广州市普通高中教育事业发展报告

陈发军*

摘　要： 广州市普通高中的总体规模、师资队伍、硬件设施等均保持较稳定增长，教育教学质量连年攀升。通过推进普通高中特色发展，大力推进示范性高中建设，引导优质资源向外围辐射，加大基础教育设施建设力度，探索基础教育拔尖创新人才培养试点等举措，推动了普通高中高质量发展，同时在办学体制和教育教学改革方面取得了显著成效。针对普通高中发展中的问题，建议推动普通高中分层分类建设、以项目和基地推进特色高中建设、打通普职分离壁垒、完善学生综合素质评价体系等。

关键词： 普通高中教育　多样发展　特色发展

一　基本情况

2017年，广州市普通高中学校121所，其中高级中学30所，完中85所，十二年制6所。民办高中17所。教学班级3756个，在校学生170676人，预计毕业生58721人。毕业生数58392人，毕业率99.44%，毕业生已升学（本、专科）55683人（按毕业学校报），毕业生升（大）学率

---

* 陈发军，教育学硕士，广州市教育研究院副研究员，主要研究领域为教育政策、教育战略规划、教育心理学、德育、物理教育等。

95.36%，辍学率 0.37%。省一级高中 83 所，其中示范性高中 45 所，在校学生 140623 人，占学生总数 82.39%；市一级学校 31 所，在校学生 27506 人，占学生总数 16.12%。示范性普通高中学校 51 所，在校高中学生 103123 人，占高中生总数的 60.42%。民办学校 17 所，在校学生 10959 人，占学生总数的 6.42%（见表1）。

表 1　广州市普通高中学校及在校学生数情况

年份	学校数（所）	其中：民办学校	班级数（个）	在校生数（人）	其中：民办学校	平均班额（人）	示范性高中 学校数（所）	在校学生数（人）	占总学生数比例（%）
2015	120	16	3819	178564	11061	46.76	43	96282	53.92
2016	124	16	3818	176275	10999	46.17	43	89859	50.98
2017	121	17	3756	170676	10959	45.44	51	103123	60.42

资料来源：根据 2015 年、2016 年、2017 年度《广州市教育统计手册》数据整理。

2015～2017 年，示范性高中学校数从 43 所增加到 51 所，在校学生数比例增加了近 7 个百分点，超过 60% 以上的学生能够在示范性高中就读。

2017 年，广州市普通高中专任教师 14569 人。学历（本科及以上学历）达标率 99.75%，研究生学历人数为 2436 人，占教师总数的 16.72%；中学高级职称及以上专任教师人数 4681 人，占教师总数的 32.13%。2015～2017 年，教师总数逐步增加，生师比逐渐下降，研究生比例不断提高（见表2）。

表 2　广州市普通高中专任教师情况

年份	专任教师数（人）	生师比	研究生（人）	研究生比例（%）	高级职称人数（人）	高级职称占比（%）
2015	14081	12.68	2085	14.81	4366	31.01
2016	14352	12.28	2355	16.41	4447	30.99
2017	14569	11.72	2436	16.72	4681	32.13

资料来源：根据 2015 年、2016 年、2017 年度《广州市教育统计手册》数据整理。

2015～2017 年，广州市普通高中毕业生数、毕业率、升学率基本维持在同一水平（见表3）。

表3 广州市普通高中学生毕业和升学情况

年份	毕业生数（人）	毕业率（%）	毕业生已升学(本、专科)人数(按毕业学校报)(人)	毕业生升(大)学率(%)
2015	58087	99.75	55006	94.70
2016	59133	99.75	55943	94.61
2017	58392	99.44	55683	95.36

资料来源：根据2015年、2016年、2017年度《广州市教育统计手册》数据整理。

2017年，广州市普通高中生均学校占地面积为47.86平方米，生均校舍建筑面积为32.40平方米，均比上年有所增加；生均藏书为79.93册，百生均计算机为49.59台，均比上年略有增长（见表4）。

表4 广州市普通高中学校生均占地面积、生均校舍建筑面积、生均藏书、百生均计算机情况

年份	生均学校占地面积（平方米）	生均校舍建筑面积（平方米）	生均藏书（不含音像）（册）	百生均计算机（台）
2015*	34.92	19.87	53.17	30.78
2016	45.52	30.42	77.08	46.96
2017	47.86	32.40	79.93	49.59

资料来源：根据2015年、2016年、2017年度《广州市教育统计手册》数据整理。*表示2015年度包括初中和普通高中的数据。

2016年开始，广州市启动新建一批广州市示范性普通高中工作，增加优质高中教育资源供给，优化普通高中资源布局，推动普通高中特色多样优质发展和均衡优质发展。2017年，认定广州外国语学校等4所学校为广州市示范性普通高中学校，市第二十一中学等6所学校初步通过广州市示范高中认定工作。全市示范性高中从41所增加到51所，增加示范性高中学位12633个，全市示范性高中学位占普通高中学位比例从50.98%增加到60.42%。2017年，广州市普通高考总上线率97.27%，其中一本上线率22.22%，一本上线人数12854人，二本上线率67.35%，大专以上上线率

99.38%，继续保持全省第一；24人进入全省理科总分前100名，43人进入全省理科总分前200名，北大、清华在广州市录取学生29人，占全省24%，为空军输送飞行学员10人，占全省26%，均居全省第一。

综合来看，2015~2017年，广州市普通高中的总体规模、师资队伍、硬件设施等均保持较为稳定的增长，示范性高中学位的数量有较快增长；普通高考一本上线率持续提高，教育教学质量连年攀升。

二 主要经验与做法

（一）大力推进市示范性高中建设和普通高中学校多样特色发展

2017年，广州市教育局相继出台了《广州市中小学校基础教育设施三年提升计划（2016—2018年）》《关于新建一批广州市示范性普通高中的实施方案》《广州市示范性普通高中学校认定办法和指标体系》等系列文件。新增20个示范性高中项目，已完成立项17个，立项率85%；已开工6个，其中1个为新建项目，开工率30%，已完工1个，完工率5%。提供新增示范性高中学位1200个。已完成财政投资2.32亿元，投资完成率5.92%。截至2017年12月，广州外国语学校、广州市第九十七中学、广州市广外附设外语学校等10所普通高中通过了评估认定，成为首批广州市示范性普通高中。

到2016年底，全市共有99所普通高中学校的特色课程获得不同类别的立项，占全市普通高中学校82.5%，51所学校获得"广州市特色学校"称号。

（二）发挥优质资源的示范辐射作用

市级层面主要发挥市属学校优质资源相对集中的优势，积极推动市属学校通过建设新校区、委托管理等方式到外围城区办学。2017年，广州市教育局出台了《关于推进市属优质教育资源集团化办学的实施方案》《广州市教育局推进区域学区化办学实施方案》等文件，以广雅、执信、二中、六中、广大附中、铁一等6所学校和市教研院作为核心学校（单位）推进集团化办学，将其先进教育理念、管理经验和校园文化输出到外围城区，扩大优质教育资源总量。如广州市第二中学、广州大学附属中学到南沙区委托管理学校，广东广雅中学到花都区新建校区，广州执信中学到天河区新建校区，市铁一中学到白云区新建校区，广州市第六中学到从化区新建校区。市区共建的黄埔区广州实验中学、天河区的广州中学、广州奥林匹克中学等优质普通高中资源辐射延伸项目均已启动。2017年11月，广东广雅、执信中学、广州二中、广州实验首批4个教育集团已正式成立。

区级层面，主要有五种形式来引入和扩大优质教育资源。

1. 大力推进区域内教育集团化建设

如白云区成立了培英、六十五中、大同三大教育集团，充分发挥3所国家级示范性高中的辐射引领作用，另外相继成立了五个教育微集团和五个教育联盟。黄埔区整合市86中学初中部和高中部教育资源，建设市86中教育集团，黄埔军校纪念中学与市84中学的整合已显现出优质公办教育发展共同体的优势。

2. 通过跨区间学校共建或委托管理

如海珠区第41中学与广大附中共建国防班，引入执信、六中等优质教育资源，以委托管理形式开办广州执信琶洲实验学校、广州市六中长风中学，增加其东部优质学位。

3. 引进研究机构或高校优质资源

如白云区与广州市教育研究院合作共建广州市教育研究院白云分院，花都区建立广州市教育研究院北部分院。荔湾区与中国教科院签订第二期合作协议，筹划合作开办中国教科院荔湾实验学校，探索建立新样态学校。黄埔区着力推进北京师范大学广州实验学校建设，并启动与北京师范大学合作建立北师大南方教育资源中心。

4. 引进优质民办教育资源

如增城区相继引进黄冈中学广州学校、广东外语外贸大学附属学校等举办民办基础教育学校，并将广州嘉德外国语学校、华商外国语学校作为优质教育资源重点引进项目。

5. 引进国外优质教育资源

如海珠区南武中学引进斯坦福大学实验室项目；黄埔区的美国贝塞思国际学校年内开办，美国格兰纳达山特许学校广州分校、广州黄埔修仕倍励实验学校、知识城南洋华中学校、英国爱莎国际、英国人学校5所国际化学校正式落户黄埔区和广州开发区，华南师范大学附属外国语学校与英国院校签约，合作创立G5青少年领袖培养基地等。

（三）加大基础教育设施建设力度

根据《广州市中小学校基础教育设施三年提升计划（2016—2018年）》提出的目标，到2018年底预期完成129所中小学新建、改扩建任务，新增约16万个公办学位。其中，市财政资金重点支持76个政府主导、有新增学位的中小学新建、改扩建项目建设。经市政府批准，市教育局、市发改委、市财政局于2017年9月13日印发《广州市中小学校三年提升计划（2016—2018年）中期调整方案》，中期调整共涉及中小学校基础教育设施提升项目、新增示范性高中项目和校园功能微改造项目三类学校。其中新增示范性高中项目提出拟新增示范性高中学校（项目）20所，新增16678个学位，新增示范高中学位39600个。截至2017年底，已完成立项17个，立项率85%；已开工6个，其中1个为新建项目，开工率30%，已完工1个，完工率5%。提供新增示范性高中学位1200个。已完成财政投资2.32亿元，投资完成率5.92%。

市直属学校部分工程也稳步推进。其中广东广雅中学莲韬馆复建工程、广州市第六中学新建学生宿舍楼工程项目、广州外国语学校建设（二期）工程已启动。

（四）探索基础教育拔尖创新人才培养试点

采取行政主导推动，市教育研究院主体实施的方式，稳步推进基础教育拔尖创新人才培养试点工作。加强了专业引领和社会舆论的引导,针对全市368名拔尖人才,加强课程实施、心理辅导、质量管理,启动了拔尖人才培养新的评价指标体系的研究,已经初步构建了广州基础教育拔尖创新人才培养体系。

(五)普通高中办学体制和教育教学改革亮点纷呈

各高中学校积极探索教育教学改革,大胆尝试,呈现各具特色的发展态势。

1. 改革课程设置与实施、课堂组织形式

在新高考契机下,各高中学校探索推动中学走班制、导师制、选课制试验,取得了良好成效;同时着力推进特色课程建设、智慧课堂、"科学课堂"实验与应用、德育校本课程建设和学校课程体系建设等。如执信中学重点推进高中生主动发展的德育校本课程研究和建设,推动《中学生领导力开发》《学生公司》《模拟联合国》等五个重点校本德育课程创新发展;广东华侨中学开发和构建了"必修课程+选修课程+特色课程+社团活动+研学拓展"五位一体的课程体系,引进华东师范大学霍益萍教授团队资源,成立"广东华侨中学学生发展指导委员会",从三个维度、三大资源和三种形式帮助学生实现全面发展。

2. 丰富课程内容

如开展体验式生涯规划教育、"天赋才干"学生发展测试、引入高校资源开展博雅教育等。如番禺区开展"中学生发展指导实验"的深入研究,在广东番禺中学成功举办第三届全国高中学生发展指导高峰论坛。

3. 研究与创新教学模式

如美术中学推进"立德树人"和"核心价值、传统文化、依法治国、创新精神"的"一点四面"系统教学模式,各科教学将"宏观视野"与"微观设计"紧密结合统一起来,以课堂为阵地,整体提高学校教学质量;广州市铁一中学先后与粤港澳大湾区内几所名校开展同课异构教学研讨活动,初步形成具有学校特色的高效课堂教学模式。

三 问题与建议

广州市普通高中教育还存在发展多样化和特色性不足、学生职业生涯教育重视程度不够、学生综合素质评价体系还未完善和拔尖创新人才培养方式较为单一等问题。因此，广州市普通高中建设需要在以下几个方面取得突破。

（一）推动普通高中分层分类建设，促进特色多样持续发展

全市在大力推进新建和创建示范性普通高中的同时，应充分考虑各个学校的历史和现状，采取差别政策，给予不同的政策措施，引导学校办出自己的特色，避免造成"百校一面"，从而形成普通高中良好的教育生态。建议由市政府出台《推进广州市普通高中多样化特色化发展指导意见》，对广州市普通高中采取分类建设的方案。根据普通高中的历史和特色，继续推动特色高中建设，推进专业学术型高中建设，探索普职融通高中建设。

（二）发挥项目和基地牵引作用，深化推进特色高中建设

以项目推动和基础建设为抓手，继续推进特色学校的建设，深化特色高中在实践基地、重点实验室等方面的建设，以特色课程为基础，通过校本课程开发，建设系统的特色课程体系，在育人理念、学校文化、培养模式等方面进行更深入的探索，并逐步形成与之相适应的运作机制、管理模式、队伍建设、资源建设、环境建设等，将特色办学内化为稳定的办学风格，形成稳定的制度架构、校园文化和办学理念。加大对特色学校的投入力度，根据学校申报特色项目的需求进行经费划拨；搭建平台，统筹协调广州地区省部属及市属高校和科研机构资源，推动特色学校特色活动基地建设，制定特色学校发展的推进方案和评价机制，从而推动普通高中多样化发展。

（三）搭建合作交流平台，探索拔尖创新人才培养机制

现阶段拔尖创新人才培养主要是针对学习成绩优异的普通高中学生群

体，其目的是培养学科竞赛型学生。拔尖创新人才是一个非常广义的概念，因此在市级层面需要多种政策措施相互配合，给予学生更多的理论和实践创新空间。

推动部分师范性高中建设成为专业学术型高中和拔尖创新人才培养基地。由市教育局牵头联合市直相关部门成立"广州市青少年创新科学人文学院"，将其办公室设立在市教育研究院，赋予统筹协调能力，给予政策支持和经费支持，以项目立项和管理的形式搭建合作交流平台，推动普通高中学校与省、部属重点高校及科研院所共同合作，充分利用其实验室、图书馆、课程资源，通过建设重点实验室和联合培养基地，开设大学先修课程，进行拔尖创新后备人才培养试点和探索。在全面执行国家课程方案的基础上，突出学科建设特征，确定在某些专业领域如数理、人文、科技某一个或几个方面形成明显的学科优势。争取广东省给予政策，对拔尖创新人才培养试点学校，在招生录取、课程设置、考试评价等方面赋予更大自主权，通过自主设置课程，实现学校课程和人才培养模式的多样化。

（四）打通普职分离壁垒，推进生涯规划和职业指导教育

各区和部分学校探索了普通高中生涯规划和职业指导教育，但还需要在市级层面出台相应政策举措，鼓励和引导学校进行实践和探索。如推动普通中学与省、市属职业院校、中等职业学校和技工学校合作，推动普通高中开设职业课程，为学生生涯规划奠定基础。充分利用职业院校实验场地、实训设备、师资力量等资源优势，建立职业课程选修体系，建立选修课程学分互认平台，为普通高中学生学习专业技术课程、职业生涯课程和综合实践课程提供优质的课程资源。在此基础上，整合广州市现有普通高中与职业中学资源，尝试举办综合高中。融合升学预备教育和职业技能教育，融通学术性课程与技术技能课程，建立多元开放课程体系和灵活务实的管理机制，培养既有扎实的文化基础知识，又达到一定的专业技能标准的综合性人才，满足学生升学或就业需求。

（五）完善综合素质评价体系，促进学生全面健康成长

普通高中学生的综合素质评价是一项系统工程，需要市级层面建立统一的评价指标和体系。建议以市教育研究院牵头成立普通高中学生综合素质评价研究小组，在阳光评价研究成果的基础上，深入研究国内外综合素质评价指标，建立科学、可操作的普通高中学生综合素质评价指标体系，促进普通高中学生在德、智、体、美、劳等方面全面发展，实现"为了每一位学生全面发展和终生幸福"的核心理念。

广州市中等职业教育事业发展报告

谢敏 刘荣秀*

摘　要： 广州市通过加强顶层设计、推进现代职业教育体系建设、建成专业布局动态调整机制、完善横向联合办学的开放融合机制、推动内涵发展、增强学生综合职业能力和素质、发挥社会综合效益等措施，推进职业教育高质量发展。广州市应厚植职业教育优势，通过完善中高职真正融通的体制机制、加快推进专业布局调整和改善办学条件等途径，建设成为粤港澳大湾区优质职业教育中心。

关键词： 中职教育　中高职融通　专业调整

国民经济和社会发展第十三个五年规划的前两年，广州市按照《广州市教育事业发展第十三个五年规划》的部署，贯彻落实《广东省人民政府关于创建现代职业教育综合改革试点省的意见》和《广州市创建广东省现代职业教育综合改革示范市的方案》，以建设具有广州特色的现代职业教育体系为目标，围绕加快推进示范市创建工作，优化职业院校和专业布局，加强专业建设和人才培养模式改革，思考和践行广州市职业教育发展的新路径。

广州地区的中等职业学校既有广东省举办和管理的省属学校，也有广州

---

* 谢敏，广州市教育研究院讲师，主要研究教育政策、职业与继续教育；刘荣秀，广州市教育研究院副研究员，主要研究职业教育政策及幼师教育课程教学。

市和广州市下辖区（县级区）举办和管理的市区属学校。本报告"广州市中等职业教育"以市属学校和区属学校为主，同时因省属学校招生时也招收部分广州市户籍学生，毕业生就业时也有一部分在广州市就业，所以本报告内容涉及省属学校的一些基本情况供参考。本报告涉及部分高等职业教育和技工教育。

一 基本情况[①]

（一）中职教育规模稳中略降，普职比逐年降低

2015~2017年，职业教育布局调整，广州市中职学校数减少3所。2017年，广州市有中职学校51所，其中民办学校14所，另外有其他办学机构2个，不计校数。

广州地区中等职业教育毕业学生73208人，其中获得资格证书42518人；招生63027人；在校学生196796人；预计毕业生60902人。其他培训结业生51827人，注册生61658人。广州市属学校毕业学生38379人，其中获得资格证书29771人；招生29531人；在校学生96850人；预计毕业生33403人。其他培训结业生25583人，注册生29886人。2015~2017年，广州市中职学校在校生数明显减少。2017年比2015年减少24336人，下降幅度达20.08%（见表1）。由此可见，广州市中等职业教育规模在"十三五"前期萎缩十分明显，与全国和全省情况一致。

从广州市高中阶段普职比来看，职教比例总体逐年降低，2017年比2015年降低了3%；从内部构成来看，广州生源所占比例降幅大于总体降幅，2017年比2015年下降了5%，可见广州学生就读普通高中的比例有所上升。

[①] 本部分数据主要根据2015~2017年度《广州市教育统计手册》整理。

表1 2015~2017年广州市中职学校基本情况

年份		2015	2016	2017
学校数(所)	总计	54	53	51
	其中:民办校	16	14	14
在校生数(人)(含技校生)	总数	121186	110948	96850
	占高中生总数比例(%)	57	55	54
	其中广州生源比例(%)	39	36	34

（二）教师结构有所优化，生师比逐年降低

2017年，广州地区中等职业教育学校专任教师中当年授课教师7966人。其中文化基础课教师2229人；专业课、实习指导课教师5737人，其中双师型教师2876人。

广州市中职学校教职工7039人，其中专任教师5217人，聘请校外教师295人。广州市学校专任教师中当年授课教师5161人，其中文化基础课教师1592人，专业课、实习指导课教师3569人；其中双师型教师1951人（见表2）。

表2 2015~2017年广州市中职学校专任教师情况

年份	2015	2016	2017
总数(人)	5155	5035	5217
研究生及以上学历占比(%)	9.51	10.82	11.16
副高及以上教师占比(%)	21.84	22.01	22.73
文化基础课教师(人)	1587	1528	1592
专业课和实习指导课教师(人)	3549	3485	3569
其中双师型教师(人)	1803	2022	1951
生师比	23.51	22.04	18.56

教育部规定中职学校高级职称教师应占专任教师总数的20%以上。从表2可以看出，2015年广州市中职学校高级职称教师占比已经突破20%，

且在 2015～2017 年逐年升高。

此外，2015～2017 年，广州市中职学校担任专业课、实习指导课的专任教师中，双师型教师占比分别是 50.80%、58.02% 和 54.67%，总体有所上升。

2017 年，广州地区中等职业教育学校生师比 24.46，比 2015 年有较大幅度降低。广州市中职学校生师比在 2015～2017 年逐年降低，2017 年为 18.56，比 2015 年下降了 4.95，该值已经低于教育部生师比不超过 20 的规定。由上可见，生师比下降除因教师数量增加外，主要原因是学生数下降很大。

二　主要做法与经验[①]

广州市大力推进中等职业教育的发展改革，通过顶层制度设计，破解政策瓶颈，改善办学条件，全方位加强内涵建设，使广州市职业教育得到跨越式发展，有力地支撑了地区经济转型升级，为产业转型发展提供了大量的高技能人才。

（一）不断加强顶层设计

2017 年广州市推动出台了《广州市人民政府关于加快发展现代职业教育的实施意见》（以下简称《实施意见》）和《广州市职业教育发展规划（2016—2020 年）》，为未来广州市建立现代职业教育体系描绘了蓝图。其中，《实施意见》还创新地提出了深化管理、办学、人事、投资 4 项体制改革和职业教育发展的 6 项机制。

职业教育布点规划已形成编制指引、政策汇编、发展策略研究与布点规划等规划成果，通过了专家评审。这是"十三五"后期及未来相当长一段时间内广州市职业教育发展的指导性文件。

[①] 本部分根据广州市教育局、各市属中等职业学校和各区中等职业教育有关资料整理。

（二）加快推进现代职业教育体系建设

1. 大力推动中高职衔接贯通机制改革，建立纵向贯通的职业教育办学体系取得成效

2017年市属高职院校共82个专业点开展中高职三二分段试点，招生计划数3525人，较2016年增长40%，启动学前教育专业学院建设和招生，这一系列举措有力地加强了高层次技能人才培养，优化了中高级技能人才结构。

2. 中职毕业生升读全日制高等职业教育的比例逐步提高

扩大推广中高职衔接"3+2"等机制，探索其他新措施、新机制，实施依托现代学徒制人才培养模式改革的中高职衔接试点。现代学徒制改革试点范围扩大至5所高职院校，新增广州工程技术职业学院为教育部现代学徒制试点单位。

3. 提高职业技术教育层次工作取得实质性进展

广州市正在落实广州航海学院管理体制改革，推进设立广州交通大学纳入省高校设置"十三五"规划。该校将建设成本科层次的、以工科为主的职业教育大学。促成北京大学经济学院华南分院落户广州。筹建中国科学院大学黄埔分院。以广州市幼儿师范学校为基础设立广州幼儿师范专科学校、以广州市旅游商务职业学校为基础设立广州旅游（烹饪）职业技术学院的相关工作，在"十三五"前期取得重大进展。这些学校建成以后，特别是广州交通大学和两所新高职院校设立成功以后，广州市中高本职业教育融通将更加顺利，可以解决多年来广州市职业教育的一些瓶颈问题。

4. 积极拓展职业教育对外交流与合作

先后成功举办广州－坦佩雷职业教育论坛、穗台现代职业教育校长论坛和穗港澳台四地职业院校技能交流节；市医药职业学校等3所学校与韩国南首尔大学签约开展"3+4"合作人才培养，打通中职生国际本科升学通道。

（三）完善政府、学校、行业、企业横向联合办学的开放融合机制

1. 深化体制机制改革

大力推进产教融合、校企合作，主动对接产业发展计划，配合广州市IAB战略的实施，起草《广州市IAB产教融合和人才支撑计划》。推动"人才共育、过程共管、责任共担、成果共享"的校企合作机制建设；推进职业教育集团化办学；继续探索校企双主体办学；探索混合所有制、股份制办学；加大职业学校聘请能工巧匠进校园兼职任教的工作力度。

2. 实施紧缺专业引进能工巧匠进校园项目

引进行业企业优秀兼职教师。组建15个市级专业指导委员会和6个职教集团，构建产教融合、校企合作机制，各类企业在全市中职学校设立培训中心（基地）达95个，校企联合开办178个"订单培养班"，年均订单培养学生近1万名。

（四）加强中职专业布局调整和专业建设

在详尽分析国内外现行区域中职专业布局调整方法的基础上，广州市教育研究院课题组对市中高职学校、行业进行了广泛深入的调研，提出了切实可行的广州市局属中职学校专业布局调整方案。2015年，广州市教育局根据这个方案，制定局属中职学校专业建设三年规划，明确各校专业结构按照重点建设专业、辅助专业和调整（淘汰）专业三类重新定位和建设。经过三年调整，广州市将建成一批进入世界前列、全国一流的示范专业及专业群，初步形成"布局合理、结构优化、特色鲜明、错位发展"的专业布局。累计建成国家级重点专业2个、省级重点建设专业66个、市级重点建设专业69个，建成市级示范专业19个，市级示范教产对接（校企合作）项目7个。截至2017年，广州市中职学校开设18个专业大类共计124个专业，每年为广州及珠三角地区输送技术技能人才3万多人。

（五）继续深化推动职业教育内涵发展

高质量的教学一直是广州市中职教育的强项，广州市办学内涵发展一直

走在全国前列。"十三五"前期,广州市继续狠抓中职教学改进工作。

1. 中职工学结合课程改革的广州模式成为全国职业教育教学改革的成功范例

广州市级示范专业、示范教产对接项目、精品课程认定工作为全国提供经验。2017年中职学校省级教学成果奖广州市获一等奖、二等奖以及全市获奖总数三个指标均居全省第一。经过多年的努力,广州市交通运输职业学校等5所中职学校被认定为全国中职教育发展改革示范校。

2. 基于大数据的常态化、周期性的中职学校教学工作诊断与改进制度基本成型

中职教学诊改部署和推进走在全国前列。两年来,以建立教学工作诊断与改进制度为抓手,广州中职继续提高教学质量。诊改工作坚持"需求导向、自我保证,多元诊断、重在改进"的基本方针,以"学校自身办学理念、办学定位、人才培养目标"为出发点,从市级和校级两个层面扎实部署开展诊改工作。通过建立中职诊改制度,引导和支持中职学校不断完善常态化的内部质量保证制度体系和运行机制,在以下四个方面取得积极成效:一是推动中职学校基本办学条件达标,规范专业设置;二是搭建中职学校人才培养工作状态数据系统,为进一步加强和完善学校管理和服务提供支撑;三是建立完善教学工作诊断与改进制度,引导学校切实履行人才培养质量保证主体责任,构建校内全员全过程全方位的质量保证制度体系,加强了校际交流和相互学习;四是实施质量年度报告制度,引导学校开放办学,主动适应经济社会发展和人才培养成长需求,不断提高人才培养质量。

(六)扎实推进增强学生综合职业能力和素质工作

广州市成为省现代职业教育综合改革试点市培育单位。作为全国试点,参加教育部、中国发展研究基金会发起的"中职赢未来计划",通过"新航向校长培训""学生培优拔尖、步步高和关爱护苗三个项目"等系列工程,支持学校加快转变观念,加强校长能力建设,加强学生工作项目培育和学生综合素质培养。

1. 实施职业教育人才培养质量报告制度

定期开展职业学校教学工作和专业教学情况评价，把学生的职业道德、技术技能水平和就业质量作为考核学校教学质量的重要指标，积极推行技能抽查、学业水平测试、综合素质评价等，确保毕业生经过顶岗实习使综合职业能力基本达到一线职工素质和能力要求。2017年毕业生一次就业率98%，专业对口就业率80%。

2. 积极组织参加世界技能大赛成绩突出

广州市积极选派选手参加各级技能大赛。2016年，学生竞赛一等奖第一名占比33%，教师竞赛获一等奖9个，在计算机辅助设计（建筑CAD）和单片机控制装置安装与调试两个项目上，囊括5个一等奖。代表省参加全国大赛的广州选手比例占39%，获全国一等奖占比27%。2017年，市建筑工程职业学校梁智滨同学代表中国参加第44届世界技能大赛夺得砌筑项目金牌。广州市代表队自参加省中职学生技能大赛以来，参赛人数、获一等奖人数连续9年排名全省第一。广州市选手代表省参加全国技能大赛的比例每年均超30%，居全省第一。

此外，广州市承办全国大赛2项，省级师生竞赛8项，成功举办穗港澳台职业院校学生技能交流节。2016年，广州市获得省教育厅"长期支持服务广东省中职学校技能大赛组织工作突出贡献单位"。

（七）充分发挥社会综合效益

广州市国家示范校、省级示范校、国家级重点校、省级重点校数量均位居全省第一，省级重点及以上学校提供优质学位占76%，有力推动中职教育办学资源的高位均衡。广州市中职教育对城市经济转型、产业发展和技术创新的贡献力进一步增强。通过开展双到帮扶，落实双证毕业等工作，切实发挥民生兜底、就业保障、关怀弱势和民族融合等作用。

1. 中职特殊教育全面实施免学费、扶贫助学政策

广州市教育局联合市编办等6个部门出台《关于推进广州市中等职业特殊教育工作的通知》，从政策层面提供启能班工作的保障。开办特殊学生

启能班，继续推行中职"启能班"全市统一招生。

2. 对口帮扶工作成效明显

广州市承担内地、西藏、新疆、青海民族班培养任务，先后开展针对贵州黔南州、新疆疏附、西藏林芝、甘孜以及梅州、清远等地的对口职教帮扶工作。

3. 中等职业教育惠及社区

广州市在职业教育进社区、退役士兵技能培训、农村劳动力转移培训、企业职工教育和在岗培训等方面做了大量工作。通过开设社区教育大课堂、终身学习网、电视教育频道等多种课程形式，为广州的人力资源开发等方面发挥了重要作用。

三 展望与建议

"十三五"的前两年，广州市中等职业教育发展和改革取得了很大的成绩，但也面临一些挑战。一是中职教育吸引力不足，招生困难。而且随着经济社会的发展和适龄生源减少，招生难度逐年增大，办学规模萎缩明显。二是中职学校专业布局还需要依据地区经济发展进一步调整完善。三是学校面积特别是占地面积需要扩大。这些挑战中，有些是全国普遍存在的，有些是有广州特色的。所以，广州市职业教育要持续稳定高质量发展，一方面需要国家层面的政策支持；另一方面广州市也要有个性化的解决思路。

首先，完善升学通道增强广州市中职吸引力。一方面，广州市经济发达，对中职毕业的中级技能和高职毕业的高级技能型人才需求量很大，中职学生就业有良好的前景。另一方面，学生的智力、学习努力程度、成绩（学业基础）有差异，一部分学生不适宜接受普通学术型普通教育。职业教育恰好能够激起他们对某件事情、某项技能的兴趣，学会一种安身立命的本领，从而使他们为自己的技艺而自豪。因此，必须采取有效措施，提高中职的吸引力。根据调查，初中毕业生不愿意选读中职的直接原因是中职毕业以后升大学困难。因此，广州市应在体制机制上打通中高职升学路径，实现中高职真正融通，逐步提高中职教育质量。

其次，加快学校和专业布局调整，推进经济发展。广州市中职教育应依据国家"一带一路"倡议、粤港澳大湾区发展战略，紧密结合粤港澳大湾区产业特性、区域环境和文化背景，努力打造职业院校的专业特色、职业特色和地方文化特色；支持广州市迫切需要的、广州中职有办学优势的专业发展。当前，广州市正积极发展 IAB、NEM 产业，重点培育增城新型显示价值创新园、番禺智慧城市价值创新园等 6 个千亿元级 IAB 产业集群。因此，广州市中职教育应紧跟广州经济产业转型形势，加快推进专业布局调整，培养新型产业所需要的技术技能人才。

最后，加强职业学校基础建设，助推高质量发展。据统计，2017 年，北京市、天津市、上海市和广州市 4 个城市生均占地面积比较，广州市占地面积最小，北京市比广州市约大一倍。广州市中职学校加上非学校产权独立使用的面积仅有 29 平方米，离教育部规定的最低 33 平方米尚有差距。因此，广州市应切实加强中职学校和高职院校的基础能力建设，重点落实学校生均校舍面积和生均占地面积达标。

广州市高等教育事业发展报告

杜新秀[*]

摘　要： 广州市通过推进各高校协同育人机制与科研平台建设、统筹高水平大学与一流高职院校建设、加强学科专业建设、创新人才培养机制及深化教育国际化等措施促进了高等教育发展。未来发展尚需要加强系统规划科学统筹和协同发展政策的系统性和延续性及完善内外联动的高等教育质量保障体系。

关键词： 高等教育　协同创新　人才培养

近年来，广州市不断优化高等教育结构，深化高校内涵建设，促进高等教育规模、质量、结构和效益协调发展。截至2017年，广州地区共有普通高等学校82所（含部属、省属学校），其中本科院校36所，高职院校46所，另有成人高校7所和科研机构3个，涵盖从大专到博士研究生的多层次人才培养体系。广州地区研究生培养单位22个，招生3.41万人，在校研究生9.07万人。全年普通高等教育全日制本专科招生45.09万人，在校生106.73万人，留学生7192人。成人教育学生38.86万人，网络教育学生10.70万人。[①]

---

[*] 杜新秀，教育学硕士，广州市教育研究院高等教育与民办教育研究室主任，副研究员，主要研究教育国际化、教育政策和外语教育等。
[①] 广州年鉴编撰委员会：《广州年鉴（2018）》，广州年鉴社，2018。

一 基本概况

(一)研究生教育规模增长迅猛,成人高等教育规模有所萎缩

广州市高等教育办学规模总体有所扩大。2016年,全市高校研究生招生2.86万人,在校研究生8.23万人,分别比2015年增长了5.25%和3.44%;普通高等教育本专科招生30.38万人,比2015年略有下降,在校生105.73万人,比2015年增长了1.35%。① 2017年全市高校研究生招生3.40万人,在校研究生9.04万人,相比2015年分别增长了25.15%和13.63%;普通高等教育本专科招生30.93万人,在校生106.73万人,分别比2015年增长了0.62%和2.31%。可见,全市研究生教育和留学生教育发展规模均有较大幅度增长;但成人本专科教育发展规模持续萎缩,招生数和在校生数2017年比2015年分别减少了11.37%和8.64%(见表1)。

表1 2015~2017年广州地区普通高校学生基本情况

指标		2015年 人数(人)	2016年 人数(人)	2016年 比上年增长(%)	2017年 人数(人)	2017年 比上年增长(%)	2017年 比2015年增长(%)
招生数	研究生	27137	28563	5.25	33963	18.91	25.15
	本专科生	307415	303812	-1.17	309315	1.81	0.62
	成人本专科	142534	133790	-6.13	126333	-5.57	-11.37
在校生数	留学生	—	—	—	7192		
	研究生	79547	82282	3.44	90391	9.86	13.63
	本专科生	1043221	1057281	1.35	1067335	0.95	2.31
	成人本专科	394829	397651	0.71	360711	-9.29	-8.64
专任教师	总计	59088	59704	1.04	61239	2.57	3.64
	正高级	8354	8790	5.22	—		
	副高级	15797	16200	2.55	—		

资料来源:根据相关年度《广州市统计年鉴》《广州市教育统计手册》数据整理。"—"表示数据未采集到。

---

① 广州市统计局:《广州市国民经济和社会发展统计公报(2016年)》,http://www.gzstats.gov.cn/tjgb/qstjgb/。

广州市属高校办学规模持续增长。2016年，广州市属高校新增1所，使全市市属高校数增至9所（本科2所，高职7所，不含电大）。2017年9所市属高校研究生招生2209人，比2015年增长了34.12%，在校研究生5750人，比2015年增长了29.74%；本专科在校生94295人，比2015年增长了1.27%；成人本专科教育规模有所萎缩，2017年招生数和在校生数分别比2015年减少了2.66%和2.48%，其中成人本科教育所占比例逐年减少，招生数和在校生数分别从2015年的29.62%和30.13%降至2017年的25.29%和26.96%，分别减少了4.33个百分点和3.17个百分点（见表2）。

表2 2015～2017年广州市属普通高校学生基本情况

指标		2015年 人数（人）	2016年 人数（人）	较上年增长（%）	2017年 人数（人）	较上年增长（%）	较2015年增长（%）
招生数	研究生	1647	1816	10.26	2209	21.64	34.12
	本专科生	28904	28509	-1.37	28208	-1.06	-2.41
	成人本专科	23368	20301	-13.12	22747	12.05	-2.66
在校生数	研究生	4432	4668	5.32	5750	23.18	29.74
	本专科生	93108	94352	1.34	94295	-0.06	1.27
	成人本专科	64636	64011	-0.97	63031	-1.53	-2.48
专任教师	总计	5662	5778	2.05	5904	2.18	4.27
	正高级	730	750	2.74	974	29.87	33.42
	副高级	1698	1709	0.65	1922	12.46	13.19

资料来源：根据相关年度《广州市教育统计手册》数据整理。

（二）专任教师队伍规模扩大，队伍结构进一步优化

广州地区高校专任教师数随着学生人数的增加而逐年增长，2017年比2015年增加了3.64%；同时高级职称教师占比也逐年增加，从2015年的40.87%增加到2016年的41.86%，其中正高级占比2016年比2015年增加了5.22个百分点。

以广州市属高校来看，专任教师队伍规模也呈逐年上升态势。高级教师

占比从2015年的42.88%上升到2017年的49.05%，增长了6.17个百分点；其中正高级教师占比从2015年的12.89%升至2017年的16.50%，增长了3.61个百分点（见表2）。以高职院校来看，广州市属高职院校专任教师中高级职称教师占比总体呈上升趋势，从2015年的26.24%上升至2017年的29.22%，增长了2.98个百分点；双师型教师占比和具有硕士及以上学位专任教师占比进一步增加，2017年比2015年分别增长2.20个百分点和13.05个百分点（见表3）。

表3　广州市属高等职业院校专任教师结构统计

单位：%

指标	高级职称教师占专任教师比例			双师型专任教师比例			专任教师具有硕士及以上学位比例		
年份	2015	2016	2017	2015	2016	2017	2015	2016	2017
广州番禺职业技术学院	23.18	25.32	28.20	0.00	53.24	57.33	48.04	54.34	58.44
广州体育职业技术学院	28.65	31.18	28.16	39.77	46.47	45.98	35.09	35.88	35.06
广州工程技术职业学院	21.83	21.09	24.39	33.25	35.48	40.00	25.13	27.54	26.83
广州城市职业学院	30.04	32.28	30.05	52.91	51.92	61.78	47.09	51.24	57.69
广州铁路职业技术学院	29.48	30.36	31.76	54.82	61.00	61.00	30.85	32.03	34.54
广州科技贸易职业学院	24.26	24.31	28.04	60.48	61.54	44.93	38.92	43.08	45.95
广州卫生职业技术学院	—	39.23	33.94	—	20.57	42.08	—	40.19	95.48
合　计	26.24	29.11	29.22	48.24	47.17	50.44	37.52	40.62	50.57

资料来源：根据相关年度《广州市教育统计手册》数据整理。"—"表示无数据。

（三）普通高校应用型学科占比大，管理学和工学居前位

在学科布局方面，广州地区普通高校以应用型学科为主，2016年各学科在校生数居前五位的分别是管理学、工学、文学、经济学和医学，基本与2015年保持一致。招生数居前五位的学科有所不同，依次是工学、管理学、文学、经济学和艺术学，与2015年相比表现为工学比例增至25.91%，增长了2.07%；管理学比例降至25.34%，下降了2.38%（见表4）。

广州教育事业发展报告（2018）

表4 2015~2016年广州地区普通高校各科本科学生情况

指标	毕业生数(人) 2015年	2016年	2015年占比(%)	2016年占比(%)	招生数(人) 2015年	2016年	2015年占比(%)	2016年占比(%)	在校学生数(人) 2015年	2016年	2015年占比(%)	2016年占比(%)
合计	134567	138990	100	100	155009	160489	100	100	607166	623331	100	100
哲学	114	117	0.08	0.08	128	168	0.08	0.10	471	622	0.08	0.10
经济学	13710	13365	10.19	9.62	16299	15729	10.51	9.80	60084	62632	9.90	10.05
法学	6187	5586	4.60	4.02	6343	6033	4.09	3.76	23727	23654	3.91	3.79
教育学	3054	2824	2.27	2.03	3135	2956	2.02	1.84	11733	11737	1.93	1.88
文学	15458	16291	11.49	11.72	17822	19774	11.50	12.32	68454	71479	11.27	11.47
历史学	419	436	0.31	0.31	532	539	0.34	0.34	1928	2054	0.32	0.33
理学	8272	7621	6.15	5.48	8685	9040	5.60	5.63	34290	34793	5.65	5.58
工学	32883	34914	24.44	25.12	36951	41590	23.84	25.91	150364	155825	24.76	25.00
农学	1572	1730	1.17	1.24	2033	2084	1.31	1.30	7677	7849	1.26	1.26
医学	9158	9052	6.81	6.51	8955	10403	5.78	6.48	43823	45121	7.22	7.24
管理学	35652	37238	26.49	26.79	42975	40674	27.72	25.34	160774	162738	26.48	26.11
艺术学	8088	9816	6.01	7.06	11151	11499	7.19	7.16	43841	44827	7.22	7.19

资料来源：根据相关年度《广州市统计年鉴》数据整理。

（四）高校影响力逐步增强，科技成果及转化创新高

围绕广东省"十三五"高等教育"创新强校工程"和高校转型发展战略，2017年广州地区共有32所高校获得资金支持，占当年度资金支持高校总数的76.19%；广州地区18所高职院校获得高等职业教育"创新强校工程"考核A级（市属高职院校4所），占A级总数的69.23%；获国家级新工科研究与实践项目立项5个，省级立项19个，省级特殊教育特色专业建设项目5个；全年获第八届广东省教育教学成果奖（高等教育）特等奖2项，一等奖91项，二等奖98项。

1. 高级别科研平台增多

各院校与企业、行业或其他研究机构建立起一批科研平台，为培养人才强化科学研究奠定了良好的基础。如2017年，广东工业大学的"基于物联网技术的离散制造智能化学科创新引智基地"成为教育部和国家外国专家局合建的年度地方高校新建学科创新引智基地；广州大学新增省级（含省高校）重点科研平台11个，其中社科科研平台3个；广州医科大学新增广东省重点实验室1个、广东省高校重点实验室2个及3个院士工作站、危险预警分子（DAMP）研究中心和卫生法治与政策研究中心等。

2. 科研立项数大幅增加

广州地区各高等院校科研项目立项数、获批科研经费和国家级科研项目均大幅提高。以国家自然科学基金资助项目为例，2016年和2017年广州地区高校获得资助项目占全省的比例逐年增长，2017年获得面上项目和青年科学基金项目资助的比例比2016年分别增长了6.40%和3.07%；广州市属高校的比例也有小幅提高，分别增长了0.14%和1.19%（见表5）。以市属高校来看，据不完全统计，2016~2017年各市属高校获得国家自然科学基金立项372项，国家社会科学基金立项41项；教育部立项33项；省厅级立项33项；市级立项52项。另外，在2016年度广东高校重点平台及科研项目立项中，广州大学和广州医科大学共获得78个，占立项总数的6.58%。

表5 2016~2017年度广州地区高校获得国家自然科学基金资助项目统计

指标		广东省资助项目（个）	广州地区高校项目数		广州市属高校项目数	
			总数（个）	占全省比例(%)	总数（个）	占全省比例(%)
2016年	面上项目	1278	886	69.33	68	5.32
	青年科学基金项目	1240	757	61.05	77	6.21
2017年	面上项目	1520	1151	75.72	83	5.46
	青年科学基金项目	1594	1022	64.12	118	7.40

资料来源：根据国家自然科学基金委员会网站（http://www.nsfc.gov.cn/）相关年度资料整理。

3. 科技成果和转化成果创新高

各高校重视学以致用和研以致用，涌现出一批科技成果和转化成果。以市属高校来看，2017年，广州工程技术职业学院共申请并受理专利60件，获得授权专利共24件，其中实用新型专利7件，外观专利17件，各类型专利的受理与授权数均创历年新高。广州科技贸易职业学院获得国家授权专利共4件，其中实用新型专利3件，外观专利1件。广州大学2017年实现国家专利奖零的突破。广州医科大学获授权专利49项，其中发明专利33项、实用新型专利16项。广州番禺职业技术学院（以下简称番职院）2016年起有发明专利授权13项，实用新型专利授权229项，外观专利授权41项；珠宝首饰专利首次获得成功转让，多项发明专利和实用新型专利成功获得转让，2017年进入中国大学专利排行榜500强，以1282项专利申请名列专利申请排行榜全国高校第226位、全国高职院校第10位、广东省高职院校第2位。

4. 科研创新与服务社会能力不断提升

各高校搭建各类平台，建立科研与社会服务的长效机制，不断提升服务产业发展的能力和社会服务水平。广州大学承担了中法海洋卫星散射计数据处理、前海合作区能源综合利用专题研究等一批社会服务项目，与中国军事科学院等34家单位建立合作关系，新增产学研合作平台22个，加入产学研协同创新联盟6个。广州医科大学与番禺区新造镇合作共建药物研发基地；广州呼研所医药科技有限公司组建PI团队创业单元11个，引入社会资本超3亿元；培育广州金域医学检验集团股份有限公司挂牌上市。番职院依托培训中心开展各级各类培训122项；开展"沙湾文化艺术创意中心"和番禺区科技活动周暨职业教育活动周等校（区）镇等对接项目建设。广州铁路职业技术学院（以下简称铁职院）协同北京交通大学、广州地铁等共同筹建城市轨道交通国家技术创新中心；与广铁集团等企业签订共建科研平台和科技项目合作协议；通过轨道交通人才学历与职业能力提升中心为珠三角各专业提供技能培训约14520人次；建成17个专业培训品牌项目。

二 主要做法与经验[①]

广州市为加强与经济社会发展需求的适应性，稳步推进市属高校的院校布局和在穗高校的发展策略。如2016年，撤销广州医科大学卫生职业技术学院，改设立广州卫生职业技术学院，开设11个专业；着力推进高水平大学建设工作和省一流高职院校建设；启动华南理工大学广州国际校区建设等。与此同时，广州市加强高校内涵发展机制建设，如人才培养模式及机制的建设、专业建设及教师队伍建设等，促进了广州地区高校和市属高校的健康有序发展。

（一）推进高校协同育人机制与平台建设

1. 建立完善与在穗高校协同育人机制

广州市教育局全面加强与在穗高校合作。一是推进部省市校共建华南理工大学广州国际校区工作，已签署部省市校四方共建协议。二是建立与广州地区高校的战略合作关系。分别就有关战略合作事项与部分地区高校达成共识，开展了广州地区高校创新创业教育项目、高校教育教学改革项

[①] 本部分资料来源于广州市教育局高教处和各市属大学提供的材料。

目等建设工作。三是各高校自发与有关高校或科研机构协同育人。有联合办学方式，如广州医科大学积极探索与非直属附属医院、科研机构联合办学的新模式，成立了市一临床学院、儿科学院和精神卫生学院，与中科院广州生物医药与健康研究院联合共建生命科学学院；有合作办班（联合培养）方式，如广州体育职业技术学院与广州体育学院共同实施"3+2"专本人才联合培养。

2. 搭建与政校行企各类合作平台

各高校在完善校内平台与团队培育管理机制、科研扶持与管理机制、科研人员评价与激励机制、技能培训与继续教育服务机制、创新创业机制的基础上，争创校企产学研合作平台，营造校企产学研合作的政策支持环境，不断提升服务产业发展能力。如广州铁路职业技术学院协同北京交通大学、广州地铁等共同筹建城市轨道交通国家技术创新中心；与广铁集团、广东骏铁轨道技术有限公司等企业签订共建科研平台、开发科技项目合作协议。广州科技贸易职业学院 2016 年牵头组建广州高校与企业合作促进会、广州市物流职教集团。广州卫生职业技术学院牵头组建了广东现代养老产业与教育联盟，发起成立了广东省医学美容技术产教研联盟，与谷丰养老企业签订了订单培养协议等。

（二）统筹领导高水平大学建设和一流高职院校建设

1. 高水平大学建设机制日趋完善

2015 年广州大学的 3 个学科、广州医科大学的 2 个学科入选广东省重点学科建设项目。为推动重点学科建设和高水平大学建设，中共广州市委、广州市人民政府于 2016 年 12 月印发了《关于建设高水平大学的实施意见》，提出了建设高水平大学的重大战略意义和两所大学的建设预期目标；并向两所大学下放了五项人事管理权力；提出了协同创新、科研经费管理、研究活动和教师分类考核、科研成果转化，以及项目审批绿色通道等 5 项科研体制机制改革的措施；并由市财政分年度投入专项经费用于学科建设、师资队伍建设、科研能力提升、人才培养、国际交流与合作等。首期经费拨给广州大学 11 亿元，广州医科大学 9.91 亿元。该实施意见为市属两所本科高校推进高水平大学建设提供了顶层设计和政策支持。两所大学为高效推进高水平大学建设各项工作，各自成立了高水平大学建设领导小组和高水平大学建设工作小组，陆续制定与实施了高水平大学建设的专项资金管理办法、项目管理办法、人事管理办法、团队建设与管理办法、科研与学科建设办法等文件，高水平大学建设的制度体系日趋完善。

2. 一流高职院校建设纵深推进

广州铁路职业技术学院和广州番禺职业技术学院分别于 2016 年 9 月和 11 月被广东省教育厅、财政厅正式确定成为省一流高职院校建设计划立项建设单位。立项以来，两校围绕建设目标，在人才培养、教师队伍、高水平专业建设、科学研究与社会服务创建工作等方面加强建设，呈现纵深推进、多点突破的新局面。两校注重根据实际情况深入推进教学改革，积极推动专业与项目建设和实训基地建设。广州番禺职业技术学院启动实施高水平专业建设工程，旅游管理专业获评全国旅游类示范专业点；立项 6 个省级高水平专业、1 个省协同育人平台、12 个省品牌专业、4 个市特色专业学院、6 个现代学徒制试点专业；宝玉石鉴定与加工、工程造价、国际金融 3 个专业通过省重点专业建设项目验收；启动 4 个校内实训基地建设项目；新增 1 个省公共实训中心、2 个省实训基地和 4 个大学生校外实践教学基地。广州铁路职业技术学院组建了 14 个项目团队，组织 7 个高水平建设专业计划完成了 21 项国际级标志性成果和 32 项省级标志性成果；建成 7 个国家骨干（示范）专业、13 个省品牌（特色、重点）专业；建设省级职业教育专业教学资源库 3 个；立项建设省级精品在线开放课程 23 门。

通过近两年的发展，高水平大学建设和一流高职院校建设有了新跨越，各院校在全国的影响力持续增加。广州医科大学在体现学校高质量科研产出的 2017 年全球自然指数排行榜上位居全国高校第 129，呈逐年提升之势；广州番禺职业技术学院 2017 年荣列"全国高职院校国际影响力 50 强"和"全国高职院校服务贡献 50 强"单位，在"中国专科（高职高专）院校竞争力排行榜"中排名第 8（全国共有 1300 多所高职院校）。

（三）加强学科专业建设提高人才培养质量

1. 加强专业与专业群建设

广州市教育局加大对专业建设的支持力度，结合广东省教育厅申报增设专业建设方案的工作，对经局评审认定后的专业增设方案安排5万元/专业的前期启动经费，对拟新增专业经教育部批准正式设立后的再安排10万元的建设经费，后视建设绩效继续支持四年（非市属高校限1项）。广州大学实施学科大门类布局优化战略，对本科专业结构进行动态调整，暂停了7个专业的招生；2015～2017年新增省级优质专业16个，环境工程专业获国际工程教育认证，成为省内第一个通过认证的专业。广州医科大学新增3个本科专业；生物科学、食品质量与安全2个专业获批学士学位授予权；临床医学专业顺利通过教育部专业认证；2017年5个专业进入中国大学及学科专业评价排行榜全国前20强。

高职教育方面，广州市教育局推进专业动态调整机制，起草职业教育专业结构动态调整改革方案并召集专家论证会，研究构建高职教育专业设置调整与产业发展联动的机制；研究制定了《广州市属职业院校专业分类标准体系及研制说明》《广州市职业院校限制发展专业改革建议》《广州市属职业院校差异化财政投入改革方案及研制说明》，采取积极引导、差异化财政投入等手段对广州市职业院校的专业结构进行优化调整。2016年有9个专业新增为"广东省高等职业教育重点专业"，3个专业新增为省高职教育重点专业建设项目。在第一、第二批省品牌专业中共有33个专业被确立为省高职教育品牌专业建设点，占全省品牌专业数的15%。

2. 持续开展特色专业学院建设

特色专业学院是以对接区域发展产业（包括重点产业、战略性新兴产业以及新业态）为基础，以提高人才培养质量为根本任务，积极构建政校行企共建共享机制，深化产教融合、校企合作的新型二级学院。广州市教育局组织开展了广州市第四批和第五批高职院校特色专业学院的遴选工作，立项特色专业学院10个。2017年每个特色专业学院资助90万元，经费分3期下拨。7所市属高职院校均有立项特色专业学院，"建设一批与广州市经济社会发展密切相关的高水平特色专业学院"的目标正稳步推进中。

（四）创新人才培养机制

1. 探索高水平拔尖创新人才培养模式

一是通过拔尖创新实验班培养拔尖创新人才。如广州大学新增9个拔尖创新实验班；卫斯理安学院中试点精英教育；开展辅修第二专业（学位）教育等培养模式，跨学科整合资源，提升人才培养质量。广州医科大学积极推进南山学院人才培养模式改革，顺利实施器官系统整合课程，制定了生物技术卓越班和药学卓越班的人才培养方案。二是推进校企协同育人模式。各高校建设政府、学校、行业、企业等多元协同育人新机制，组建了一批不同类型、不同层面的协同育人组织。如广州大学开设"声像灯光"等7个校企协同育人实验班。三是积极探索现代学徒制试点。继广州铁路职业技术学院和广州番禺职业技术学院成为教育部首批（2015年）现代学徒制试点院校后（省内共7所），广州工程技术职业学院入选教育部组织开展的第二批（2017年）现代学徒制试点院校（省内共9所）。此外，有5所市属高职院校的13个专业开展了省级现代学徒制试点，较2015年参与的院校数增加2所，增长66%，专业数增加4个，增长44%。

2. 稳步推进高职院校招生制度改革

广州市教育局拟订了《关于加强广州市中高本贯通人才培养工作的改革方案》，各市属高职院校深入推进招生制度改革，积极探索自主招生试点、三二分段试点和高本协同育人试点等分类招生改革。2017年市属高职院校共82个专业点开展中高职三二分段试点，招生计划数3525人，较2016年增长40%。2016年广州市有5所市属高职院校进行自主招生，涉及75个专业，其中面向中职毕业生涉及专业22个，计划招生875人，占总计划数的23.90%；现代学徒制计划招生360人，占总计划数的9.83%，涉及专业8个。有6所高职院校与31所中职学校进行三二分段试点，其中广州市外对接中职学校有14所，涉及专业28个，计划招生2520人。高本协同育人试点包括四年制应用型本科人才培养项目和三二分段专升本应用型人才培养项目，2017年番禺职业技术学院有2个专业对接四年制应用型本科人才培养项目，广州工程技术职业学院和广州铁路职业技术学院共有3个专业对接三二分段专升本应用型人才培养项目。

3. 强化研究生教育的内涵建设

一是完善研究生招生、培养和管理制度。广州大学制定研究生参加国内外高水平学术会议的有关制度，每年安排30%的博士生参加国内外会议，20%的学术型硕士生参加国内会议和5%的学术型硕士生参加国外会议。2017年共资助270万元用于研究生参加国内外学术会议。广州医科大学制定了研究生招生资格管理办法和"3+3"硕博连读项目管理办法，修订了临床医学、口腔医学、药学、公共卫生等硕士专业学位研究生培养方案。二是实施学术学位与专业学位研究生课程分类建设。广州大学借助教育部研究生课程建设首批试点单位来深化课程体系改革，确定了25个示范建设专业点；利用国务院学位办学位审核机会，2018年新增4个一级学科博士学位授权点，4个学术型硕士学位授权点和4个专业硕士学位授权点。广州医科大学荣获广东省研究生示范课程建设项目12项，3个一级学科博士点、1个专业学位博士点、2个一级学科硕士点和1个专业学位硕士点被推荐到教育部审批。

（五）积极推进创新创业教育

在穗高校积极推进创新创业教育和项目实践，暨南大学、华南理工大学、华南师范大学和广东工业大学成为全国首批深化创新创业教育改革示范高校，中山大学、华南农业大学、广州中医药大学成为第二批示范高校。广州市属高校也积极实践探索创新创业教育。

一是开设创新创业类思维培养课程和与专业培养相融合的创业实践课程以强化学生专业实践能力培养。二是构建与创新教育相配套的平台以鼓励学生积极参加科研与创业实践。三是加强师资培训以提升教师创新创业教育素养。广州大学构建了与广州大学生创业研究院、广州大学现代产业学院

"一体两翼"的创新创业工作格局，引导和支持师生的创新创业；依托广州大学生创业研究院，培育出大批大学生创业精英并实现创业，创业团队总市值突破亿元；三个创营众创空间成功获批国家级众创空间；创业管理教学团队被评为省内唯一创业管理教学团队。广州医科大学每年支持150项大学生创新创业训练计划项目；加大力度扶持具有医学特色的科技类实践项目、服务地方经济社会发展的综合类实践项目。广州城市职业学院2016年成立了创新创业教育学院，制定了深化创新创业教育教学改革的实施办法，组织开展了创新创业教育课程标准编写竞赛，获省大学生创业大赛银奖3个和铜奖8个，获省职业学校创新创效创业大赛奖项9项，2016届有22人毕业时开始创业。

（六）高等教育国际化纵深发展

各高校注重完善教育国际化的策略与途径，建立相应组织机构，进一步强化外事管理，继续加大国际合作力度，扎实推进对外交流与合作工作，不断提升开放办学的水平。

1. 多元化开展中外合作办学

一是利用广州国际化大都市的优势，加强引进世界先进教育资源。如广州大学与美法澳意等国的大学开展本科项目、本硕连读项目或博士联合培养项目等多种形式的中外合作办学项目。广州医科大学与芬美荷澳加等国的11所大学和医院签订了合作协议，拟在科研、师生互访和联合培养硕士等方面开展合作。广州市卫生职业技术学院与芬兰于韦斯屈莱应用科技大学签订谅解备忘录，开展"3+2"专本衔接护理人才培养合作，就学分认可达成了共识，并逐步开展师资培训。二是借助"一带一路"契机发挥自身优势吸引留学生。如广州大学设立"一带一路"来华留学奖学金，吸引来自沿线国家的留学生增长至95人。铁职院与老挝万象省技术学院签订了轨道交通专业合作协议，招收3所学校21名学生来留学；与马来西亚拉曼大学学院拟于2019年开展双向招生，共建轨道工程专业国际班。

2. 高质量搭建国际学术平台

各高校积极搭建各类学术平台，一是共建研究中心。如广州大学积极推动中外联合研究中心的平台建设，新增与林雪平大学和帕多瓦大学的2个联合研究平台；在伊朗马赞德兰大学建立了第三所孔子学院。二是共同开展课题研究。如铁职院与乌克兰国立技术大学和乌克兰国家科学研究院联合申报2项科研课题。三是承办国际会议。如番职院受中国教育国际交流协会委托，承办2017年第三届以"青年创新与创业实践"为主题的"中美未来职业之星联合研习营"（广州站）。广州医科大学举办了首届表观遗传药理学与生物医药研究国际论坛、遗传学与基因组学前沿国际研讨会等多场国际学术会议。

3. 多层面开展师生国际交流

各高校定期或不定期地开展师生的国际交流与学习活动，在继续扩大教师和学生"走出去"交流的基础上，开始进行更深入和更有系统性的学习。如番职院在新加坡南洋理工学院挂牌运行首个海外研习基地，2016年共有44名学生和4名老师赴新加坡研习基地研习，同时接待新加坡南洋理工学院共251名师生来校研习；荷兰国家SLEM设计创意学院2名教师、9名欧洲和迪拜的研究生来校开展海外课题研究项目；聘请芬兰质量管理专家进行欧盟质量保证体系培训。铁职院邀请芬兰坦佩雷应用科技大学教师进校培训教师50人；选派13名教师赴韩国参加"高职院校学生职业技能竞赛体系的构建与实践"项目培训。广州医科大学两年来共派出七批师生团组共103人参加暑期课程学习或短期专业见习；共派出74名本科生赴境外友好合作院校交流学习。广州工程技术职业学院对首批尼泊尔全球旅游与酒店教育学院9名交换生开展了为期六个月的"粤菜文化和烹调"交流、学习以及大型企业对口见习活动。广州卫生职业技术学院开展新加坡、日本、新西兰就业与升学项目，共有100名学生参加了国际合作项目培训，5名学生成功赴日本深造和就业。

三 展望与建议

在穗高校积极探索自身内涵建设，不断提高人才培养质量，为广州经济、社会和文化的发展持续发挥着其促进作用。但在穗高校的发展还面临着一些困境，如区域内省部市高校间的协同创新机制和协同攻关机制还不健全，科研成果转化为生产力的能力不足，有重大影响的标志性学术成果不多，承担国家和区域重大科研项目的能力亟待加强。就市属高校而言，各高校办学活力还不足，在建设用地、人才引进、教师职称评聘等方面尚有牵制；两所本科院校的高水平大学建设质量有待提升，两校的教育理念、学科建设、师资队伍、内部治理结构等整体实力与高水平大学建设要求还不相适应；市属高职院校间的发展不平衡等。因此，为进一步促进在穗高校特别是市属高校的发展水平，还需要加强以下方面。

（一）系统规划科学统筹高等教育发展

广州是广东省省会、国家历史文化名城，我国重要的中心城市、国际商贸中心和综合交通枢纽。广州辖区内的部属、省属和市属高校林立，为使各高校更好地发挥各自优势，相互补充而减少重复建设，有必要系统规划，明确广州高等教育的目标定位，科学规划广州未来高等教育的规模、层次和结构，筹划建立与广州区域行业产业结构相适应的高等教育布局。广州对高校的管理权限有限，但在系统规划的基础上，可以通过经费投入、政策倾斜等措施科学统筹各高校发展，引导各高校科学定位、明确自身发展方向与目标，努力办出特色与水平，建成与国家重要中心城市和国际化大都市相匹配的高等教育，提升服务国家战略和广州经济社会发展的能力。

2018年2月，广州市人民政府公示了最新的《广州市城市总体规划（2017—2035年）》草案。规划草案突出全球视野、国家责任、广州特色，承接和传导"一带一路"倡议、粤港澳大湾区建设等国家战略，提出广州目标愿景为"美丽宜居花城，活力全球城市"；提出"一控两优"科学调控人口规模，即2035年常住人口规模控制在2000万人左右，同时按照2500万管理服务人口进行基础设施公共服务设施配套；有序纾解旧城区人口，引导人口向城市外围集聚。[①] 从2017年至2035年，规划范围内增加的人口约

---

① 广州市人民政府：《广州市城市总体规划（2017—2035年）草案》，(2018-02-24)［2018-10-15］，http://www.gz.gov.cn/sofpro/gecs/addidea_opinion.gecs?opinion.opinionSeq=10439。

为600万人，平均每年约增加33.3万人。对广州高等教育而言，这意味着广州需要更多数量的高水平大学以便满足公共服务需求，同时也意味着为服务本地城市发展需求，广州高等教育布局和规划应该主动对接，以更高起点来谋划广州高等教育的定位和目标，将广州建设成为区域高等教育高地。

（二）加强在穗高校协同发展政策的系统性和延续性

目前在穗各高校已经形成一定的机制，但从长远来看，进行持续性的协同创新合作的制度和机制尚未建立，实际工作中因领导更替而使协作处于暂停和不明朗的状况总是不同程度的存在。因此，为保障和促进在穗高校未来发展的可持续性和健康发展，就需要从制度层面和政策层面加强协同创新机制的建立，一方面协同推进各高校的学科建设、人才培养和科学研究一体化。就学科建设来说，在穗高校的相关学科分布可以通过统筹管理，兼顾各高校的学科优势，使学科分布在专科、本科和研究生教育不同层次教育间呈递进上升分布格局，使人才培养形成科学梯度模式；同时同一层级教育的学科设置相互补充各不相同的专业，通过优化专业结构形成专业优势互补的格局。另一方面促进优质教育资源的共享与有效使用，提高协同攻关和创新的能力。各高校建成或搭建的多个科研平台最大限度对有关高校开放，科研人员间围绕共同的攻关课题开展深度合作，从而形成更多标志性科研成果。

（三）完善内外联动的高等教育质量保障体系

高等教育质量不仅体现在高等教育机构整个运转过程中满足内在规定性要求及目标达成的程度，而且还体现在人才培养、科学研究、社会服务三个方面满足社会需要的程度。因此，保障体系应围绕提高高等教育的人才培养、科学研究和社会服务质量与水平等方面。首先，增强地方政府的统筹协调能力，在规划建设用地、人员编制、经费等方面加大统筹力度，依据高等教育办学规律和地方高等教育发展规划推进各项工作顺利进展，促进各院校持续、健康和快速发展。其次，进一步简政放权，逐渐放开教师职称评审、教师引进或聘用管理等方面的限制和束缚，提高高校办学自主性，释放高校的办学活力。最后，各高校进一步加强制度建设，建立健全与高水平大学建设相适应的制度体系、人才立校的支撑服务体系；深度推进教学与科研融合，构建教学、教研、科研深度融合的机制，促进高校内涵发展和办学质量的不断提升。

广州市特殊教育事业发展报告

高珂娟[*]

摘　要： 当前广州市特殊教育具备学段完整、融合教育发展质量较高、"零拒绝"政策执行有力、特殊学生入学有保障等特点。未来广州还需要完善特殊学生转介安置体制机制、形成特殊教育质量评价体系、创建广州特殊教育品牌特色、多渠道提升师资水平、加强筹划与整合资源，从而促进特殊教育平衡与协调发展。

关键词： 广州　特殊教育　综合发展

特殊教育作为教育系统构成中的重要组成部分，近年来随着国家经济文化的发展越来越受到重视。但由于起步晚、起点低、基础薄弱，特殊教育发展水平与满足社会需求之间有很大差距。当前，我国特殊教育发展的主要矛盾集中表现为需求的快速增长与专业支持不足，这已成为制约特殊教育发展的重要因素。

近年来，根据广州市"三中心一体系"和国家重要中心城市战略定位，按照市委、市政府关于"全面上水平、全国有影响"要求以及秉持"为了每一位学生的全面发展和终生幸福"的教育理念，打造世界前列、全国一流、广州特色、示范引领的现代化特殊教育的目标，特殊教育逐步由低位均

---

[*] 高珂娟，硕士，广州市教育研究院特殊教育研究室教研员，高级教师，特级教师，主要研究方向为特殊教育政策、特殊教育课程与教学等。

衡向高位均衡转变。

《广州市教育事业发展第十三个五年规划（2016—2020年）》中明确提出了特殊教育具体的发展目标，并将特殊教育事业发展在主要任务中单列。2018年8月，广州市印发了《第二期特殊教育提升计划》，对2018~2020年的特殊教育发展进行了部署与规划，在师资配备、经费投入、内涵提升等方面集中体现了政策红利的加速释放。

一 基本情况

2016年以来，广州市通过"特殊教育实施意见"等文件的颁布、通过"推动特殊教育在9年义务教育免费的基础上实施15年免费"等措施的实施，不断深化特殊教育领域综合改革。

广州是全国少有的特殊教育学段完整的城市之一，广州的学前特殊教育由特殊儿童康复机构、特殊学校附设幼儿部和特殊幼儿在普通幼儿园随班就读等形式组成；义务教育阶段特殊教育随班就读和特教班安置的比例不断增加，彰显了广州融合教育稳步发展的态势；高中和中等职业阶段特殊教育由特教学校高中部、职高部和普通中等职业学校，启能班等形式组成，在全国具有一定的创新性和示范意义；以广州大学市政技术学院特殊教育部为代表的高等特殊教育有序发展，在全国高等特殊教育界的影响力逐步提升。

（一）特殊教育学段逐步完整，融合教育进一步发展

为进一步提升特殊义务教育质量，促进特殊教育学段向两头延伸，广州市教育局推动制定了特殊学生15年免费教育政策，2017年3月，由广州市教育局、财政局、人社局、残联等四个部门联合印发了《广州市基础教育阶段特殊学生免费教育实施办法》，对学前到高中阶段特殊学生实施免费教育进行了比较完备及详细的规定，并要求自2017年秋季学期起，全面实施基础教育阶段特殊学生免费教育。

强有力的保障措施推动了特殊儿童青少年接受教育从义务教育阶段向学

前、中等职业教育、普通高中和高等教育不断延伸的良好态势。国家和广东省"第二期特殊教育提升计划"中均明确指出，要推动特殊教育从义务教育阶段向两头延伸。作为区域中心城市和广东省省会，广州市在市一级的"第二期特殊教育提升计划"中，充分体现了对国家和省二期计划的贯彻，并通过建设融合实验幼儿园、特殊教育的中等职业教育区域布局等具有操作性的目标设计，体现了广州落实上级要求，引领全省发展的勇气与担当。

为在2020年实现"各区至少建有1所特殊教育学校，至少有1所特殊教育学校开设职高部或1所普通中职学校开设特教班"的目标，广州急需拓宽安置渠道、探索多种安置模式，进一步落实四级安置网络，进一步促进特殊儿童青少年接受教育权利的实现。

（二）"零拒绝"政策大力实施，特殊学生入学保障有力

2007年，广州市在《关于加强残疾儿童少年随班就读工作管理的若干意见》中明确指出全面实施特殊学生入学"零拒绝"。"十三五"实施以来，通过政策宣导、专业支持、教师培训等渠道，普通幼儿园中小学接收特殊学生数量逐步增加，教育质量逐步提升。据《中国教育报》2016年3月2日报道，到2016年3月，广州全市接收特殊教育学生随班就读的学校有581所，19个特殊教育班，义务教育阶段现有1827名特殊学生在普通学校参与融合教育，占全市义务教育阶段特殊教育学生的52%。《2016年广州教育发展监测报告》数据显示，2016年，全市共有特殊教育学校22所，其中聋人学校1所，盲人学校1所，其他特殊教育学校7所，学校数比上年增加1所，特殊教育教学班318个，比上年增加了33个，特殊教育在校学生4314人，比上年增加了33人，其中特殊学校与特教班学生2969人，比上年增加了115人。

无论是入学总人数或融合教育安置人数，都能体现出广州市特殊儿童接受教育，尤其是融合教育的比例不断增加。这是多年来广州市积极推进随班就读和普通学校特教班建设的成果，是特殊教育"零拒绝"理念与政策的生动体现。

但是,《2016年广州教育发展监测报告》数据还显示,2016年,广州市随班就读学生1345人,比上年减少77人。这是市、区两级政府加快特殊教育学校和机构建设,以及特教学校招生规模与办学能力不断提升的结果,但也从侧面反映出当前广州随班就读质量亟待提升。目前我国特殊儿童少年教育安置方面,特殊教育学校与融合教育基本保持各占一半的比例,随着国家对特殊儿童接受融合教育的要求不断提升,急需在普通幼儿园中小学中不断完善特殊儿童随班就读支持保障机制的建设,加强特殊儿童融合教育理念、理论、知识与技能的宣导,以融合发展为导向,以普通学校为特殊教育发展主阵地,优先采用普通学校就读的方式,让广州市"零拒绝"政策执行得更为深入、有效。

二 采取多种措施推动特殊教育高质量发展

近年来,以"提升特殊教育服务质量,适应学生发展需求"为主题,从完善特殊教育体系、构建医教结合干预机制、加大特殊教育资源供给、加强特殊教育教师队伍建设等角度深入持续促进广州特殊教育整体发展的平衡与协调。以促进学生健康成长为目标,以融合发展为导向,逐步加大特殊教育资源供给,构建布局合理、学段完整、普职融通、医教结合的特殊教育体系。

(一)构建完善的特殊教育体系

在特殊教育体系构建方面,通过成立广州市特殊儿童少年转介安置指导中心等措施,不断加强普通学校融合教育。中心成立后,强化了学前教育阶段前期摸查、分类鉴定工作;初步建立了义务教育阶段特殊学校教育、普通学校随班就读教育、普通学校附设特教班教育和送教上门教育四级网络,为后续广州市特殊教育整体布局的进一步平衡与协调打下了良好基础。尤其是"十三五"实施以来,义务教育段特殊教育学校功能进一步多元化,普通学校随班就读工作得到了进一步加强,送教上门规模逐步铺开,四级网络建设初见成效。

广州市在全国范围内较早提出了"落实15年免费特殊教育,拓展高中阶段特殊教育职业技能培训服务范围"的目标。近年来,通过政策引导、资源支持等措施,随着15年免费教育深入实施,特殊教育发展得到了有力支撑。通过增设普通中职学校启能班、支持鼓励特殊教育学校兴办职业高中等措施,进入高中阶段就读的特殊学生人数明显增加,教育质量逐步提升。

在资源布局方面,通过"十三五"规划和第一、第二期特殊教育提升计划,加快推进了特殊教育学校建设,优化了普通学校资源室运用,为提高特殊教育普及水平和教育教学质量提供了坚实的保障,努力构建覆盖学前教育到高等教育全学段、高质量的特殊教育体系。"十三五"实施以来,各区资源教室建设进入提速增质期,在数量增加、建设规范、管理常态等维度均有显著改善。通过市级专项资金的持续投入,目前广州市资源教室总量共有150间。

(二)探索医教结合的干预机制

为进一步通过多元参与的特殊教育服务平台提升服务质量,进一步完善特殊儿童少年转介安置指导中心建设,搭建了医教结合信息平台,建立特殊儿童的筛查、检测、建档、转介、安置、康复与教育的一体化运行机制。"十三五"实施以来,市教育局努力推动医教结合干预机制的建设工作,取得了一定进展。2016年,先后联系卫计委、公安局、人社局、财政局、残联等单位召开数次联席会议,沟通情况,提出要求,在特殊儿童教育服务信息平台建设方面进行了有益的尝试。

开展了特殊儿童少年医疗、教育、未来就业等安置指导,提高特殊教育与康复服务的科学性、针对性和有效性。依托广州市教育研究院等教育支撑机构和市区两级特殊儿童随班就读指导中心,广州市在特殊儿童评估、转介安置、个别化教育计划设计与实施等方面进行了有益的尝试,为后续工作的开展积累了经验。深化与社会公益组织的合作,拓宽特殊教育购买服务渠道。通过"融爱行"等项目的实施,探索特殊教育购买服务渠道,深化与各类社会公益组织及机构的合作，拓宽特殊教育服务范式，在提供多元化特殊教育服务方面做出了有益的尝试。

（三）加大特殊教育资源供给

广州市加强特殊教育教学研究队伍建设，将特殊教育课程纳入市属高等院校师范专业课程体系，提高特殊教育教研水平。建立并完善了"特殊教育教研中心组""特殊教育特约教研员""特殊教育教学研究会"等专业力量相互支撑、有机整合的特殊教育教学研究体制机制，在广州大学开设了特殊教育专业，提高了特殊教育科研、教研的水平。建立特殊教育专业人才资源库，打造特殊教育专家团队和专家工作室，实施种子教师和名师培育工程，提升特殊教育教师教学技能，增加特殊教育资源供给。通过"广州市教育系统新一轮百千万人才培养工程"和"卓越校长"、"卓越教导主任"培养工程等，特殊教育教师队伍中"教育名家""教育专家""名校长""名教师"等各类特殊教育骨干教师数量显著增加。

在课程教学改革方面，进一步深化特殊教育个别化教育课程改革，初步形成了富有广州特色的IEP（个别化教学计划）实施与管理模式，满足各类残疾学生的特殊教育需求。

不断加强特殊教育教师队伍建设，切实提高特殊教育学校和相关岗位教师的待遇。通过调研和探讨，在全国率先制定特殊学校教师职称评审标准，特殊教育教师队伍中正高级实现了零的突破，副高级数量快速增长。

（四）巩固特殊教育交流合作基础

广州市毗邻港澳台，历来有优良的特殊教育交流合作基础。"十三五"期间，以广州市教育研究院、市启聪学校、启明学校为代表，通过项目合作、出访、接待访问等形式，保持了与其他国家和地区的特殊教育交流互访活动，在与港澳台地区的特殊教育交流中，逐步走向深入和具体。与此同时，通过各种交流研讨访问活动，加强在各种特殊教育高端学术活动中的存在感，发出广州声音，宣传广州特殊教育成果。

三 进一步实现特殊教育发展平衡与协调的策略

（一）完善特殊学生转介安置体制机制，促进特殊教育科学发展

目前广州市特殊教育学生转介安置工作在贯彻入学零拒绝、建设资源教室、配备资源教师、不断推动融合教育质量提升等方面取得了长足的进步。但是，特殊学生入学前的评估鉴定、安置建议、建档追踪等工作与体系化、常态化要求存在着明显差距。

1.按照二期提升计划中"提高特殊教育质量"的要求，应以完善多元化教育安置模式，通过四级网络建设，增进义务教育融合为核心诉求

逐户排查未入学适龄残疾儿童少年，按照《关于特殊儿童少年转介安置的指导意见》（穗教发〔2016〕68号）要求，细化"筛查—检测—建档—鉴定—转介—安置—综合干预"的转介安置运行机制，在市区两级完善特殊教育指导中心的建设，健全工作常规，配备专门人员，与卫生、民政、残联等部门建立联动机制，组织特殊教育专家委员会，根据特殊儿童个体实际情况，提出安置与个别化教育建议，全面推行"一人一案"服务方案。对能够适应普通教育的轻中度特殊儿童少年，优先安排到就近的普通学校接受教育；对能够适应特殊教育的重度特殊儿童少年，安置到特教班或特殊教育学校接受教育；对到校就读有困难的特殊儿童少年，提供送教上门服务。

2.促进特殊教育从义务教育段向两头延伸，大力发展特殊学前教育和特殊职业教育

鼓励普通幼儿园接收特殊儿童入学，每区每年新增2~3所融合教育示范幼儿园；支持特殊教育学校附设幼儿园或幼教班，为中度及重度障碍的特殊儿童，提供有针对性的学前教育，康复机构开展早期康复服务，逐步实现特殊儿童早期康复和早期教育的有机整合。积极发展以职业教育为重点的高中阶段特殊教育，满足特殊学生接受中等职业教育的需求，以就业为导向，

设置符合特殊学生身心特点的职业教育课程体系。各区至少有一所特殊教育学校，鼓励普通中职学校开展特殊学生职业教育。

3. 完善特殊学生教育服务综合平台建设

特殊教育是系统工程，建设特殊学生教育服务综合平台，对于提升筛检评估、转介安置等工作的质量意义重大。在此目标下，今后一个阶段应对照完善特殊儿童少年转介安置中心建设，搭建医教结合信息平台，建立特殊儿童筛查、检测、建档、转介、安置、康复与教育的一体化运行机制等要求开展特殊儿童少年医疗、教育、未来就业等安置指导，提高特殊教育与康复服务的科学性、针对性和有效性，深化与社会公益组织合作，拓宽特殊教育购买服务渠道。

上述目标的实现，需要跨部门的合作，搭建综合性的服务平台，目前跨部门合作的体制建设尚有待进一步完善，综合服务平台的运行机制，有待进一步明确与细化。但迄今为止，医教结合信息平台建设尚未进入实质运作阶段，特殊儿童评估转介安置的一体化运行机制也有待进一步研制。

（二）形成特殊教育质量评价体系，创建广州特殊教育品牌特色

提升质量必须要依靠评价体系与质量监测工作的水平提升。在今后一个阶段，应围绕品牌建设开展质量评价体系开发、监测数据完善等工作。

1. 建立健全特殊教育学校办学质量评价体系和普通幼儿园中小学随班就读工作评价体系，形成对特殊教育工作整体质量实施检查的长效机制。加快制定并出台特殊教育学校检查验收标准，从校园建设、课程教学、教师队伍、后勤保障等多个方面进行综合评价，实现到2020年80%的特殊教育学校基本达标，制定并试点实施随班就读工作评价标准，对随班就读管理、课程教学、环境调整、档案建设等多个方面进行评价，推动随班就读，从而提升教育教学质量。

2. 结合"一人一案"，构建多维评价机制，优化学生评价制度。不断提升教师的教育观与学生观，关注教学过程和过程性评价，认可并欣赏特殊学生的进步与发展，充分发挥评价在改进特殊教育教学和促进特殊学生发展中

的积极作用，多方面多角度对特殊学生进行评价，采用与家长、社区进行互动等多种评价方式，全面客观评价测试学生的发展与进步，为特殊学生建立电子档案，设立成长记录袋，形成多维立体的评价体系，通过科学、客观、有效的评价，促进特殊学生的全面整体发展。

3. 加强特殊教育数据统计监测。各年龄段各类别特殊学生安置的具体数据缺乏。各区、各部门工作总结材料中，对特殊教育工作的描述大多比较笼统，缺乏具体细致的数据支持，这对更为科学有效地进行广州市特殊教育事业发展评价造成了困难。

4. 以区为单位，形成特殊教育发展状况评估验收制度。将特殊学生安置情况、特殊教育教师队伍建设情况、普通学校及特殊学校特殊教育实施情况、特殊教育课程教学体系建设情况和特殊教育运行保障情况等作为评估验收的主要指标，形成区域性特殊教育评估发展报告，评估结果向社会公布，主动接受社会组织和新闻媒体的监督，积极听取相关社会组织和新闻媒体的反馈意见与建议。

（三）多渠道提升师资水平，推动教师队伍规范发展

在特殊教育整体发展的平衡、充分与协调都有待提升的情况下，提升教育队伍规范化水平与专业水平，意义十分重大。

1. 制定特殊教育教师准入标准，开展特殊教育教师资格认证及培训工作，不断完善教师编制薪酬和评聘制度，提高教师工作热情。开展特殊教育教师资格认证制度，逐步建成涵盖不同类别不同安置方式，不同专业方向的特殊教育教师资格认证体系，在全市幼儿园中小学和中职院校教师中落实特殊教育全员培训工作，对特殊教育教师和特殊学生随班就读相关教师实行严格的双证制度，未经特殊教育培训者不得上岗，连续两年考评不合格的特殊教育教师必须转岗。

2. 依托现有的教师继续教育制度和百千万人才培养工程等项目，制定层次分明的特殊教育师资队伍建设规划，以适应特殊教育教师数量快速增长和专业基础相对薄弱的现实情况。完善特殊教育师资培养长效机制，通过完

善市区两级培训机制,开展教师分层分类培训。积极创新培训方式,不断提高培训的针对性和实效性,满足特殊教育教师多样化、个性化的成长需求。通过扩大远程教育规模,提升培训课程质量,满足全市教师特殊教育通识培训需求。通过优化骨干教师成长机制,丰富培训形式,促进各专业方向特殊教育,骨干教师快速成长。通过安排高质量的国内外访学进修项目,拓宽教师国际视野,提升专家型教师的引领能力。

3. 推动三级教研体系建设,促进市区校教研机制的完善,紧密结合特殊教育工作实际,提升各级各类教育科研课题立项数量和研究水平,通过多种形式促进科研成果的转化,形成广州市特殊教育工作的特色与优势。加强特殊教育支持保障,确保教育事业发展资源充足。

4. 充分认识到现阶段特殊教育发展需要强有力的顶层设计和行政推动,坚持政府主导,多方参与。加大统筹力度,落实市、区两级政府及发展改革、教育、财政、民政、卫生、人力资源和社会保障、残联等相关部门发展特殊教育的责任。充分发挥社会力量的作用,构建政府、学校、家庭、社会四位一体的特殊教育服务支撑机制。

5. 加强特殊教育管理制度建设,促进培养培训管理科学化,建立研究成果推广发布制度,激励教师开展课题研究,发挥市级随班就读指导中心的作用,完善随班就读指导制度,明确随班就读指导中心和普通学校的职责。进一步加大普特教育的融合力度,强化普通学校随班就读工作教师的激励机制,完善特殊教育学校、特教班、随班就读和送教上门的质量评价体系建设。

落实相关文件要求,提升特教学校和随班就读特殊学生生均经费水平,进一步制定和完善特殊学生补助政策,提高资助水平,落实各类特殊教育工作者特教津贴的发放。

(四)加强筹划,整合资源,促进特殊教育平衡与协调

广州特殊教育应对照"全面上水平、全国有影响"的要求,立足质量提升,挖掘潜力,深入发展。

1. 加强区域资源共享，积极探索基层学校、高校教育研究部门、医院康复机构、社区等人力资源共享的途径和方法，建立长效的专业合作服务机制，定期召开会议，制订合理的人力资源共享计划，合力为特殊儿童发展提供帮助。

2. 加大特殊教育宣传力度，争取社会舆论和资源的支持。广泛宣传特殊教育事业的重要意义和广州市特殊教育改革发展成就，引导社会公众充分认识特殊教育对促进特殊儿童成长成才和终身发展的重要作用，宣传弘扬特教教师高尚师德和无私奉献的精神，让更多人了解特殊教育、关爱特殊教育、支持特殊教育、参与特殊教育。

3. 加速提升学前阶段特殊教育服务规模、水平。国家、省、市"第二期特殊教育提升计划"均将推动学前特殊教育质量提升设为重要的目标与任务。由于学前教育的特殊性，在学前阶段，扩大特殊教育服务规模，提升特殊教育服务水平，存在着较大的难度，尤其是农村的学前特殊教育，任务比较艰巨，与国家积极推进特殊学前融合教育开展的要求尚有一定的差距。今后一个阶段，应通过在各区建设融合教育实验幼儿园、加强融合教育宣导与专业支持等手段，扩大学前阶段特殊教育规模和提升其质量。

4. 提升特殊学校建设的数量和质量。目前广州市共有特殊教育学校 22 所，南沙区尚未按要求建成特殊教育学校。在 22 所已建成的特殊教育学校中，只有番禺区培智学校和白云区云翔学校达到了国家特殊教育学校建设标准要求，市启聪学校于 2018 年迁入异地重建新校园办学；市启明学校、越秀区启智学校等国内知名的特教学校办学场地严重不足；花都区智能学校、增城区致明学校等特殊教育学校异地重建工作尚未落实；市康纳学校、黄埔区启智学校等属于租借用地办学，制约了学校的发展。

5. 特殊教育对外交流合作亟须提速增质。特殊教育对外交流合作尚缺乏国际视野，在与世界特殊教育发达国家深度合作方面缺乏平台与机制，各区、各校对外交流合作的深度与广度也存在较大差异，全方位、成体系、有深度的特殊教育对外交流合作态势尚未形成。

习近平总书记在十九大报告中指出要"办好特殊教育"。2017 年 7 月，教育部、国家发展改革委等七部委印发了《第二期特殊教育提升计划（2017—2020年）》，明确指出"二期计划"的制定实施是全面贯彻党中央、国务院关于办好特殊教育的要求，是落实《国家教育事业发展"十三五"规划》《"十三五"加快残疾人小康进程规划纲要》的需要，要求各地认真贯彻执行"二期计划"，进一步提升特殊教育水平。在此基础上，2018年1月，广东省教育厅等七部门印发了《广东省第二期特殊教育提升计划》，结合广东省实际情况，对国家计划中的相关目标提出了细化与落实的指导建议。2018年8月，《广州市第二期特殊教育提升计划（2017—2020年）》出台，意味着新阶段特殊教育发展的目标与任务应与"二期计划"进行深度整合，要根据国家对特殊教育事业发展的总体要求和广州区域实际，在教育质量评价、教师队伍发展、特殊学生转介安置等方面有所作为。

广州市民办教育事业发展报告

李清刚[*]

摘　要： 广州民办教育事业由规模扩张进入了提质增效的新阶段。广州民办教育事业发展的主要经验有制定规章制度，加大扶持力度，精准帮扶发展，加强教师队伍建设，拓展优质资源增量及整顿培训机构走在全国前列等。本文认为进一步发展的建议主要有提高社会认识，塑造良好的生态环境，进一步落实支持和规范政策及进一步健全管理体制等。

关键词： 广州　民办教育　精准帮扶

一　广州民办教育事业的发展现状

"十三五"开局以来，广州市民办教育取得了一定发展。2016年民办幼儿园在园幼儿数为307728人，较2015年增加了11570人，增幅为3.91%；民办小学在校学生数为321724人，较2015年增加了313人，增幅为0.10%；民办初中在校学生数为108018人，较2015年减少了1603人，减幅为1.46%；民办高中在校生数为10999人，较2015年减少了62人，减幅为0.56%；民办中职（广州地区）在校学生数为16762人，较2015年增加了2272人，增幅为15.68%。[①] 民办小学学位数增加幅度小以及民办初中和

---

[*] 李清刚，广州市教育研究院副研究员，博士，主要研究民办教育政策等。
[①] 广州市教育统计与监测中心提供数据。

高中学位呈现减少的趋势，意味着政府公办学位供给增加，民办教育进入提质增效发展的新阶段。

自2016年起，按照《广州市幼儿园生均定额补助实施办法》（穗教基教〔2015〕46号），对普惠性幼儿园予以生均定额补助，建立以生均财政拨款保障普惠性幼儿园经费投入的长效机制，支持普惠性幼儿园发展。2017年市财政安排学前教育经费4.2亿元，比2016年增加0.4亿元，市普惠性民办幼儿园的数量逐年增加，全市学前教育公益性、普惠性特点更加突出，缓解了入园贵的问题。按照《广州市人民政府办公厅关于进一步做好来穗人员随迁子女接受义务教育工作的实施意见》（穗府办函〔2016〕174号）的精神，从2017学年小学一年级和初中一年级开始，对各区按规定条件解决随迁子女入读的公办学校和民办学校学位进行补助，2017年市本级财政通过一般性转移支付安排市教育局义务教育阶段随迁子女学位补贴1.5亿元。2017年，全市来穗人员随迁子女共有3.9万人申请义务教育学校起始年级学位，共安排2.5万名随迁子女入读义务教育学校起始年级，占申请总人数的64.10%，实现了关于"2017学年起以公办学校和政府补贴的民办学校学位解决随迁子女入读小学一年级和初中一年级的比例不低于50%"的目标任务。安排入读公办学校的学生数为2.4万人，占安排学位总数的96.00%；其中，越秀、荔湾、番禺、花都、南沙、增城、从化7区全部在公办学校予以解决。截至2017年底，标准化民办学校占比也达到83%的历史高位。

2017年，广州市不断加大扶持力度，推动中职学校办学质量不断提高。利用教育部推动中职学校教学诊断与改进工作的契机，以诊改为抓手，指导民办中职学校进行内涵建设。同时在学生资助方面，指导民办学校积极组织学生申报，民办中职和公办学校一样，农村（含县镇）户籍、涉农专业、家庭经济困难、残疾学生等均享受免费政策［约3500元/（人·年）］，同时家庭困难学生均可享受国家助学金［2000元/（人·年）］、广东建档立卡的贫困学生生活补助金［3000元/（人·年）］，广州市教育基金会家庭困难优秀学生发放1000元/人的奖学金，这些项目的设立，大大提升了中职

（民办）学校办学吸引力。

目前广州市基本形成了办学主体多元、办学形式多样的民办教育体系，成为广州市公共教育事业的重要组成部分。

二 广州民办教育事业发展经验

（一）先行先试，支持和规范民办学校健康发展

广州市贯彻落实党的十九大的会议精神，根据《关于印发关于进一步加强民办义务教育分类扶持和管理实施意见的通知》（穗教发〔2015〕76号）要求各区探索民办教育分类管理的新举措，建立健全民办学校风险准备金制度和综合执法机制。白云区在2016年制定实施了《广州市白云区教育局关于加强民办学校管理的实施意见》，明确民办学校"分类扶持"机制（即"优质特色类"鼓励做强做大；"扶持提升类"扶持特色发展；"限期整改类"逐步消除）严格落实《关于严控民办中小学超规模办学的意见》《关于严格控制幼儿园超规模办学的意见》，加强监督管理，从制度层面消除学校超规模办学行为；建立创建等级学校、标准化学校、特色学校、特色项目扶持机制，2016年下拨相关扶持资金5250万元，其中给予当年通过规范化评估的幼儿园15万元/所的奖补，给予通过区标准化评估的学校30万元/所的奖补，给予市义务教育阶段特色学校26万元/所的奖励，给予申报市一级幼儿园的普惠性民办园25万元/所的扶持资金。

番禺区出台《番禺区民办幼儿园设置和管理办法（试行）》（PY032013001），在明确申办指引、规范审批程序的同时，积极鼓励社会资本投资办园，引导新开设民办园提供不少于3年的普惠服务，鼓励优质民办园集团化办学；修订《番禺区普惠性民办幼儿园认定管理办法》，对经过认定的普惠性民办园执行财政补贴政策，促成公办、民办共同发展的办园体制，进一步深化"广覆盖、重规范、拓优质"的发展思路和体系建设；制定差别化扶持方案，如按照规范化、区一级、市一级、省一级四个等级，分

别给予普惠性民办园1420～2140元的生均经费补助，对社会力量租赁国有园舍办园、一次性投资在300万元以上的，连续3年减半收取国有资产租用费；一次性投资在500万元以上的，连续5年减半收取；积极改善民办学校办学条件，如2017年民办中小学教师培训投入464万元，资助民办中小学校改善办学条件投入590万元，公民办中小学结对帮扶、特色建设、奖励等项目投入571万元。

花都区联合区发改局举办收费政策宣讲班，规范民办学校收费行为；组织签订《广州市花都区义务教育阶段民办学校规范招生行为承诺书》，规范招生行为，落实网上报名招生工作，健全招生简章及广告备案制度；大力扶持民办学校办学，如引导民办学校优质发展，建成广州市义务教育阶段特色学校4所、广州市普通高中特色学校1所、广州市义务教育标准化学校41所，标准化学校占比达87%；对通过广州市特色学校、广州市标准化学校、区一级学校验收评估的学校给予奖励，鼓励其继续完善办学条件、提升教学质量；设立民办教育发展专项资金，每年安排100万～200万元专项资金，奖励规范办学、成绩突出的办学单位和个人，免费为民办学校安装校门口监控系统等。

海珠区重点加强民办学校的规范办学管理，如建立健全了全区民办学校的内部管理机构、党团组织和监督机制。全区民办学校均依法建立健全了董（理）事会决策机构；民办学校的校长能依法独立行使教育教学和行政管理权；推行教职工代表大会、校务公开等民主管理和监督制度；完善人事、财务、教学、培训、科研、网络等各项管理体系；组建了党团和工会组织，加强了师生的思想和心理健康教育；接受政府责任督学的有效督察，保证了民办学校的高水平高质量发展。

（二）精准施策，促进和深化民办学校内涵发展

鼓励各区结合自身发展实情，采取精准举措推动公办学校帮扶民办学校。番禺区出台《广州市番禺区公民办中小学结对帮扶活动方案》，从教育教学工作、学校管理工作、教师队伍、重点工作（民办学校结合自

身发展情况提出，如创建等级学校、创设学校品牌、打造特色学校、开展课题研究）等方面加强公办学校对民办学校的帮扶，推动民办学校内涵发展。

天河区出台《天河区义务教育阶段公民办学校结对帮扶工作实施方案（2017—2020年）》，公办学校对来穗务工人员随迁子女入读为主的义务教育民办学校（高端高收费民办学校不列入帮扶范围），从学校管理（制定规划、互动交流、建立工作例会制度）、教育教学（开展教学研讨活动、开展特色创建活动、实现教育教学资源共享）、教师专业发展（培养骨干教师、轮流跟岗学习）等方面进行帮扶。

海珠区开展公民办学校"2+1"牵手结对工作（"2"所公办学校与"1"所民办学校牵手结对）、公民办幼儿园的"1+1+10"的模式（"1"所公办片长幼儿园+"1"所民办副片长幼儿园+"10"所幼儿园）的教研责任片制度，促进公民办教育相互支持、共同发展。

白云区开展大面积的公、民办学校结对帮扶，干部教师挂职锻炼与对岗交流，有效提升民办学校的办学水平，其中成立了广州市培英中学、广州市六十五中、广州市大同三大教育集团，包括培英实验中学、培英实验小学在内的9所民办学校加入其中，教育集团以资源共享、优势互补、品牌共建为办学宗旨，此外，以区内三所国家级示范性高中广州市培英中学、广州市第六十五中学、广州市第八十中学（更名为广州市大同中学）为"龙头"，带动民办学校内涵发展。

（三）调整布局，引进和拓展优质教育资源的增量辐射

白云区2017年以来开办华师附属太和实验学校，积极推进华南理工大学附属白云实验学校等学校的审批程序，并积极与均瑶集团上海世界外国语学校洽谈有关引进事宜；增城区相继引进黄冈中学广州学校、华中师范大学、广东外语外贸大学附属学校、广州大学附属中学、华商外国语学校和嘉德外国语学校等优质教育资源在本区办学，进一步满足群众对优质教育资源及教育多样化选择的需求。

（四）突出重点，落实和保障民办学校教师的合法权益

1. 支持和资助民办学校建立教师从教津贴和年金制度

在保障民办学校教师工资福利待遇方面，广州市设立了民办学校教师最低薪酬指导标准。从2015学年开始，支持民办学校建立教师从教津贴和年金制度，对符合条件的民办学校由政府予以经费补助。民办学校申领政府经费补助后，对符合条件的教师发放从教津贴每月600～1200元，以及按照不低于财政核拨经费20%的比例缴纳年金费用。2017年，有249所民办中小学提出申请，9332名民办学校教师获得从教津贴和年金补贴，年人均从教津贴和年金补贴标准为1.2万元。民办学校从教津贴覆盖面占全市非高收费民办学校中的80%以上。市区两级财政共支出1.1336亿元。

2. 为符合条件的民办教师办理入户

根据相关文件有关精神，有针对性、优先解决了长期从事民办教育、教学业绩突出、符合广州市特殊人才引进条件的广州市民办学校现任教师及其配偶、未成年子女入户问题，进一步使民办学校教师作为外来流动人员能够成为新广州人，真正融入广州。

3. 创新性探索保障民办学校教师合法权益工作

白云区落实教师工资保障制度，出台《白云区民办中小学、幼儿园教职工工资支付暂行办法》，要求学期初学校将教职工半年的工资、幼儿园将2个月的工资存入工资专户，每月由银行按时发放到人；全面铺开教师从教津贴和年金制度，2016年审核通过符合从教津贴及年金补贴条件的学校78所，下发从教津贴和年金补贴共计1340.8万元，覆盖教师1119人；实行教师档案托管，民办学校教师档案由区政府委托区人才服务管理中心统一监管，教育局全额支付费用，明确其"教师"身份，增强教师归属感。花都区落实区民办学校教师津贴补助政策，对符合条件的民办学校教师给予每年3600元的补贴，落实广州市民办学校教师从教津贴和年金政策，对符合条件的民办学校教师以每人12000元/年的标准给予补贴。海珠区民办学校教师最低薪酬指导标准为3790元/月；从2015学年开始，对符合政策要求的

义务教育阶段的民办教师发放了教师从教津贴和建立了职业年金制度；从2016学年开始，有步骤地落实了非户籍孩子的积分入学政策。荔湾区2016年审核发放从教津贴补助的民办教师302人，下达补助362.4万元。番禺区要求民办学校要依法与员工签订劳动合同，购买社保；民办学校校长和教师要按教育部门规定的学时参加继续教育培训，完成规定的学时，不断提高自身教学水平；要求民办学校建立教师个人的电子档案，对民办学校教师进行动态管理；对民办学校教师实施与公办学校一体化的管理模式，对民办学校教师继续教育、评优评先和职称评审等方面持有同一标准；稳步推进民办学校教师的申请入户工作，2016年、2017年申请通过入户近百人；从2015学年开始实施民办学校教师从教津贴审核工作，其中2016学年实际通过审核人数652人，发放从教津贴779.9万元。

（五）培根固本，治理和整顿非学历培训机构的野蛮生长

为加强消费维权和教育市场监管工作，优化教育市场消费环境，更好地发挥教育消费在经济增长中的作用，助推教育供给侧结构性改革，促进广州市非学历文化补习培训机构的健康发展，根据《中华人民共和国消费者权益保护法》和国家、省市场监管"十三五"规划以及国家工商总局、省工商局关于深入开展"放心消费创建"工作的一系列要求，2017年广州在全市非学历文化补习培训机构开展放心消费创建工作。

一是积极参与市工商部门牵头的部门联席会议制度，成立广州市校外培训机构专项治理小组，积极配合各有关部门开展放心消费创建工作。

二是加大非学历文化补习培训机构的质量抽检工作。每季度随机抽检非学历文化补习培训机构（委托广州民办教育协会），依法查处虚假广告和培训质量不合格的违法行为。同时要认真统计相关数据，按照市工商部门要求及时报送信息，实现抽检不合格线索录入率100%和线索核查率100%的目标。

三是积极受理和处理消费者投诉举报。严格按照规定做好教育消费者投诉举报的受理和处理工作，着力提高教育消费纠纷调解成功率和教育消费者满意度。广州治理和整顿民办非学历培训机构的举措，走在全国前列。

三 展望与建议

2016年《中华人民共和国民办教育促进法》(以下简称《民促法》) 修改通过，《国务院关于鼓励社会力量兴办教育促进民办教育健康发展的若干意见》(国发〔2016〕81号)、《民办学校分类登记实施细则》(教发〔2016〕19号)、《营利性民办学校监督管理实施细则》(教发〔2016〕20号)等配套文件出台，我国民办教育进入了推进分类管理的新时代。广州贯彻和落实民办教育新法新政是广州市民办教育面临的主要问题，也是未来一段时期内的核心工作。

(一)提高全社会对发展民办教育的重要性的认识

民办教育发展的历史充分证明民办教育的发展不仅打破了过去政府办学的单一格局、吸纳了大量社会资金用于办教育，而且丰富了教育的供给方式，形成了教育竞争的良好机制。民办教育的发展，既使社会多层次的教育需求得到了一定的满足，又使教育观念、教育模式等得到了改革和创新，有力地促进社会经济和教育事业自身的发展。发展民办教育不仅是历史的必然选择，也是教育自身发展的需要，全社会都应当提高对发展民办教育的必要性和紧迫性的认识，支持民办教育的发展。十九大报告提出，支持和规范社会力量兴办教育。这是中国特色社会主义新时代发展民办教育的明确要求。这对于激励社会力量兴办教育、促进民办教育的有序健康发展有重要意义。关键是要把民办教育新法新政的学习、宣传同贯彻党的十九大精神有机地结合起来。教育部门各级领导干部要发挥带头示范作用，认真学习、宣传民办教育新法新政，结合工作实际，推进相关工作的开展；民办学校的举办者和负责人更要结合办学实际，学好新法新政，提高依法办学水平。

(二)努力为民办教育的发展创造良好的生态环境

首先，切实保证民办学校与公办学校平等的主体地位。民办学校的教职工在业务培训、职务聘任、教龄和工龄计算、表彰奖励、社会活动等方面应与公办学校教职工享有同等的权利，民办学校的学生在升学、就业、社会优待和参加评先评优等方面也应享有与同级同类公办学校学生同等的权利。

其次，依法保护好民办学校的财产。民办学校在存续期间，对其财产依法享有法人财产权，任何组织和个人不得违反法律法规的规定，向民办学校乱摊派、乱收费。

再次，通过树立一批办学规范、信誉良好、质量上乘的民办学校典型，引导舆论正面宣传，以帮助人们正确认识民办教育，消除社会对民办教育的误解和偏见，形成促进民办教育发展的良好舆论环境。同时，要做好面向社会的普法宣传工作，使《民办教育促进法》深入民心，形成全社会重视、支持民办教育的氛围。

最后，积极协调各相关职能部门切实解决民办学校发展过程中遇到的困难和问题，及时为民办学校排忧解难。

总之，要根据民办教育新法新政新要求，启动《广州市人民政府关于促进民办教育发展的意见》（穗府〔2014〕12号）的重新修订工作和依法落实民办学校分类管理与差别化支持政策，通过完善地方立法，为广州市民办教育的进一步发展创造良好的生态环境。

（三）进一步落实民办教育的支持和规范政策

《民促法》除了在总则中提出"积极鼓励、大力支持、正确引导、依法管理"的方针，并规定国家对为发展民办教育事业做出突出贡献的组织和个人，给予奖励和表彰外，还用专门一章（第七章）具体规定了对民办教育的支持与奖励。广州对此要切实采取措施，将这些优惠政策和扶持措施落实到位。

一是市区政府采取经费资助、出租、转让闲置的国有资产等措施对民办学校进行支持，鼓励金融机构运用信贷手段支持民办教育事业的发展。

二是要根据民办教育的公益事业属性，落实国家规定的对民办学校的税收优惠政策，并按照公益事业用地及建设的有关规定，对新建、扩建的非营利性民办学校给予与公办学校同等的待遇。

三是政府委托民办学校承担义务教育任务的,应当按照委托协议拨付相应的教育经费。

四是市区政府对发展民办教育事业有突出贡献的集体和个人要给予表彰。

五是加强民办教师队伍建设。保障幼儿园教师的待遇,提高持证上岗的合格率。在民办学校年检指标的设计中强调民办学校教师中高级职称的比例,如果中高级职称比例低于设定的指标,则被检学校将面临约谈整改,甚至减少招生和终止退出等惩罚,以行政手段的刚性保障民办学校教师的进修权益。为解决民办学校教师参与培训积极性不够的问题,下一步要把民办学校教师的从教津贴与继续教育学分挂钩,如果达不到设定的学分要求,则民办学校教师不能领取从教津贴。接受继续教育是每个教育专业人员的使命,民办学校在这方面不存在特区。广州拟通过对参加市级公需课学习且通过考核的民办学校教师给予学费资助,探索民办学校教师免费参加全员培训的新机制。广州市教育局将继续与市外专局合作,引进优质的外籍专家来穗工作,服务广州高端民办学校发展,满足群众多样的教育需求。①

(四)进一步完善民办教育的治理体制

一是市区教育行政部门要依法规范民办教育的管理。按照建立"行为规范、运转协调、公正透明、廉洁高效"的行政管理体制的要求,推进政府职能的转变,既要将管理重点放在发展规划的制定、政策措施的完善和市场秩序的监管等方面,又要增强服务意识,提高办事效率,规范管理行为,努力适应新形势下民办教育管理的需要。同时,要加大行政执法力度,对发布虚假广告、以虚假证明文件或其他欺诈手段骗取办学许可证、恶意终止办学、抽逃资金、挪用办学经费以及其他严重违反《中华人民共和国教育法》

---

① 李清刚:《美国当代基础教育政策的演变与启示》,广东省教育研究院:《南方教育评论——2017中国南方教育高峰年会思维盛宴》,广东高等教育出版社,2017,第87~93页。

《中华人民共和国教师法》的行为进行严肃查处,直至吊销办学许可证,以净化和规范民办学校的办学行为。

二是民办学校要不断加强和完善自身管理。扎实推进民办学校的党建工作,充分发挥民办学校党组织政治核心作用,民办学校党组织是党在民办学校中的战斗堡垒。要充分发挥保证政治方向,凝聚师生员工,推动学校发展,引领校园文化,参与人事管理和服务等作用。

《民促法》第四条明确规定,民办学校应当贯彻国家的教育方针。无论是民办学校的举办者,还是民办学校的从业者,都要始终坚持民办教育的公益性质,将社会效益放在第一位。要依法规范办学行为,加强校园安全,防止学生(幼儿)伤害事故发生,自觉遵守国家相关法律法规,自觉服从和接受主管部门的领导与管理。质量是民办学校的生命线,民办学校要处理好新形势下规模与质量、发展与投入、教学与科研、改革与建设的关系,形成有特色的人才培养模式和管理机制,不断提高学校的办学水平和质量。民办学校未来面对的已不仅是民办学校之间、与公办学校之间的竞争,还要面对与国外教育资源的竞争。因此,必须不断提高竞争意识,规范办学树立特色品牌,以更好地适应社会对人才培养的需求。

三是要积极鼓励社会组织依法参与治理。根据"管办评"分离的改革要求,引导民办教育研究机构和行业协会等社会中介组织为民办教育提供服务。因此,要进一步明确民办教育行业协会社会中介组织的性质和职能,按照法律法规,坚持独立、公开、公平、公正的原则,在民办教育管理中发挥服务、沟通、监督功能。在教育管理体制上,应逐步建立起政府指导性管理、行业自律性管理、社会化中介服务相结合的管理体系,从根本上实现政府教育管理职能的转变。[1]

---

[1] 李清刚:《教育评估组织发展的现实困境与对策——基于民办教育发展的视角》,《教育学术月刊》2014年第3期,第48~52页。

专题篇

Topics of Special Concern

广州市德体卫艺科教育发展报告

万 华[*]

摘　要： 广州市德育一体化体系框架初步建成，全面开展了学生德育、体育、卫生教育、科技教育等工作，学生综合素质达到新水平；义务教育阶段学生体质健康标准接近目标值。今后广州市需要全面贯彻新时代教育方针；加强市级顶层设计和指引，进一步提升德育成效；完善体系机制建设，提升立德树人的全面治理能力；进一步加强"立德树人"队伍建设，铸就广州德育品牌。

关键词： 立德树人　德育　全面发展

国无德不兴，人无德不立。"立德树人"作为社会主义教育事业的根本

---

[*] 万华，教育硕士，广州市教育研究院副研究员，主要研究领域为教育法规与政策、德育等。

任务，内涵非常丰富。"立德树人"首先要回答"立什么德""树什么人"。对此，习近平总书记在2018年全国教育大会所做的《坚持中国特色社会主义教育发展道路，培养德智体美劳全面发展的社会主义建设者和接班人》的重要讲话中做出了明确的指示，"立德"要在坚定理想信念上下功夫，在厚植爱国主义情怀上下功夫，在加强品德修养上下功夫，要在增长知识见识上下功夫，要在培养奋斗精神上下功夫，在增强综合素质上下功夫，要培养德智体美劳全面发展的社会主义建设者和接班人。

育人之本，在于立德铸魂，广州教育一直在行动。本报告通过对2016~2017年广州市德育与体育、卫生教育、艺术教育、科技教育发展现状进行梳理，总结广州市教育在培养德智体美劳全面发展的社会主义建设者和接班人的主要经验，提出落实"立德树人"新时代要求的发展建议。

一 基本情况

围绕"立德树人"这一根本任务，广州市德育与体育、卫生教育、艺术教育、科技教育发展的工作思路主要体现在三方面：一是贯彻落实中共中央、国务院以及教育部等部委和广东省等上级部门下发的文件与指示；二是按照《广州市教育事业发展第十三个五年规划》要求及广州市德育与体育、卫生教育、艺术教育、科技教育各分规划要求，有计划有步骤地开展工作；三是务本求实，切实解决不断变化的实际工作中遇到的问题，适时满足广州人民对教育的需求。

"十三五"规划实施的两年来，广州市在"立德树人，全面提升学生综合素养"的目标达成与任务完成方面，绝大部分内容得到贯彻实施。

（一）德育一体化体系框架初步建成

在横向融通各界资源实现学校、社会、家庭一体化方面，从市级层面上，市教育局分别与新华社广东分社、市文明办、市纪委、市邮政局、市博物馆等多部门通力合作，在新媒体形势下推动"互联网+时事、德育"，创建"文明校园"和"书香校园",扩大了教育覆盖面和影响力,丰富了学校文化内容,综合统筹了家庭教育实施渠道、支持力量及社会资源,推动形成政府主导、部门协作、家长参与、学校组织、社会支持的家庭教育工作格局。

从区级层面上,部分区也形成了自身特点。在纵向形成大中小学校德育一体化体系上,围绕培育和践行社会主义核心价值观,举办了"我心中的核心价值观"创意设计大赛,把核心价值观教育融入具体活动中,推进社会主义核心价值观进教材、进课堂、进学生头脑。建立了贯通市、区、校的三级心理辅导体系,积极做好大中小学生心理健康教育工作。

(二)学生德育、体育、卫生教育、科技教育工作全面开展,学生全面发展上新水平

选树了第二批广州市培育和践行社会主义核心价值观示范校,广泛开展了一系列提升学生身体素质、艺术素养、科技素养的活动,取得明显成效:市级校园足球推广学校达到500所、占比超过30%;学生代表队在国内外体育赛事取得120多枚金牌,打破5项跳绳世界纪录;创建首个文学艺术名家库,成功举办首届"羊城学校美育节"系列活动,覆盖85%以上的中小学校,全市8个合唱团在国际比赛取得15金5银的佳绩;多渠道配置校医工作取得突破性进展,全市校医配备率提高10%;健康教育进校园活动受益师生达40多万人;连续四年获得全国青少年航空航天竞赛活动总决赛金牌和奖牌总数第一名;市中小学生科技体育教育竞赛水平全国整体领先,航空航天、车模、纸飞机全国赛广州市中小学生代表队金牌和奖牌总数均列全国第一。

(三)义务教育阶段学生体质健康标准接近目标值

根据市"十三五"规划具体目标"义务教育阶段达到国家学生体质健康标准学生占95%以上"的指标要求,目前广州市义务教育阶段学生体质体能发展状况得到积极改善,合格率达94.7%,优良率为34.5%,接近

95%以上的目标要求。

广州各区在广州市教育局的统一部署与引领下，各区结合地域特点，在德育、体育、卫生教育、艺术教育、科技教育等方面各显身手，各具特色。例如，在构建德育一体化体系框架方面，番禺区联合番禺日报社对一批优秀教师进行宣传报道，弘扬高尚师德，联合区妇联打造"家教有方"电台宣传节目，打造区家庭教育工作品牌；黄埔区举办首批文学艺术名家进校园活动、穗港澳中小学生音乐、舞蹈观摩交流活动等活动，与区图书馆、区文明办共同举行了黄埔区2017年中小学读书节活动；白云区教育系统内部德育工作架构清晰，"区——德育研究会"业务引领体系指导有效，"德育牵头科室——业务相关科室"职能配合清晰有序，"德育要点—德育科研—德育活动—特色建设"联动深化，支撑有力。

二 主要做法与经验①

新时期"立德树人"内涵非常丰富，广州以社会主义核心价值观教育和中华优秀传统文化教育为重点，在德、体、艺、卫、科等方面做了大量工作，取得一定成效，为修好学生品德、增强"四个自信"、提升学生综合素质、培养全面发展的人才打下了坚实基础。

（一）培育和践行社会主义核心价值观，踏踏实实修好品德

如何贯彻落实《关于培育和践行社会主义核心价值观的意见》以及十九大报告中强调的"培育和践行社会主义核心价值观"，是广州市教育发展"十二五""十三五"规划的重要内容。在此期间，广州不断完善了社会主义核心价值观培育和践行的长效机制，通过强化制度保障、教育引导、实践养成，发挥社会主义核心价值观对学校教育与文化传播的引领作用，把社会主义核心价值观融入学生生活的各方面，转化为青少年学生的情感认同和行为习惯。

---

① 本部分资料来自广州市教育局各处室和各区教育局提供的材料。

1. 选树了两批广州市培育和践行社会主义核心价值观示范校

通过选树社会主义核心价值观示范校，引导学校切实把社会主义核心价值观融入日常管理、课程教学、德育主题教育、学生活动和校园文化建设之中，使社会主义核心价值观内容深入师生心中，外化于行，营造出良好的学风、教风和校风。

2. 打造课堂教学、校园文化、社会实践多位一体教育平台

组织开展了《社会主义核心价值观班会课教案》评选活动；举办"我心中的核心价值观"创意设计大赛，把核心价值观教育融入具体活动中；开展"云山濂泉"反腐倡廉教育基地弟子规经典诵读活动，不断推进廉洁文化进校园活动；举办"中国梦·延安情"纪念红军长征胜利80周年书画比赛，组织长征精神宣讲团进校园宣讲活动，承办"新华社走进中小学校园系列公益活动启动仪式暨纪念红军长征胜利80周年多媒体图片展"，以及组织开展"中国梦·延安情"纪念中国人民解放军建军90周年书画比赛及宣讲活动，深化革命文化和爱国主义教育；组织开展"我们的节日"清明、端午、中秋、重阳等多场经典美文诵读系列展演活动，让孩子们感受中国传统文化精粹，培养其爱国情感和民族精神等一系列活动，不断推进社会主义核心价值观进教材、进课堂、进学生头脑，并在实践中践行。

专栏一：越秀区结合开学第一课、学生法律知识宣传教育、文明校园创建等活动，广泛开展中国特色社会主义、中华传统文化、中国梦等方面的宣传教育，培养学生爱家爱校爱国的思想；充分发挥共青团少先队思想引领与价值引导作用，按照团中央、全国少工委工作部署，围绕"四维"工作格局和团队改革创新，开展"团结青少年、争当好少年"活动，提升团队活力；建立健全以志愿服务为载体的实践育人指导，全区29所学校建立志愿者队伍，开展志愿集市活动，与困难群众结对；广泛开展"践行核心价值观、引领青春新航向"主题系列活动，引导广大团员青年、少先队员践行社会主义核心价值观，增强爱国情感，提高道德素养；扎实推进少先队改

革，以少先队中、小队和雏鹰假日小队、红领巾小社团等形式，组织全体少先队员积极开展群众性少先队集体活动，2017年9月，越秀区被定为少先队改革全国少工委办公室直接联系示范区。

3. 不断提升青少年法治素养

加强青少年法治教育是落实社会主义核心价值观的重要体现。广州市教育局起草了广州市教育系统"七五"普法规划，结合依法治教实际深入推进校园法治宣传教育：印发教育系统法治宣传工作要点；举办2016年局系统法治宣传教育骨干培训班；组织了多项法律知识竞赛，如第五届广州市小学生法律情景剧比赛、2016年中小学法律知识测试、全市中小学参加教育部第一届法治知识网络大赛的复赛、"我身边的法律故事"征文比赛、2016年广州市中学生法治知识竞赛以及全国学生"学宪法讲宪法"演讲比赛。在全国学生"学宪法讲宪法"演讲比赛预赛中，广州市获得高中组广东赛区第一名，代表广东学生参加全国比赛。落实教育部《加强中小学生欺凌综合治理方案》的要求，黄埔区、番禺区等多区深入开展了"反校园欺凌"法治宣传教育活动，取得良好成效。

专栏二：番禺区加强反校园欺凌工作，构建预防和惩治校园欺凌的长效机制。将2017年5月第四周定为主题宣传教育周，各校结合专题教育开展全员问卷调查，让学生自己写出是否有遭受或正在遭受校内外欺凌和暴力，并对相关学生做好相应的保密工作。一旦发现学生遭受欺凌和暴力，进行认真严肃处理，学校和家长及时相互通知，对严重的欺凌和暴力事件，向上级教育主管部门报告，并迅速联络公安机关介入处置。指导学校做好防范校园欺凌工作，编制了《番禺区中小学防治校园欺凌工作指引》、录制反校园欺凌主题班队示范课《校园内外欺凌现象与如何做好防范》视频，指导学校预防和处理校园欺凌。编制了《番禺区班主任工作之生命教育工作指引》，指导班主任在班级工作中帮助学生珍爱生命。录制了《番禺区反校园欺凌系列微视频》，印制了《校园欺凌，勇敢说出来》专题海报1400份派发到学校张贴。邀请青少年法律、心理和社工专业工作者制作《番禺区预防校园欺凌小手册（学生漫画版）》，并通过各种形式，广泛宣传区"反校园欺凌"援助信箱、电话，教育学生抵御欺凌基本方法。组织开展反欺凌工作专项督察，坚决防范校园恶性安全事件。

（二）厚植爱国主义情怀，增强"四个自信"

"得其大者可以兼其小"，立德需要厚植爱国主义情怀，教育引导学生爱国爱家乡，不断增强青少年学生的文化自信、家国情怀与国际视野。为了推进中华优秀传统文化、岭南优秀特色文化教育，通过大力推进广州市情教育，下发《关于推进市情教育 讲好广州故事的通知》，向全市学校下发"广州·花时间""广州·鸟世界""广州·林距离"丛书及《让你读懂羊城的文化密码》等优秀书籍，增添了学生对城市的热爱和本土文化自信；通过加强爱国主义教育基地建设，充分发挥爱国主义教育基地的社会育人功能，开展了"学南粤名人 扬优良家风"中小学生讲故事比赛、"一彩一绣"广州本土文化进校园、"中医药文化进校园"等活动，并遴选了30个"中医药文化进校园"试点学校；通过与市邮政局合作，以"共享经典 润泽心灵"为主题，共同主办第十三届广州市中小学生书信节；积极探索用新媒介拓宽中小学德育路径，全面推广使用《羊城时政学堂》，组织"羊城时政学堂小主播"选拔活动，开展小主播采风实践活动，创建校园记者站并开展宣传骨干培训，打造并上线"时政学堂"网站"羊城频道"，在新媒体形势下进一步推动"互联网＋时事、德育"，扩大了教育覆盖面和影响力，拓宽了青少年学生关注"国事、天下事"视野，形成了具有广州特色的德育品牌活动。其中，《羊城时政学堂》新媒体德育融合创新项目被评为全国中小学德育工作优秀案例，实现全市1500多所中小学全覆盖，成立24所校园记者站，组织50名小主播、小记者开展采风实践活动。

专栏三："校园经典阅读项目"在全市中小学深入推进。全面规划和实施了中小学校园经典阅读活动，首先，充分发挥《广州市中小学校园经典阅读推荐书目》的指导作用，启动编写了《广州市中小学校园经典阅读推荐书目指导用书》。其次，开展一系列主题活动带动全市中小学开展经典阅读：以"阅读，让花城更美好"为主题，举办了广州市第11届中小学生读书节，开展"书香校园""阅读之星""书香家庭"选树工作，努力打造书香校园、书香家庭、书香社区"生态共同体"；组织开展广州市属高校大学生中华经典阅读推广活动优秀案例评审活动，以不同的形式推广、传承传统文化与经典；深入推进阅读种子教师"蒲公英"计划，选拔培养第二批广州市中小学阅读种子教师；举办第12届全市中小学生读书节，组织中学生阅读辩论赛及"读广州好书 讲广州故事"正文书画比赛，开展"明日之星"广州市中小学生阅读系列活动，联合市文明办创建50所"书香校园"，评选120名阅读指导"点灯人"及120名"阅读之星"；以"听见花开"为主题，举办第14届广州市中小学生书信节、明信片设计大赛及《财富》小信使致信世界500强企业CEO活动，弘扬书信传统文化；举办第9届广州市中小学生诵读中华经典美文表演大赛及"我们的节日"清明、端午、中秋、重阳4场经典美文诵读系列展演活动，举办第6届广州市属高校大学生诵读中华经典美文知识竞赛，使广大青少年深刻感受中国传统文化精粹，培养其爱国情感和民族精神。"校园经典阅读项目"在各区和学校得到全面实施。

（三）贯彻健康第一的教育理念，锻造强健体质和健全人格

健康第一，既包含了磨炼体力、耐力、爆发力等体质指标，也包含了培育热爱生活、阳光向上的心理状态。毛泽东主席在《体育之研究》一文中提出"欲文明其精神，先自野蛮其体魄"的著名主张；习近平总书记也始终把青少年的健康挂在心头，在刚结束的全国教育大会上指出要"开齐开足体育课，帮助学生在体育锻炼中享受乐趣、增强体质、健全人格、锤炼意志"。体育是情感发育、道德养成、人格完善的载体，是立德成人的题中之

义。广州市通过贯彻健康第一的教育理念,综合施策使学生身心健康促进工作水平得到全方位提升。

1. 全面提升学生体质体能

普及了中小学校大课间体育活动,以体育课教学、大课间体育活动、课外体育活动、学生体育社团活动,以及校外体育活动为一体的阳光体育运动体系已基本形成。广州市中小学体育课堂教学与课外锻炼的紧密衔接得到加强,校园足球基本建立了小学、初中、高中上下贯通的学校与社会交互融合的校园足球竞赛体系,促进了学生体质体能的全面提升。截至2017年底,学生体质体能得到积极改善,合格率94.7%、优良率34.5%。学生阳光体育比赛活动蓬勃开展,学生校内外体育活动载体与体育锻炼时间均得到保障。全市有1486所中小学校落实了在校每天一小时体育活动时间,904所学校达到体育特色"一校一品"要求,90%学校食堂制定了膳食营养食谱。

专栏四:国家领导人邓小平、习近平都倡导"足球要从娃娃抓起",广州市通过制订《广州市青少年校园足球发展计划(2017—2020年)》,对广州市校园足球未来发展进行了全景规划。以推广普及为核心、以足球课程为基础、以竞赛活动为助推剂的融合发展的校园足球广州模式得到深入推动。首先,校园足球和足球课堂教学得到普及,全市开展校园足球学校1008所,普及了足球课堂教学,全市54%的学校在体育课中设置了足球教学内容,53%的学校有使用足球教材,每周足球课时达到1.8小时,市级以上校园足球推广学校普及了足球课堂教学,其中,海珠区被评为全国校园足球示范县(区)。其次,高水平的校园体育训练竞赛体系基本建立,举办了第三届全市中小学生足球联赛,参赛学校1200多所,参赛规模达到1300多支队伍、2.5万多名学生,比赛场次近4000多场,基本建立了"政府主导、学校主体、企业支持、社会参与",小学、初中、高中上下贯通,学校与社会交互融合的校园足球竞赛体系。最后,青少年足球交流活动推动了校园足球发展,建立了广州国际友城青少年足球交流平台,成功举办了首届广州国际友城青少年足球交流以及2017全国城际校园足球交流比赛,中国教育报和中央电视台等各类主流媒体报道了《健康为基、素质为先、育人为本——校园足球融合式发展的广州模式》，扩大了影响力。

2. 推进中小学体育卫生基础设施建设

按计划推进实施《广州市义务教育阶段学校体育卫生基础设施改造提升工程实施方案》，截至2017年12月，全市学校体育卫生基础设施升级改造项目已完工2262项，完工率91.43%。积极推进学校室内体能素质练习房试点工作，逐步配备足量齐全适用的体能训练设备。

3. 完善学生体质健康监测评价体系

建立了学生体质和健康数据统一管理、动态分析与及时发布的学生健康管理机制，定期发布年度《广州市中小学生体质健康状况报告》，引导各区、各学校及时了解、掌握全市学生体质与健康状况和发展趋势以提升决策效能。推广运用"广州市学生健康档案管理信息系统"，实现了学生体质与健康档案"一生一档"的信息化管理，并建立了"广州中小学生体质健康促进"微信公众号，方便学生家长查询了解学生的体质健康状况，获取学生个性化科学锻炼、膳食营养、健康教育、疾病防控的相关指导意见。推广营养指导，编印了《广州市儿童青少年膳食健康手册》，加强校园食堂营养配餐宣传，完成了90%学校食堂制定膳食营养食谱的目标。学校卫生工作督查通报机制、年度工作报告机制，落实学生防病预警和早期干预机制等制度不断完善。

4. 学生心理素质教育和心理危机干预水平进一步提升

建立了贯通市、区、校的三级心理辅导体系，未成年人心理健康教育机制进一步完善。实施了第三批、第四批广州市心理健康教育特色学校创建，已成功创建心理健康教育特色学校国家级1所、省级14所、市级58所，带动了全市学校心理健康教育整体水平的提升。进一步强化生命安全教育和学生心理危机干预，开展学生心理危机干预工作专题调研和心理排查工作，举办了广州市2017年青少年"5·25心理健康日"活动。

5. 安全教育卓有成效

学校安全教育不断深化，学校安全宣传教育工作体制机制进一步完善，建立了广州市学校安全教育信息化平台，出台了《广州市中小学校安全教育实验区工作方案》和《广州市进一步加强中小学安全教育工作实施方案》；安全工作机制日益完善，成立了教育系统平安创建工作领导小组，完善了校园及周边治安综合治理制度，建立了动态监测和数据收集、分析机制以及风险排查预警机制，以幼儿园、托儿所、寄宿制学校为重点对象的常态化消防安全检查工作机制已经形成，消防教育列入学校安全教育计划和军训内容，国务院考核组对广州市校园消防安全工作给予了高度肯定；扎实开展了消防、交通、食品卫生、自然灾害防范、危险化学品、治安、集体活动、预防校园欺凌和暴力、危险性玩具清理整顿等专项行动，创建"更干净、更整洁、更平安、更有序"校园及周边环境；狠抓防溺水、校车安全专项治理，学生溺水事故连续三年显著下降；以市属高校意识形态安全为重要内容的意识形态定期分析研判机制已经建立，反邪教、反恐、防范非法宗教渗透、禁毒、扫黄打非成效明显；全面打造"安全教育第一课"品牌，创建了"广州市安全文明校园"87所，累计已达650所，其中省安全文明校园83所。

专栏五：天河区推动"干净、整洁、平安、有序"校园环境建设富有成效。区教育局、环保局、食药监局、区城管局等职能部门联动，制定区学校周边污染联合整治工作方案，开展排查工作，建立监管台账，清除校园周边污染源。采取学校自查与环保执法排查相结合的方式，对师生反映强烈的东方康城幼儿园、五一小学、天河外国语学校等8所中小学及幼儿园周边污染进行综合整治，通过对东方康城幼儿园的塑胶场地进行检测，确保没有"毒跑道"，对五一小学撤除周边餐饮炒炉、消除油烟污染，对天河外国语学校门口汽车养护中心噪声问题的整治，使学校周边环境得到有效改善。

（四）坚持以美育人、以文化人，提高学生审美和人文素养

美育对于立德树人具有独特而重要的作用，它能够培养学生感受美、表

现美、鉴赏美、创造美的能力，引领学生树立正确的审美观念，陶冶高尚的道德情操，培养深厚的民族情感，激发想象力和创新意识，促进学生的全面发展和健康成长。广州坚持以美育人、以文化人，提升学生美育素养工作富有成效。

1. 中小学美育课程改革得到深入推进

根据面向全体、因校制宜、协同推进的原则，首先，进一步加强了艺术教育重点基地学校建设，认定了112所（共159个项目）广州市首批艺术重点基地学校（幼儿园），实现了省属、市属、区属、公办、民办、中学、小学、中专中职、幼儿园等全覆盖的新布局，通过强化分类指导，以点带面，加快了广州市学校艺术教育总体水平的提高；其次，在严格按照国家课程设置方案和课程标准基础上，全面开设了中小学艺术课程，各学校根据地方特色和本校实际，积极开发地方课程和校本课程，拓展艺术特色教学。

2. 完善了课堂教学、艺术活动及校园文化"三位一体"的艺术教育工作机制

创新开展了两届羊城学校美育节等系列活动，搭建了粤剧传统教育特色学校交流平台，加强了广州学生交响乐团建设，开展了一系列艺术特色展演和竞赛活动，如组织学生参加《财富》论坛及国际儿童电影节、开展京沪穗学生合唱交流活动、开展京沪穗港青少年音乐与舞蹈观摩交流活动、举办全市中小学教师语言艺术和舞蹈教师培训会等活动，学生合唱等艺术教育品牌逐步凸显。下发《关于开展广州市"文学艺术名家进校园"系列活动的通知》，创建了文学艺术名家市级专家库（首批入库专家123名），为整合美育工作资源和提升艺术师资水平拓展了途径。"美育与德育、智育、体育及学科教学、社会实践活动的渗透融合，开展艺术名家进校园活动"得到较好的落实，为实现"让每个学生至少掌握一项艺术特长"创设了很好的外部条件。

专栏六：黄埔区坚持面向全体、因校制宜、协同推进的原则，深化中小学美育课程改革，加强美育与德育、智育、体育及学科教学、社会实践活动

的渗透融合。组织2000多名学生参加黄埔区第二届学校美育节。举办首批文学艺术名家进校园活动、穗港澳中小学生音乐、舞蹈观摩交流活动、羊城学校美育节、粤剧传统教育特色学校节目展演活动、六一节大型公益主题活动等系列活动，拓宽了师生美育视野和学习交流平台，营造了浓厚的校园美育创作氛围。科技教育工作围绕提升学生科学素养、创新精神和实践能力，实施科技教育提升工程，深化中小学生科技素质教育，促进中小学生科技教育工作不断发展，组织开展了通信、无线电测向、3D创意设计、实体机器人、科技小达人等竞赛，开展科技活动周科普实践体验活动，培养了青少年的创新精神和实践能力。

3. 中小学校园文化建设卓有成效

在校园文化硬件建设上，通过落实《中小学基础设施三年提升计划》，推进校园功能微改造，营造功能完善、舒适安全、富有美感、充满朝气的校园文化环境，截至2017年12月底，校园功能微改造开工16所（含完工1所），创建国家级文明校园3所、省级4所、市级65所。在校园文化软件建设上，通过德育、美育、智育、体育及学科教学、社会实践等多项校园文化活动的渗透融合，以及广泛推进的"书香校园"建设等，特色鲜明、书香飘逸、静谧安宁、自然和谐、人文情怀浓郁的校园文化环境在逐步营造中。

（五）培养创新思维，提升学生科学素养

德为才之帅，才为德之资。促进人的全面发展，需要培养创新思维，提升学生科学素养。广州市教育局主要通过发布年度科技教育工作要点、组织科技教育项目申报和资助开展科技教育活动等方式来统筹全市科技教育工作，引导全市各学校开展科技教育活动、科技教育工作，"十三五"规划实施以来，广州市中小学科技教育工作卓有成效，主要表现在以下几个方面。

1. 规范管理促高效

以青少年科技教育项目为抓手，加强了科技教育项目组织实施的质量管理，制定出台《广州市青少年科技教育项目管理办法》《广州市教育科普专

项资金管理办法》，规范项目实施和经费使用管理，并拟制业务工作廉政风险防控措施。在全国青少年航空航天、车模、纸飞机赛中金牌和奖牌总数均列全国第一，2017年丘成桐中学科学奖全球总决赛广州市学生共获得9个奖项（占全省81.81%），全市中小学生共申报成功专利22项，全年实施科技项目495项，项目实施质量良好率95%以上，完成举办市级以上科技教育活动66场，直接参与人数近10万人。

2. 抓普及促均衡发展

通过主动争取承办省级以上青少年科技活动，积极筹划实施全市性科技教育活动，大力支持各区开展形式多样的科技活动；对北部山区科技教育工作积极开展帮扶，支持特殊学校（聋哑、盲人学生）开展机器人、无线电测向等科技活动，组织对科技教师进行业务培训和面向学生专场科技教育活动，促进均衡发展；落实青少年科技教育工作各项任务，开展了水资源保护教育、垃圾分类教育、环境教育、知识产权教育、质量教育、防震减灾教育等工作。各区教育局和各中小学积极组织科技节、科普日讲座、参观高新企业和科普基地、创客工作室等，全市参与各类科普活动的中小学生人数达200多万人次，活动成果辐射影响全体中小学生。

3. 创特色促专业发展

指导各中小学校围绕科技创新、电脑机器人、创客教育、环境保护、科技体育等方面，积极探索自身育才定位，培养科技专才。如空军在广州地区招飞较多的学校，均广泛开展航空模型教育活动；开设国防班的学校，均广泛开展无线电测向活动，引导学生提升军事侦测技术和体能。截至2017年底，创建省科学教育特色学校21所，全国科技体育传统校16所。学校科技教育呈现各具特色、百花齐放的态势。

专栏七：增城区重视打造科教品牌，培养学生实践能力和创新精神，深入开展科技实践活动，促进学生学会知识技能，学会动手动脑，学会生存生活，学会做人做事，不断提高学生的学习能力、实践能力、创新能力。2016年以来，该区学生在市级以上科技创新比赛中荣获国家级奖励210项、省级奖励394项、市级奖励2800项；增城区教育局在各类科技赛事中获得10个优秀组织奖。2所学校被评为广州市防震减灾科普示范学校，3所全国科技体育传统学校。

4. 重培养促亮点工程打造

积极利用广州地区高水平高校（如中大、华工）、科研机构（如南海海洋研究所、华南植物园）、科技创新企事业单位（如开发区、超算中心）的优质科技教育资源，在科技创新项目培育、科普教育等方面展开合作，积极开展各类科技活动培养科技英才。参加科技活动项目的学生综合素质得到明显提升，科技创新活动每年培养出十余名全国大赛获奖者；"科技之星"特训营每年选拔培养160名营员，引导他们在中学阶段即思考对专业发展方向合理定位，铺就成功之路；"科技小达人"电视大赛每年选拔培养12名科技小达人，科技小偶像引领全市中小学生学科学、爱科学的热潮。2016年，全市中小学生共申报成功专利22项。

（六）重视德育队伍建设，塑造热爱教育、淡泊名利之师

自古以来，教师就是人类灵魂的工程师，肩负着传播知识与真理，塑造灵魂、塑造生命、塑造新人的时代重任。习近平在全国教育大会上强调，"做老师就要执着于教书育人，有热爱教育的定力、淡泊名利的坚守"。广州一直重视师德建设，重视打造一支热爱教育、淡泊名利之人师，使教师师德和德育工作能力与水平得到不断提升。

首先，在师德建设上，深入贯彻落实《中共广东省委教育工委 广东省教育厅关于建立健全教师师德建设长效机制的实施意见》及《广州市教育局关于进一步建立健全中小学师德建设长效机制的意见》，进一步完善中小学师德建设；深入开展师德教育主题活动，以"感谢师恩——三代人的教师节"为主题，与新华社广东分社联合制作《羊城时政学堂》教师节特别节目；以"甘守三尺讲台，争做'四有'老师"为主题，组织开展师德征文活动。

其次，在班主任队伍建设上，修改完善并落实《广州市中小学名班主任工作室建设与管理办法》，加强了对34个省、市级名班主任工作室建设的指导、培训、交流与展示，大力推进在省市级名班主任工作室成员学校建立"校级工作坊"，已建立"校级工作坊"328个，进一步发挥了名班主任工作室的引领和辐射作用，提升了广州市中小学班主任工作质量和水平。

再次，加强中小学心理教师的配备与培训，举办第三届广州市中小学心理教师专业能力大赛，组队参加第二届广东省中小学心理教师专业能力大赛，荣获3个一等奖、1个二等奖，不断提升心理健康教育教师专业水平和素养。

最后，提升教师媒介素养教育，在全市选树32所市媒介素养教育试点学校的基础上，组织65名教师参加2017年全市中小学媒介素养教育教师骨干培训，提升了媒介素养教育教师的专业素养和工作针对性。

专栏八：自2013年广州市教育局首次建立名班主任工作室以来，通过以点带面的方式，极大促进了广州市班主任专业成长，工作室普遍成为当地区域班主任的领头羊，成为当地教育局推进班主任专业发展的得力助手。工作室通过开展区域班主任讲座、班会课研讨、论坛、跟岗学习等活动，促进了当地班主任的专业成长；通过承担区域班主任培训、区域班主任专业能力大赛、区域班会课比赛、区域班主任论文评选等活动，成为区域教育行政部门组织班主任活动的助手；通过各自公众微信号宣传广州班主任工作以及在专业发展方面进行的各种尝试和创新，发布班主任专业发展相关理论、方法、活动等资讯，为广州市班主任提供了丰富的专业信息，成为广州市班主任的宣传、交流平台。这批优秀的工作室主持人在师德、班主任工作、科研、活动等方面都起到了示范引领的作用，逐渐成为广州市班主任的领军人物。经过几年努力，广州市已建立起省、市、区名班主任工作室及校级工作坊工作体系，名班主任工作室作为一个整体，拥有完善的运作机制，卓越的领军人物，优秀的团队，丰硕的成果，影响力跨越省市，走向全国，成为广州德育的一张亮丽名片。

（资料来源：黄利，《广州市名班主任工作室总结》）

（七）创新实践育人体系，培育德育特色与品牌

1. 学校、家庭、社会共同参与的学生育人协作机制有了新发展

落实家庭教育有关规定，强化了对家庭教育工作的指导；组织开展了家庭教育专项调研，启动制定《广州市学校家庭教育指导意见》；认定了30个示范家长学校，建立了26个家庭教育实践基地，发挥其区域性示范、引领和辐射作用；通过讲座、培训、课题研究等形式，努力提升家长的家庭教育水平，提升了家庭教育指导队伍的专业能力，推动了政府主导、部门协作、家长参与、学校组织、社会支持的联动育人格局与合力的形成。

2. 德育育人规律得到尊重与践行

许多学校在"根据不同阶段学生的认知特点和成长规律，创新德育形式，精选德育内容，坚持分层递进、有效衔接，突出道德认知、情感体验、理想信念和行为养成"方面做了大量实际工作，部分区和学校形成了自身特色。越秀区推广与传承广府文化，形成了越秀区中小学（义务教育阶段）《广府文化读本》和5套通草画的专著或教材，区少先队被定为少先队改革全国少工委办公室直接联系示范区。番禺区大力推进"上品立人"特色工程，加强德育工作特色培育和品牌推广，编制了《德育常规工作指引》《德育工作指引》《学校德育工作指引》《班主任工作指引》《学生假期生活指导》等指引，撰写《文化德育读本》地方德育教材，给学校开展德育工作予以细致的指引。黄埔区制定了《黄埔区中小学德育实施纲要》，以活动为载体促进学校德育特色发展，指导开展了形式多样的"中国梦"系列教育活动，认真落实将德育工作贯穿于学校教育全过程。白云区制定出台了《广州市白云区教育局关于进一步加强与提升中小学德育工作的意见》，着力使命、理念、机制、目标、生态、方法、效果、团队、品牌九大方面建设，以德育统领中小学教育教学工作；分学年制定《德育工作方案》，分学期制定《德育工作要点》，形成各学段德育主题系列以及主题教育月实践活动主题，强化课程育人和活动育人功能发挥。

3. 立德树人协同发展的校外教育与校内教育教学有效衔接机制逐步建立并初见成效

广州市教育局在建立地方政府、科研院所、专业团队、行业企业、大中小学校协同发展德育、体育、卫生教育、艺术教育、科技教育的新机制方面，已经采取了多项行动，并取得一定成效。

4. 大中小学生志愿服务长效机制在部分区域不断完善

越秀区建立健全了以志愿服务为载体的实践育人指导，全区 29 所学校建立志愿者队伍，开展志愿集市活动，与困难群众结对。荔湾区印发了《荔湾区教育局"青援行动"活动方案》，组建了"荔教青援志愿服务队"。

三　问题与建议

新时代如何"立德树人"？习近平总书记指出了新时代教育发展的方向，并强调"要把立德树人的成效作为检验学校一切工作的根本标准，真正做到以文化人、以德育人，不断提高学生思想水平、政治觉悟、道德品质、文化素养，做到明大德、守公德、严私德"。"要把立德树人融入思想道德教育、文化知识教育、社会实践教育各环节，贯穿基础教育、职业教育、高等教育各领域，学科体系、教学体系、教材体系、管理体系要围绕这个目标来设计，教师要围绕这个目标来教，学生要围绕这个目标来学。凡是不利于实现这个目标的做法都要坚决改过来。"站在新时代教育发展的高位以及习近平总书记近期视察广东重要讲话精神，反思广州教育"立德树人"存在的问题，提出以下发展建议。

（一）全面贯彻新时代教育方针，培养德智体美劳全面发展的人

顺应新时代发展迫切需要，党的教育方针将"培养德智体美等方面全面发展的社会主义建设者和接班人"发展为"培养德智体美劳全面发展的社会主义建设者和接班人"，从"德智体美"到"德智体美劳"，一字之差，体现了我们党对于引导学生崇尚劳动、尊重劳动的关切。习近平总书记在刚

结束的全国教育大会上，将劳动教育放到为社会主义培养建设者和接班人的高度，强调"要在学生中弘扬劳动精神，教育引导学生崇尚劳动、尊重劳动，懂得劳动最光荣、劳动最崇高、劳动最伟大、劳动最美丽的道理，长大后能够辛勤劳动、诚实劳动、创造性劳动"。

劳动在人类进化和发展中起到决定性作用，劳动教育是个人心智发展、成长成才的必要前提。教育学家陶行知在《手脑相长歌》中关于"人有两个宝，双手和大脑。双手会做工，大脑会思考。用手又用脑，才能有创造"的歌吟，不仅生动阐明了知行合一、手脑并用的教育理念，也指出了劳动对个人成长、财富创造的重要作用。新时代对劳动教育的重新认识和重视，是对"培养什么人"的重新审视。针对"劳动教育在学校中被弱化，在家庭中被软化，在社会中被淡化，中小学生劳动机会减少、劳动意识缺乏，出现了一些学生轻视劳动、不会劳动、不珍惜劳动成果的现象"[1]，广州教育需要在理念与行动中重新重视劳动教育对青少年学生全面发展的重要性，全面认真贯彻落实2015年8月教育部等部委发布的《关于加强中小学劳动教育的意见》，2020年之前中小学要推动建立课程完善、资源丰富、模式多样、机制健全的劳动教育体系，形成普遍重视劳动教育的氛围，并将劳动评价记入学生档案，作为升学评优参考依据。

（二）加强市级顶层设计和指引，进一步提升德育成效

在对《广州市教育事业发展第十三个五年规划》中期评估的各区调研中发现，广州市德育工作的整体性、协同性、精准性还有待提升。首先，"德育一体化体系"虽有了一个初步的框架，但内容还比较单薄，需要逐步丰富完善；其次，贯通大中小学段的大中小学校一体化的德育课程体系欠缺，导致整体性不够；最后，市级层面的顶层设计与引导力不够，区域、校际德育发展水平不平衡，心理健康教育发展不平衡，个别区级未成年人心理

---

[1] 教育部、共青团中央、全国少工委：《关于加强中小学劳动教育的意见》，中华人民共和国教育部网站，http://www.moe.gov.cn/srcsite/A06/s3325/201507/t20150731_197068.html，2015年7月24日。

咨询与援助中心、一些学校心理健康工作基础薄弱，开展心理健康教育和心理辅导咨询还有欠缺，家庭教育中还存在着认识不到位、教育水平不高、相关资源缺乏等问题。

为避免德育工作的杂乱、琐碎与碎片化，防止陷入年年忙乱和收效不高的状态，建议全面贯彻落实习近平总书记在全国教育大会中讲话精神，继续围绕社会主义核心价值观，结合《中国学生发展核心素养》《中小学德育工作指南》等一系列教育部政策文件，加强市级"立德树人"顶层设计，抓住青少年品德发展的核心与关键，出台相应的纲要或实施指引，将立德树人工作"统"起来，落细落实，解决整体性、针对性、协同性不理想等问题。

（三）完善体系机制建设，提升立德树人的全面治理能力

广州市体育、艺术教育、卫生教育和科技教育在发展过程中存在着体系机制不完善的问题，表现在：①尚未全面建立广州市大中小幼上下贯通的相衔接的课程体系，学校体育与社会体育的高效合作机制尚处于探索中，让每个学生熟练掌握至少两项运动技能的目标还在努力中，青少年科技教育规划与保障体系建设欠缺；②体育、艺术教育、卫生教育和科技教育工作的制度化、规范化建设需要进一步加强，监管和评价体系需要进一步完善，市、区两级教育行政部门艺术教育、卫生教育和科技教育全面治理能力亟待提高；③围绕"国际前列、全国一流、广州特色、示范引领"要求，工作规划的指向需要更加明确，落实工作的标准还有较大的提升空间；④艺术教育、卫生教育和科技教育各项活动的计划安排的统筹与管理能力需要进一步提升。

因此，体育、艺术教育、卫生教育和科技教育的全面治理能力还需进一步加强。建议在顶层设计引领下，推出一系列市级统筹德体艺卫科项目，支持引导各区县挖掘德体艺卫科资源、构建德体艺卫科体系、形成德体艺卫科品牌，推动一个覆盖大中小学段的区域德体艺卫科一体化教育体系在全市范围内形成。同时，通过项目，推动立德树人协同发展的校外教育与校内教育

教学有效衔接机制进一步完善，进一步巩固教育局与地方政府、科研院所、专业团队、行业企业、大中小学校协同发展的德育、体育、卫生教育、艺术教育、科技教育新机制。

（四）进一步加强"立德树人"队伍建设，铸就广州德育品牌

教育大计，教师为本。习近平总书记在全国教育大会上进一步强调要"坚持把教师队伍建设作为基础工作"，因为教师"承载着传播知识、传播思想、传播真理，塑造灵魂、塑造生命、塑造新人的时代重任"。广州一直重视教师队伍建设与培养，但由于编制等一些制度性问题未能解决，广州教师队伍存在着结构性缺编，体育、艺术教育、卫生教育和科技教育的师资在不同区域、不同学校得不到相应的配置，同时德育队伍建设缺乏相应的制度性保障，培养高素质人才，离不开优秀的教师，教师的数量与素质都直接影响到立德树人根本任务的实施成效。尽管广州在"立德树人"的奋进路途上一直踏实工作、勤奋耕耘，取得不俗成绩，但与北京、上海等兄弟城市相比，还缺少能叫响全国的德育品牌。要铸就"立德树人"的广州品牌，需要继续培养大批适应新时代发展需要的德才兼备的高素质教师。

铸就"立德树人"的广州品牌，建议一方面重点打造已经初见成效的项目，如广州的足球学校，广州市名班主任工作室建设以及学校家庭教育工作在全国也产生了一定影响力，一些区域也在铸就本地特色的德育品牌，如番禺的"文化德育"等；另一方面发挥广州特有的地域优势、岭南文化特色和广州作为近代中国革命的策源地，深入挖掘文化底蕴，继续打造具有岭南特色的广府文化、具有民族精神和时代精神的爱国主义教育特色和粤港澳大湾区特色的广州品牌，使理想信念、家国情怀、社会主义核心价值观的种子在青少年心中生根发芽，成为具有"四个自信"的、德智体美劳全面发展的社会主义建设者和接班人。

广州市中小学教师队伍发展报告

杨 静[*]

摘　要： 广州市高度重视教师队伍建设，在中小学教师专业发展、队伍管理、基础教育高层次人才培养引进等方面实施诸多举措，初步建成了一支规模稳步扩大、质量不断提高、结构不断优化、充满活力的专业化创新型教师队伍。在新的历史阶段，广州市需坚持把教师队伍建设作为教育事业发展最重要的基础性工作来抓，通过深化体制机制改革，进一步扩大教师队伍规模、持续提升教师队伍整体质量，合理配置教师资源，不断满足人民群众日益增长的优质多元的教育需求。

关键词： 教师队伍　专业化发展　教师资源配置

兴国必先强师，教育大计，教师为本，教师是教育发展的第一资源，教育事业优先发展，需要教师教育优先发展。广州市委、市政府高度重视教师队伍建设，通过体制机制改革，在中小学教师专业发展、队伍管理交流、基础教育高层次人才培养引进等方面出台了系列新政策，实施了新举措，取得了新成绩，初步建成一支规模稳步扩大、质量不断提高、结构不断优化、充满活力的专业化创新型教师队伍。

---

[*] 杨静，教育学硕士，广州市教育研究院副研究员，研究方向为教师专业发展、教育发展规划。

一 广州市中小学教师队伍发展基本情况

（一）专任教师队伍规模逐年稳步扩大

1. 专任教师总数逐年增长

广州市义务教育阶段专任教师随着在校学生规模的增长而呈现不同程度的增长，其中小学专任教师随着在校生的大幅增长而增长较快；由于在校学生的逐年减少，高中专任教师的涨幅较慢。2015~2017年，广州市小学在校学生由2015年的937870人增长为2017学年的1004695人，增长7.13%；专任教师由2015年的49336人增长为2017年的54867人，增长11.21%；初中在校学生由2015年的336664人增长为2017年的338751人，涨幅0.62%；专任教师由2015年的27534人增长为2017年的28227人，增长2.53%；高中在校学生由2015年的178564人减少为2017年的170676人，减幅4.42%；专任教师由2015年的14081人增长为2017年的14569人，增长3.47%。

2. 生师比总体上逐年下降

广州市中小学生师比略有下降，小学生师比由2015年的19.01下降为2017年的18.31，初中生师比由2015年的12.23下降为2017年的12.00，高中生师比由2015年的12.68下降为2017年的11.72。2017年初中在校学生规模增长较快，专任教师涨幅低于在校学生涨幅，生师比略有上升（见表1）。

表1 2015~2017年广州市中小学生师比情况

年份	小学 在校生（人）	小学 专任教师（人）	小学 生师比	初中 在校生（人）	初中 专任教师（人）	初中 生师比	高中 在校生（人）	高中 专任教师（人）	高中 生师比
2015	937870	49336	19.01	336664	27534	12.23	178564	14081	12.68
2016	968531	52075	18.60	329410	27542	11.96	176275	14352	12.28
2017	1004695	54867	18.31	338751	28227	12.00	170676	14569	11.72

（二）专任教师队伍学历层次不断提升

广州市中小学专任教师本科及以上学历比例逐年增长。广州市小学专任教师学历达标率略有降低，2017年为99.99%；本科毕业及以上学历比例逐年稳步增长，由2015年的63.39%提高到2017年的70.74%，三年增长7.35个百分点；专科毕业及以下学历比例逐年降低（见表2）。广州市初中专任教师学历达标率基本持平；研究生毕业学历比例逐年稳步增长，由2015年的5.21%提高到2017年的6.53%；本科毕业学历比例基本持平，由2015年的85.15%提高到2017年的85.23%；专科毕业及以下学历比例逐年降低。广州市高中专任教师学历达标率基本持平；研究生毕业学历比例略有上升，由2015年的14.81%提高到2017年的16.72%；本科毕业及以下学历比例略有降低（见表3）。

表2 2015~2017年广州市小学专任教师学历情况

单位：人，%，个百分点

年份	专任教师合计	本科毕业及以上 人数	本科毕业及以上 占比	专科毕业 人数	专科毕业 占比	高中毕业及以下 人数	高中毕业及以下 占比	学历达标率
2015	49336	31273	63.39	17094	34.65	969	1.96	100
2016	52075	35166	67.53	16114	30.94	795	1.53	99.99
2017	54867	38811	70.74	15448	28.16	608	1.11	99.99
3年变化	5531	7538	7.35	-1646	-6.49	-361	-0.85	-0.01

表3 2015~2017年广州市中学专任教师学历情况

单位：人，%，个百分点

年份		专任教师合计	研究生毕业 人数	研究生毕业 占比	本科毕业 人数	本科毕业 占比	专科毕业 人数	专科毕业 占比	学历达标率
2015	初中	27534	1435	5.21	23446	85.15	2647	9.61	99.98
	高中	14081	2085	14.81	11959	84.93	37	0.26	99.74
2016	初中	27542	1597	5.80	23507	85.35	2434	8.84	99.99
	高中	14352	2355	16.41	11963	83.35	34	0.24	99.76
2017	初中	28227	1844	6.53	24059	85.23	2323	8.23	99.75
	高中	14569	2436	16.72	12097	83.03	36	0.25	99.75
3年变化	初中	693	409	1.32	613	0.08	-324	-1.38	-0.23
	高中	488	351	1.91	138	-1.90	-1	-0.02	0.01

（三）专任教师职称结构总体上不断优化

总体看来，2017年广州市小学专任教师职称曲线呈两头高、中间低的"U"形分布，中学专任教师职称曲线呈两头低、中间高的峰形曲线分布；初中专任教师高级职称比例偏低，小学专任教师未评职称比例偏高。

2015~2017年，广州市小学专任教师高级职称比例逐年降低，中学专任教师高级职称比例总体上稳步增长；小学、初中未评职称比例逐年增长。广州市小学专任教师高级职称（小学高级）比例逐年降低，中级职称比例（小学一级）和初级职称（含小学二级、三级职称）比例总体上基本持平，未评职称比例逐年增长。专任教师小学高级职称比例由2015年的52.28%，下降为2017年的43.31%；未评职称比例逐年增长，由2015年的23.95%，增长至2017年的29.95%（见表4）。

表4　2015~2017年广州市小学专任教师职称情况

单位：人，%，个百分点

学年	专任教师总数	小学高级 人数	小学高级 占比	小学一级 人数	小学一级 占比	小学二级 人数	小学二级 占比	小学三级 人数	小学三级 占比	未评职称 人数	未评职称 占比
2015	49336	25795	52.28	9308	18.87	1608	3.26	589	1.19	11814	23.95
2016	52075	25193	48.38	9926	19.06	1886	3.62	590	1.13	14162	27.20
2017	54867	23764	43.31	10816	19.71	2651	4.83	571	1.04	16435	29.95
3年变化	5531	-2031	-8.97	1508	0.84	1043	1.57	-18	-0.15	4621	6.00

初中专任教师高级职称比例总体上稳步小幅增长，由2015年的13.43%，增长为2017年的15.11%；中级职称比例、初级职称（含中学二级、三级职称）总体上均有不同程度的降低；未评职称比例逐年增长，由2015年的14.34%，增长为2017年的16.42%。

普通高中专任教师高级职称比例总体上稳步小幅增长，由2015年的31.01%，增长为2017年的32.13%；中级职称比例、初级职称（含中学二级、三级职称）总体上有不同程度的降低；未评职称比例逐年小幅增长，由2015年的4.91%，增长为2017年的6.31%（见表5）。

表5 2015~2017年广州市普通中学专任教师职称情况

单位：人，%，个百分点

学年	合计	中学高级职称 人数	中学高级职称 占比	中学一级职称 人数	中学一级职称 占比	中学二级职称 人数	中学二级职称 占比	中学三级职称 人数	中学三级职称 占比	未评职称 人数	未评职称 占比
2015	27534	3697	13.43	12775	46.40	6884	25.00	230	0.84	3948	14.34
	14081	4366	31.01	6086	43.22	2930	20.81	7	0.05	692	4.91
2016	27542	3957	14.37	12647	45.92	6601	23.97	201	0.73	4136	15.02
	14352	4447	30.99	6154	42.88	2862	19.94	18	0.13	871	6.07
2017	28227	4264	15.11	12540	44.43	6599	23.38	190	0.67	4634	16.42
	14569	4681	32.13	6214	42.65	2738	18.79	16	0.11	920	6.31
3年变化	693	567	1.68	-235	-1.97	-285	-1.62	-40	-0.17	686	2.08
	488	315	1.12	128	-0.57	-192	-2.01	9	0.06	228	1.40

（四）专任教师以中青年教师为主体，中学教师队伍呈现自然变老的趋势

广州市中小学专任教师以中青年教师为主体。2017年广州市中小学专任教师群体的年龄大都集中在49岁及以下，小学专任教师49岁及以下年龄段占比为90.68%，初中专任教师49岁及以下年龄段占比为89.04%，高中专任教师49岁及以下年龄段占比为87.17%；其中年龄在35~49岁的中年教师人数最多，小学、初中、高中占比分别为51.94%、56.78%、59.24%，其次是年龄34岁以下的青年教师，小学、初中、高中占比分别为38.74%、32.26%、27.93%，年龄在50岁以上的老年教师人数相对较少（见表6）。

近三年来，小学专任教师年龄结构变化不大；中学尤其是高中专任教师各年龄段所占比例发生了较大变化，教师队伍呈现自然变老的趋势。从表7可以看出，2015~2017年，小学专任教师老中青年龄段教师所占比例没有太大变化，初中、高中专任教师34岁以下年龄段的青年教师比例均有较大

表6 2017年广州市中小学专任教师年龄结构

单位：%

年龄	≤24岁	25~29岁	30~34岁	35~39岁	40~44岁	45~49岁	50~54岁	55~59岁	≥60岁
小学	9.78	16.96	12.00	19.45	19.54	12.95	7.32	1.83	0.15
初中	4.09	11.48	16.69	20.62	19.49	16.67	9.03	1.75	0.18
高中	1.90	9.03	17.00	25.38	18.88	14.98	10.58	2.08	0.19

减少，35岁至49岁年龄段的中年教师、50岁及以上年龄段的老年教师所占比例均有较大幅度的提高。这说明，2015~2017年小学专任教师随着在校生的大幅增长而增长较快（2017年小学专任教师由2015年的49336人增长为54867人，增长11.21%），新进的年轻教师拉低了小学教师队伍的整体年龄；初中、高中由于学生数的增长缓慢或减少，专任教师队伍新进教师、退休教师数量少，不足以摊平专任教师队伍整体年龄增长速度（见表7）。

表7 2015~2017年广州市中小学专任教师年龄结构变化情况

单位：%

年份	小学 ≤34岁	35~49岁	50~59岁	初中 ≤34岁	35~49岁	50~59岁	高中 ≤34岁	35~49岁	50~59岁
2015	38.73	52.25	8.87	36.85	55.82	7.13	34.94	55.44	9.41
2016	38.12	52.54	9.19	34.11	56.69	9.00	31.92	56.96	10.97
2017	38.74	51.94	9.15	32.26	56.78	10.78	27.93	59.24	12.66

注：60岁及以上专任教师比例极少，因此本文对2011~2012年61岁及以上、2013~2015年60岁及以上的专任教师年龄数据未做分析。

（五）女教师人数及占比呈增长趋势

广州市中小学女教师人数及占比呈增长趋势，育龄女教师超过6万人。2017年广州市小学女性专任教师人数占专任教师总数的78.48%，初中女性专任教师人数占专任教师总数的63.29%，高中女性专任教师人数占专任教师总数的60.54%（见表8）。人口和计划生育工作统计中，育龄女性一般指处于20~49周岁的女性，2017年度广州市中小学专任教师共97663人，其中女教师69744人，39岁及以下女教师42088人，44岁及以下的女教师55380人，49岁及以下的女教师64549人（见表9）。

表8 2015～2017年广州市义务教育专任教师性别情况

年份	小学 专任教师总数（人）	小学 女教师 人数（人）	小学 女教师 占比（%）	初中 专任教师总数（人）	初中 女教师 人数（人）	初中 女教师 占比（%）	高中 专任教师总数（人）	高中 女教师 人数（人）	高中 女教师 占比（%）
2015	49336	38166	77.36	27534	17129	62.21	14081	8449	60.00
2016	52075	40600	77.96	27542	17277	62.73	14352	8666	60.38
2017	54867	43060	78.48	28227	17864	63.29	14569	8820	60.54

表9 2017年广州市中小学女教师年龄结构情况

单位：人

年龄	合计	39岁及以下	44岁及以下	49岁及以下	50～59岁
小学	43060	26354	34624	39962	3076
初中	17864	10437	13856	16485	1367
高中	8820	5297	6900	8102	717
合计	69744	42088	55380	64549	5160

注：60岁及以上专任教师比例极少，因此本文对60岁及以上的专任教师年龄数据未做分析。

二 广州市中小学教师队伍建设主要做法与经验

（一）立德树人，构建师德建设长效机制

1. 以主题活动为载体，弘扬高尚师德

开展丰富多彩的主题活动，营造学习师德、践行师德以及尊师重教的浓厚氛围，2016年市教育局以"感谢师恩——三代人的教师节"为主题，与新华社广东分社联合制作《羊城时政学堂》教师节特别节目；2017年以"立德树人 做好学生引路人"为主题，组织开展师德征文和微视频征集活动，增强广大教师教书育人的责任感和使命感。白云区将"讲政治"作为

师德全员培训的核心专题，对教师进行敬业精神、工匠精神和奉献精神培训；开展一系列师德建设特色活动，如开设"千名教师讲师德"论坛等活动。番禺区开展师德师风专项检查和师德建设优秀工作案例评选活动。

2. 评选优秀典型，强化正面引导

2017年教师节期间，广州市组织表彰优秀教师60名、优秀教育工作者20名、教育工作先进集体40个，由市政府颁发证书、奖牌并发放奖金，提升表彰规格，营造良好的尊师重教风尚。深化师德培训，提升教师职业道德素养，增城区深入开展做"四有教师"系列主题师德教育活动，加大优秀教师的宣传力度，扩大优秀教师的社会影响力。

3. 规范制度建设，建立考核机制

坚持"德才兼备，以德为先"原则，规范师德标准，组织全市教师签署《师德承诺书》，将师德师风作为校长、教师考核的重要指标，全面加强和规范教师职业道德行为。严格执行师德一票否决制度，将年度考核、教师职务评聘晋升、民办教师从教津贴与师德考核挂钩。建立师德监督平台，接受学生、家长、社会的监督和评议；落实国家和省关于严禁中小学教师有偿补课、收受礼品礼金问题专项工作要求，将专项工作纳入常规检查之中。

（二）健全教师管理机制，激发教师队伍活力

1. 改革创新教师聘用方式

为解决空余编制少、新增学位数巨大，尤其是全面"二孩"政策所带来的师资短缺问题，进一步规范市属中小学临聘教师预算编制程序，2016年广州市教育局、市财政局研制并出台了市属中小学临聘教师预算编制管理的相关文件，为中小学校临聘教师预算编制提供依据，做好临聘教师预算编制的规范化管理。在广州市临聘教师文件精神的指导下，天河、黄埔、南沙、白云、花都、番禺等区积极探索"新机制教师"。

2. 稳步推进中小学教师资格制度改革

启动中小学教师资格考试制度改革。多方协调，出台广州市中小学教师资格考试面试试点实施方案；循序渐进，切实解决改革实施工作问题。至

2017年全市共设考区12个，面试考点20个，遴选面试考官近3800人（B库）、考官组长近1000人（A库）。积极向教育部申请开展"一网式"教师资格认定管理模式广州试点工作，不断完善"广州市教师资格认定信息化管理平台"，基本实现教师资格认定工作全程网办，提升教师资格认定的管理和服务水平。

3. 进一步推进教师"区管校聘"管理体制改革

为加强区域内中小学教师的统筹管理，2015年市编办、市教育局、市财政局、市人力资源和社会保障局联合印发了《关于进一步推进义务教育校长教师交流轮岗工作的意见》（穗教发〔2015〕40号），提出：实行教师"区管校聘"，为统筹配置师资、实施校长教师校际交流提供制度保障。2017年，广州市启动了教师管理"区管校聘"市级试点区建设工作，确定增城区为教师管理"区管校聘"试点区。积极贯彻落实2017年12月省教育厅、省编办、省财政厅和省人力资源社会保障厅联合出台的《关于推进中小学教师"县管校聘"管理改革的指导意见》（粤教师〔2017〕13号）文件精神，广州市进一步推进"区管校聘"管理体制改革，破解教师交流轮岗管理体制机制上的阻碍，实现县域内教师由"学校人"向"系统人"转变，使校长教师交流轮岗工作进入新常态。

4. 切实推进义务教育学校校长教师交流轮岗工作

各区也不断探索教师交流新机制，如越秀区建立教师编制动态管理机制，通过指导性交流、指令性流动和新增教师三种形式，开展教师流动工作，在区域内优化教师资源配置，目前，越秀区区域内校长、教师交流轮岗已逐步实现制度化、常态化。海珠区试点探索教育集团、学区内校长教师的流动机制，逐步建立校长教师交流轮岗制度。番禺区积极推进区内公办学校校长（园长）、教师定期交流制度，2014~2016学年共交流教师1177人，中小学校长、幼儿园园长区内轮岗交流126人；完善区内教师交流的待遇保障机制。城镇中小学教师支教期间的工作表现，作为岗位聘任、晋升职称或行政职务、评先评优的依据。

（三）打破现行体制机制障碍，完善教育领军人才引进机制

制定基础教育系统高层次人才引进办法。为落实广州市第十一次党代会关于加快建设人才高地、建设领军人才集聚地、把教育发展作为城市核心竞争力的重要组成部分的会议精神，2017年广州市制定并印发《广州市基础教育高层次人才引进办法（暂行）》，以"不限时间、不限人数、刚柔并济，市区共享"的方式，面向全国引进人才。该办法的出台弥补了广州市基础教育人才引进的政策真空，推进了广州市基础教育外地高层次人才引进工作。2017年广州市基础教育系统引进人才53人，下达人才引进专项资金1929万元。

番禺、南沙、越秀、花都、白云、海珠、增城等区也相应制定并颁布了基础教育高层次人才引进办法。增城区提出"百名优才引进计划"，在全国范围内引进100位名校长、名教师和青年骨干教师充实教师队伍，对符合条件的人才最高提供税后200万元的安家补贴及其他福利待遇。2017年花都区政府出台《广州市花都区引进杰出教育人才实施办法》，杰出教育人才中的名校长安家补贴200万元，名教师的安家补贴120万元。

（四）健全人才培养机制，促进教师队伍整体素质的提高

1. 健全培训体系，创新教师培训模式

制定并发布《广州市教育局关于印发广州市中小学教师继续教育管理办法的通知》（穗教发〔2017〕80号），完善培训学分审核认定制度，建立健全培训学分转换应用机制。整合市、区、校三级培训资源，依托广州地区高校、教科研机构及优质社会培训机构力量，建立教师专业发展联盟；探索"一名师一工作室、一工作室一培训机构"的校本培训模式；探索"互联网+教师"继续教育模式，开设"学时银行"，实现继续教育学分滚动式管理。

2. 大力推进名家工作室建设

至2017年广州市建立省、市名校长、名教师、教育名家、名班主任工

作室174个。2017年广州市评定首批教育专家工作室主持人10名、名校（园）长50名、名教师337名，并同步建立工作室，充分发挥教育领军人才的示范引领作用。各区也纷纷推进名家工作室建设，如番禺区与中山大学、北京师范大学联合建设名校长、名教师、名班主任工作室；南沙区继续借力教育部基础教育课程教材发展中心、中国教科院等机构，实施"品牌校长""品牌教师"等"明珠工程"；白云区启动新一轮的区名校长、名教师和青年骨干教师培养工程；海珠区建立名师名校长培养认定长效机制，设立教育专家、名校长、名教师、名班主任、特级教师工作室，研制《海珠区"名师""名校长"评选实施方案》《广州市海珠区基础教育系统骨干教师评选认定工作方案》；荔湾区开展中国教科院"名校长名教师挂职研修项目"，同时引进国际优秀师资团队举办"校长教育领导力国际培训班"，全面培养与发展中小学校长的领导力。

3. 深入推进基础教育系统新一轮"百千万人才培养工程"

全市培养培训三批次教育专家、名校长、名教师培养对象共1453名。实施"广州卓越校长领航工程"，2016年按示范性高中校长和义务教育阶段校长两大类遴选学员，打造卓越校长工程的升级版；启动实施从化、增城等七区"卓越中小学校长促进工程"，共培养839名外围城区校长，逐步缩小从化、增城等区与中心城区教育水平的差距。广州市卓越中小学校长培养工程共培养校（园）长770人，初步形成具有现代教育理念和教育家成长意识、富有创新精神和实践能力的广州卓越中小学校（园）长群落。2017年实施"广州百名校长京津沪名校跟岗访学计划"，进一步加强非中心城区的中小学校长领导力。

4. 启动"广州教育家培养工程"

2017年6月在广州市卓越校长培养工程、广州市基础教育系统新一轮百千万人才培养工程的基础上，启动"广州教育家培养工程"，首批培养36人；计划在2020年前，培养小学、初中、高中校长共72人，力争产生一批广州教育家。

5. 加大投入力度

2017年、2018年市本级分别安排中小学教师继续教育专项资金9196万元、1.2亿元；农村教师队伍专项资金2049万元/年，民办教育发展专项资金（民办学校教师从教津贴和年金补贴）13221万元/年。

（五）补齐教师队伍建设的短板，优化队伍结构

1. 实施中小学教师学历提升计划

广州市教育局加大新教师招聘力度，把好教师入口关，在教师招聘和人才引进中适度提高学历层次要求；及时补充新教师，通过"增量"提升专任教师的学历结构；加强民办学校教师队伍的管理评估，整体提升民办学校教师队伍的学历层次；争取政策，鼓励现有小学、幼儿园教师通过多种途径提升学历层次；进一步深化中小学幼儿园教师职称改革，用职称激励专任教师提高学历。海珠区鼓励在职教师进修研究生学历、学位，为在职在编且单位同意参加教育类研究生学历、学位进修和教育部门认可的研究生课程进修班的教职员，继续按区教育局承担30%、任职单位承担40%、个人承担30%，报销学费，2017年此项费用的总支出为92.58万元。

2. 全面提升教师教育教学信息化应用能力

打造中小学教师信息技术应用能力提升工程的"广州模式"，2015年开始试点教师教育教学信息技术应用能力提升工程，2017年在全市全面铺开，研发广州市中小学教师信息技术应用能力提升工程的基本支撑平台，建立基于前测与智能推荐相结合的教师自主选学，采用网络研修与校本研修相结合的混合培训模式，在省内乃至全国形成示范引领作用。经过3年实践，共培训教师131393人，建立以"数字化学习环境下的学习组织与评价"为主题的教师研修工作坊1647个。

3. 全面落实乡村教师支持计划

印发《广州市教育局关于推进落实乡村教师支持计划有关工作的通知》（穗教师资〔2016〕37号），完成乡村学校教师从教20年、30年统计，并

完成首批乡村学校教师从教30年荣誉证书发放工作。全面解决花都、从化、增城、白云、番禺、南沙、黄埔等7区"在乡村任教累计满25年且仍在乡村学校任教"的高职低聘人员的聘用问题，最大限度为乡村教师解决职称待遇问题。实施从化等七区卓越中小学校长促进工程，逐步缩小与中心城区教育水平的差距。

（六）创新激励机制，完善教师专业发展体系和荣誉体系

狠抓教师待遇保障，基本落实区域内中小学教师待遇"两相当"，实现与当地公务员收入同步增长。完善中小学教师初级、中级、高级、正高级专业技术体系，建立聘后管理机制；着力打造基础教育教师职称评审的"广州模式"，在全国属于首创特殊学校教师评价标准，被省人社厅、省教育厅在全省推行；加强对全市职称业务工作指导，提高职称评审工作水平；稳妥推进中小学教师职称制度改革，按计划按步骤解决中小学教师高职低聘问题。初步建立教坛新秀—学科带头人—骨干教师—优秀教师—名校长名教师—教育（专）家校长和教师激励体系。逐步形成市区配套的"优秀教师、优秀教育工作者、优秀班主任"荣誉表彰体系。实施教师资格考试和教师资格证定期注册制度，打破中小学教师资格"铁饭碗"。

三　广州市中小学教师队伍发展建议

教育事业优先发展，需要教师教育优先发展。教师队伍建设是事关广州市教育改革发展的战略性、全局性、基础性工程，在新的历史阶段，广州市中小学教师队伍建设面临着一系列机遇与挑战。广州市要积极把握好历史机遇，坚持优先发展教育事业，紧紧围绕打造世界前列、全国一流、广州特色、示范引领的现代化教育目标，不断深化教育改革，坚持把教师队伍建设作为教育事业发展最重要的基础性工作来抓，以新担当新作为推动教师队伍高质量发展。

（一）系统部署，加强教师政策体系的顶层设计

以国家政策为指导，立足均衡、优质、公平三个维度，突出广州特色，系统设计教师队伍建设政策制度体系。落实党中央关于加强教师队伍建设的重要决策部署，必须明确指导思想、目标任务和总体原则，也需要认清广州教师队伍面临的城乡一体化、现代化、国际化进程的挑战，以及全面二孩政策实施对教师队伍建设的新挑战，以实现广州市建设"世界前列、全国一流、广州特色、示范引领"的现代化教育为目标，锻造一支高素质专业化创新型教师队伍。要将教师队伍建设重点放在拓展师德师风建设内容、深化教师教育改革、促进校长队伍专业化建设、破解教师管理体制机制障碍、大力提升教师的社会地位和工资待遇、切实优化教师资源配置、增加教师队伍建设投入、形成教师队伍建设的工作合力等方面，并按照"整体提高、重点突破"的原则，聚焦关键领域和薄弱环节，以"深化教师管理体制机制改革"为突破口，把"基础教育领军人才队伍建设""民办学校教师保障""乡村教师素质提升"纳入广州市教师队伍建设的重点工程[1]，并从经费投入、收入保障、编制管理、补充渠道、专业发展、激励表彰、组织领导、问责机制构建等方面，分别出台系统的、可操作的配套政策。

（二）推进高素质专业化创新型教师队伍建设

1. 健全教师职业行为规范和激励制约机制

加强党对教师工作的领导，充分发挥党员教师的先锋模范作用。牢固树立教师职业自信，引导教师牢记职业道德，积极提升政治素质和业务水平。引导教师准确理解和把握社会主义核心价值观的深刻内涵，增强价值判断、选择、塑造能力，带头践行社会主义核心价值观。健全师德建设长效机制，推动师德建设常态化长效化，创新师德教育，完善师德规范，引导广大教师

---

[1] 杨静：《京沪中小学教师队伍建设经验及其对广州的启示》，《教育导刊》2017年第1期。

以德立身、以德立学、以德施教、以德育德，坚持教书与育人相统一、言传与身教相统一、潜心问道与关注社会相统一、学术自由与学术规范相统一，争做"四有"好教师。

健全教师职业行为规范制度，构建教育、宣传、考核、监督、奖惩相结合，覆盖各级各类教育的师德建设制度体系，加大对教师职业道德的督导力度。完善师德师风考核评价办法和奖惩制度，根据国家《中小学教师职业道德规范》等，研制出台适合不同学段、不同类型教育的《教师职业道德标准》，并注重标准的实操性，围绕标准制定具有可操作性的师德考评体系。

加大师德师风正面宣传力度，营造良好的师德风尚。严格师德考核，在教师招聘和考核中强化对教师思想政治素质、师德师风的评价，实行师德考核"一票否决制"。强化师德监督，实行师德个人问责和领导问责制，完善诚信承诺和失信惩戒机制，建立教师个人信用电子档案，着力解决师德失范、学术不端等问题，对教师队伍中存在的问题，要坚决依法依纪予以严惩。

2. 建立分层分类的教师培训体系

提升培训质量，为不同教师提供不同层次与内容的培训。着眼于教师教育发展的前沿趋势，围绕基础能力和实践能力建设，开展教育教学改革和制度创新试验，探索具有广州特色的教师教育和教育人才发展道路。完善开展青年教师入职常规培训、中年教师价值认同、骨干教师转型升级等常规培训课程，优化线上线下多元化教师培训模式，健全以带教、研修、专业引领和实践历练为主要内容的中小学校本研修制度。不断增强教师教书育人的责任感和使命感，大力提升广大教师的教学实践能力水平，建设高素质专业化创新型教师队伍。

3. 进一步完善基础教育高层次人才培养机制

完善市区校三级中小学骨干教师、学科教学带头人、特级教师的评价选拔与管理制度，健全"名教师工作室"培养模式。建立多层次、分类别、分渠道的中青年骨干教师支持和培养体系，设立首都中青年骨干教师培养基金,每年遴选、资助中小学优秀中青年骨干教师。研制中小学校长任职资格和专业发展标准,健全校长专注教育教学和学校发展的政策机制。建立优秀校长长期培养机制,实施优秀校长高级研修计划,健全"名校长工作室"的培养模式。

(三)深化教师管理制度改革,激发教师队伍整体活力

1. 建立联合推进工作机制,加强对教师队伍建设的跟踪督导

加强组织协调,变"多头管理"为"相对集中统筹",明确各级各类教育人才管理部门的组织协调和职责分工,解决教师队伍管理体制中事权、人权、财权不统一的问题。明确编制、人力资源和社会保障部门与教育部门各自的权力边界,教育、编制、人力资源和社会保障等部门在分权合作治理的基础上,实现教育部门对教师资源的统筹管理:编制部门负责教师编制政策和编制总量的管理,人力资源和社会保障部门负责教师专业技术职务政策和教师绩效工资总量管理,而教师的招聘、流动、专业技术职务评审、绩效工资分配等,应由教育行政部门负责。

为确保各项政策举措落到实处,要建立教师队伍建设实施情况的跟踪、督导机制。明确责任主体,加大财政经费投入力度。强化责任落实,建立党政领导班子和党政"一把手"人才工作目标责任制度,提高人才工作在各级党政领导班子和领导干部综合考核中的权重;建立奖惩制度,对先进典型予以表彰奖励,对实施不到位、敷衍塞责的,要追究相关部门负责人的领导责任。

2. 完善中小学教师准入制度,探索中小学教师退出制度

完善教师准入和招聘制度,为打造一支高素质、专业化、双师型和创新型的教师队伍严把教师"入口关"。实现准入标准、进人方式、考核内容的高度匹配,实现主管部门由管理向指导、监管的转变,在教师准入、招聘、资格注册上,重点把握教师资格、教师岗位的标准和条件,在方式、内容上赋予学校充分自主权。借鉴京沪经验,严格中小学教师准入制度,提高教师资格准入标准,完善教师资格考试制度,提高研究生学历(硕士、博士学

位）教师在中小学教师队伍中的比例。规范民办中小学教师的聘任制度，完善民办中小学教师的人事管理，建立并完善民办学校教师准入制度和退出机制，对已经在民办学校任教但尚未取得相应学历和资格证书的教师，各级教育行政部门应当制定限期考取的措施方案。

3. 深入推进教师管理改革，盘活现有教师资源

全面实施中小学教师资格考试和定期注册制度，严把教师入口关。进一步建立符合教育行业特点的教师招聘办法，吸引优秀人才进入教师队伍。完善教师编制和岗位管理制度，进一步规范和创新中小学教师编制配备，科学配置每所学校的教师编制和岗位结构比例，解决结构性短缺和区域性矛盾，根据教育发展需要，盘活事业编制存量，向教师队伍倾斜；对符合条件的非在编教师加快入编，采取多种形式增加教师总量和职业吸引力。全面推进中小学教师"区管校聘"管理改革，使教师由"学校人"转变为"系统人"。深入落实义务教育学校校长教师交流轮岗制度，有序推进教师合理流动。积极探索建立中小学校长职级制和教师退出机制。

4. 健全各级各类教师职称评审标准，完善教师职称制度，深化中小学教师职称制度、考核评价制度改革

完善中小学教师职称制度、考核评价制度改革与监管制度，优化岗位设置，激发出教师在各自岗位上教书育人的积极性、主动性、创造性。研制广州市中小学教师专业技术岗位设置方案，优化职称结构，适当提高中小学特别是中学教师中级、高级教师岗位比例，畅通教师职业发展通道。支持民办学校（幼儿园）教师申报职称。扩大学校在教师职称评审方面的自主权，将中级及以下职称评审权下放给有条件的学校，在高级职称评审中进一步提高学校对教师评价的话语权，实现使用人与评价人相统一，让教师拥有更多的专业发展机会。建立中学高级教师跨校申报机制。各区县教育局每年定期发布区域内义务教育阶段各学校中学高级教师职务岗位空额、聘任条件和聘任时间等信息。中小学教师可以按照岗位空缺情况跨校申报教师职务，评审通过的教师须与新聘学校建立新的聘用关系。引导已经取得中学高级教师专业技术职务任职资格但因学校岗位已满的低聘人员，通过跨校申报促进人才

流动。试点中职学校教师正高级职称改革以及落实中小学教师正高级教师"放管服"等相关政策。

（四）健全完善教师工资福利待遇保障机制，不断提高待遇水平

完善教师权益保障体系，维护教师的合法权益，提高教师政治地位、社会地位、职业地位，真正让教师成为令人羡慕的职业。教育投入要更多向教师倾斜，不断提高教师待遇，让广大教师安心从教、热心从教。逐步推进中小学校长职级制改革试点，推进校长任期制、校长任期目标考核制、校长年薪制；建立校级领导绩效工资单列核定及分配制度，完善校级领导激励机制。完善教师收入分配制度，建立与单位业绩增长相适应的绩效工资总量逐步增长机制，核定教师绩效工资总量时统筹考虑当地公务员实际收入水平，确保县域内中小学教师平均工资水平不低于或高于当地公务员平均工资水平。建立专项工作及岗位津贴制度，专项津贴、岗位津贴不纳入绩效工资总量控制。完善学校、个人、政府合理分担的民办学校教师社会保障机制，建立健全义务教育阶段民办学校教师工资指导标准、从教津贴和年金制度，深入推进民办学校教师入户工作。教师的荣誉感与责任感密切相关，教师的荣誉感对责任感的生成、维持和强化具有重要作用；激发广大教师群体的荣誉感，是广州市提升新时代教师工作质量的重要之举；广州市要进一步健全教师荣誉制度，完善市本级教师荣誉表彰体系，宣传表彰优秀教师，鼓励优秀人才从教，营造全社会支持教师队伍建设的环境氛围。

（五）加强教师发展研究的团队建设，健全教师队伍建设决策咨询机制

建立教师发展重点、难点问题的定期调研机制，加强教师发展研究的团队建设，提高教师队伍建设政策决策的科学化、民主化、专业化水平。进一步加强广州地区教育智库对教师队伍建设的智力支持，健全和完善教育智库研究人员联系教育一线的工作机制。北京教育科学研究院内设教师研究中心、上海市教科院内设教师发展研究中心，"建议借鉴京沪经验，依托广州市教育研究院，加强广州市教师发展研究的团队建设，服务于广州市教师队伍建设的政策决策咨询"[1]，加强教师队伍宏观政策和发展战略研究，并针对广州市教师队伍建设的重点、难点问题，进行跟踪研究和年度专项调查研究；构建数据支撑体系，建议广州市建设全面、系统的教育数据库，包括各级各类教育的基础数据库及教师队伍等专门数据库，为教育决策咨询提供大数据支撑。

---

[1] 杨静：《京沪中小学教师队伍建设经验及其对广州的启示》，《教育导刊》2017年第1期。

广州市教育信息化发展报告

李赞坚　简铭儿*

摘　要： 2015~2017年，广州市教育信息化资金投入逐年递增，投入结构趋于合理；基础环境建设全面加强，平台建设在国内处于领先水平。具体到操作层面，主要有以下几点做法和经验：不断健全管理体制和服务支撑机制；构建智能化教育决策与管理支撑体系；推动信息技术在教育教学方面的创新应用；搭建优质教育资源共建共享平台以及通过国际合作打造广州教育信息化特色品牌。为进一步促进广州市教育信息化高质量发展，建议广州市提升教育信息化领导力、加强教育信息化体制机制建设、推动"互联网+教育"发展、强化教育信息化人才队伍建设和探索教育信息化的融合创新。

关键词： 教育信息化　智慧教育　教育大数据　数字教育资源　人工智能教育

教育信息化是国家信息化的重要组成部分，对于深化教育改革、提高教育质量和效益、培养创新人才具有深远意义，是实现教育跨越式发展的必然选择。近年来，广州市积极贯彻落实教育部教育信息化"十三五"规划的

---

* 李赞坚，广州市教育信息中心创新研究部副主任，信息技术中学高级教师，主要研究方向为智慧教育、人工智能教育应用等；简铭儿，广州市教育信息中心创新研究部教师，主要研究方向为信息化教育与应用。

精神，以教育信息化引领和支撑教育现代化精神，按照"服务全局、融合创新、深化应用、完善机制"的原则，稳步推进广州市教育信息化各项工作，加快形成与广州城市地位相匹配的教育信息化发展的体制机制和模式，推动广州教育信息化全面上水平走前列，为加快实现广州教育现代化、国际化提供坚实的支撑。

一 基本情况

（一）教育信息化经费投入逐年增加，投入结构趋于合理

2015~2017年，广州市教育信息化在市、区两级投入共计24.99亿元，总体投入逐年递增。在投入比例上，用于"服务类"和"运维类"的比例也在逐年增长，其中在基础建设、硬件的投入和软件、推广应用的投入比约为1.21∶1，投入结构趋于合理（目前国际上通行的投入比是1∶1左右）（见表1和表2）。

表1 2015~2017年广州市教育信息化资金投入情况

单位：亿元

年份	区级投入	市本级投入	全市总投入
2015	4.45	2.82	7.27
2016	5.45	3.25	8.70
2017	5.10	3.92	9.02
小计	15.00	9.99	24.99

资料来源：广州市教育信息中心《2015~2017年广州市教育信息化调研报告》，2018年7月。

表2 2015~2017年广州市本级教育信息化资金分类投入情况

单位：亿元

年份	总投入	基础设施	硬件	软件	服务及其他
2015	2.82	0.56	0.64	0.62	0.99
2016	3.25	0.62	0.74	0.70	1.18
2017	3.92	0.85	0.76	0.78	1.52
小计	9.99	2.03	2.14	2.10	3.69

（二）基础环境建设全面加强，平台建设国内领先

广州市基本完成了宽带网络"校校通"建设任务，至2017年底，广州市教育科研网互联网出口带宽扩容至40.1G，广州市教育科研网先后实施了六期接入工程，接入单位超过1500家，主干网光纤总长度延伸至40000多千米（长度可绕地球一圈）；广州市中小学电脑生机比为9.3∶1，电脑师机比为1∶1；广州市中小学多媒体教学平台进课室比例为100%；校园无线网络覆盖率的单项指标从2015年前的30%左右，跃升到67.18%，为广州全面推进教育信息化工作打下了良好的环境基础，在国内处于领先水平。[①]

由"一网、一平台、两库、四中心"（即广州市教育科研网、广州"数字教育城"公共服务云平台、教育管理基础数据库、教育教学应用知识库以及教师学习发展中心、学生学习发展中心、教育电子政务中心、社区学习交流中心）组成的广州"数字教育城"于2017年完成了三期的建设并投入使用。基于这一平台，广州市率先开展标准规范与第三方准入的探索实践，在国内率先发布了《广州"数字教育城"接口技术规范》《广州"数字教育城"第三方资源准入管理办法》，整合多个系统，并实现"统一身份认证""统一数据标准""统一平台规范"，有效地解决了"信息孤岛"的问题。

二　主要做法及经验

（一）管理体制和服务支撑机制不断健全

"十三五"初期，广州市提出了"服务体系化、管理协同化、应用人本化、城乡一体化"的"四化融合"的区域教育信息化发展理念，先后出

[①] 广州市教育信息中心：《以教育信息化推动教育现代化　为建设"粤港澳大湾区"谱写新篇章》，2017年11月。

台了《广州"数字教育城"建设行动计划》《关于加快推进广州市教育信息化创新发展的意见》等一系列政策文件，统筹推进城乡教育信息化工作。2016年，广州市教育局制定了《广州市教育信息化"十三五"规划》，提出构建"促进继承与创新的有机结合、教育与技术的深度融合、优质教育资源高度聚合、各类业务数据深度整合、各种学习模式和谐混合"的广州教育信息化发展"五合"模式（见图1）。这些文件和规划为广州市教育信息化工作的开展指出了明确的方向和目标，有力地保障了全市教育信息化稳步发展。

"十二五"——"四化融合"			
服务体系化	管理协同化	应用人本化	城乡一体化

继承与发展 ↓

"十三五"——"五合模式"				
继承与创新的有机结合	教育与技术的深度融合	优质教育资源高度聚合	各类业务数据深度整合	各种学习模式和谐混合

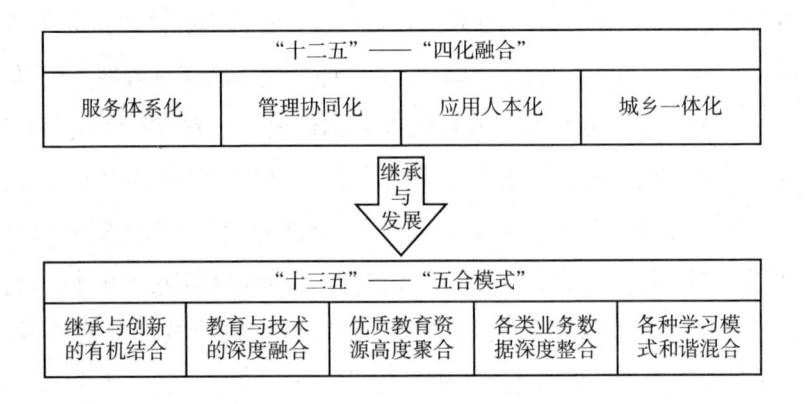

图1　广州市教育信息化区域发展模式

为贯彻第二次全国教育信息化工作电视电话会议精神，广州市颁布了一系列通知文件和规章制度，调整了教育信息化工作领导小组，强化了相关组织机构，通过建立教育信息化工作例会制度、教育信息化推进工作季度通报制度和教育信息化督导视导工作制度，健全了管理部门、业务部门、技术部门的分工协作机制；把信息化建设和应用的相关要求，纳入《广州市示范性普通高中学校认定评分体系》；为加强智慧校园的建设工作，研究制定了《广州市中小学（中等职业学校）智慧校园试点工作财政奖励补助及资金管理办法》《广州市中小学（中等职业学校）智慧校园实验研究项目管理办法》等制度，激励了广大学校积极开展教育教学改革与创新实践。

（二）构建智能化教育决策与管理支撑体系

广州市全面推动教育管理智能化工作。作为国内首个"教育部《教育管理信息化标准》应用示范区"，广州市所有中小学校的在校学生均在学籍系统中建立学籍数据，在库学校共1552所、在籍学生150万人，改变了过去学生基础数据来源不一致、标准不统一、不准确的状况，进一步规范了广州市的教育管理业务，对中高考、中小学生健康管理、学生医保和社保等民生领域起到了重要支撑作用。自主开发的"广州市招生考试网络管理应用系统"，是全国首个招生考试信息化管理平台，获广州市科技进步一等奖、广东省科技进步三等奖，2015年在广东省率先实现标准化考点五大考务管理智能化。广州市采集学生健康大数据，推送学生个性化膳食处方，建成全市校园安全视频监控平台和全市校车动态信息监管平台，实现校车许可联网审批和校园安全、校车安全全程实时监控管理，以信息化手段建设平安校园。

（三）推动信息技术在教育教学上的创新应用

一直以来，广州市注重推动信息技术在教育教学上的创新应用，至2017年，获首批教育信息化试点优秀单位1个、基础教育信息化应用典型案例2个，产生了一大批研究成果，打造了广州"数字教育城"公共服务平台、"师生多媒体创作天地"、"易时代3D仿真虚拟机器人系统"、"数字教育城"云桌面平台、"智能语音教学平台"、"网络互动教学教研系统"、"广佛教育搜索引擎"、"中高职虚拟商务实训中心"和"特教IEP系统"等一大批教育信息化应用的品牌项目。

自2016年起，广州市全面推动智慧校园的建设工作，截至2017年底，首批市级71所中小学（中职学校）智慧校园样板校和实验校建设已基本完成，基于人工智能、大数据、物联网、VR/AR/MR等新技术，在智慧校园中已初步实现了学习个性化、教学精准化、管理智能化；涌现出"基于App的移动教学模式""基于智能语音系统的英语自适应学习模式""基于DMS

的生态数学课堂模式""基于物联网的创客教学模式"等一批新型教学应用模式,摸索出一套可借鉴、可示范、可推广的实践经验;打造出越秀区东风东路小学、越秀区云山小学、天河区体育东路小学、广州市第六十五中学、广州市开发区中学等一批智慧校园建设典型案例,初步起到了示范引领作用。①

(四)搭建优质教育资源共建共享平台

广州市启动了教育大数据一期建设,按照"大平台、大资源"的思路,推进教育政务信息系统整合共享;依托集团化办学,推进市优质教育资源共建共享。广州市被列为教育部数字教育资源公共服务体系建设与应用首批试点单位。广州市通过"引入国家资源、共享省的资源、共建合作资源、采购通用资源、开发本地特色资源"等多种途径,形成了教育信息资源库群,目前广州市级基础教育信息资源总量达100TB。广州市根据教育部、省教育厅的部署,积极开展"一师一优课、一课一名师"活动,广州上课教师近10万人次,上传优课资源10余万节,被评为部级优课664节,省级优课2176节,在广东省名列第一。② 此外,广州市创新开展"互联网+教育"精准帮扶活动,开通广州、毕节、黔南三地"互联网+"教育帮扶平台,向受帮扶地区输送广州优质教育资源,提高受帮扶地区的"造血"功能,实现了区域优质教育资源的共建共享。

(五)通过国际合作打造广州教育信息化特色品牌

广州市基于国际化大都市的定位,着力通过国际合作推动教育信息化的发展。广州市教育信息中心与美国麻省理工学院合作开展了"基于 App Inventor 的人工智能教育研究"项目,取得了明显的成效。在 2015 年举办了"首届基于 App Inventor 移动教育与计算思维教育国际研讨会",

---

① 广州市教育信息中心:《以智慧校园的建设促进教育均衡化发展》,2017 年 11 月。
② 广州市教育信息中心:《2016~2017 年广州市一师一优、一课一名师活动推优工作报告》,2017 年 11 月。

来自欧美多个国家与地区的250多名学者出席了会议。基于这一合作项目，广州市教育信息中心设立了"MIT App Inventor应用推广中心"，部署和运维国内唯一的App Inventor官方服务器，至2017年底，该服务器用户已达30余万人（占全球用户在线数的10%），用户遍布我国大部分省、自治区和直辖市，为国内数千所学校开展基于App Inventor的信息技术课程提供了支撑。基于该平台，广州市教育信息中心作为主办单位之一，组织了全国教与学研讨会、"全国中小学生移动开发挑战赛"等活动，初步在国内外形成了广州教育信息化特色品牌，受到联合国教科文组织的书面表扬。[①]

三 问题与建议

总体来说，近年来广州市在教育信息化建设方面取得了较大的发展，但也存在一些不可忽视的问题。一是广州市教育信息化投入总量不足。信息化行业具有典型的"资金密集型"特征，近年来广州市持续加大了对教育信息化的经费投入，但仍未能满足各级各类学校对加强信息化建设与应用的迫切需求，投入总量与其他一线城市相比仍存在较大差距。二是应用环境建设有待深化。广州市在"十二五"期间基本完成了宽带网络"校校通"建设任务，主干光纤长度、多媒体教学平台的配备，生机比、师机比都处于较好的水平，但目前大量信息化设备陆续老化，有部分接近报废，需要投入大量资金更新设备，同时设备故障频发，设备运维任务日益繁重，如何保持和进一步提高广州市教育信息化应用环境的水平，是目前面临的重要任务。三是创新应用亟待加强。广州市着力通过各类教育技术实验学校的建设引领创新应用的开展，目前建有各级各类教育技术实验学校100余所，在广州市1500多所中小学校中比例偏低，同时存在实验研究力度不足、管理机制未理顺、示范引领作用有待加强的问题。除各类实验校外，广州市大部分学校

---

① 广州市教育信息中心：《广州市教育信息化国际合作情况报告（2017）》，2018年4月。

的信息化应用水平有待提高。

根据2018年全国教育大会精神及国务院《新一代人工智能发展规划》、教育部《教育信息化"十三五"规划》《教育信息化2.0行动计划》等文件精神，紧紧围绕建设"世界前列、全国一流、广州特色、示范引领"的现代化教育目标，建议广州市以推进各项重点工程为抓手，着重加强以下方面的工作。

（一）提升教育信息化领导力

结合国家、省、市上级相关文件精神，对各行政干部、教研员、各校领导进行信息化领导力培训，宣传教育信息化推动教育现代化的重要意义、根本目的、核心理念、基本方针、发展方向等，使其具备良好的信息化价值认知能力、信息化决策与规划能力、信息化管理与调控能力、信息化评判与评价能力，全面提升全市教育系统干部队伍的信息化领导力。

（二）加强教育信息化体制机制建设

一是要强化教育技术专业机构的建设，逐步完善各区教育信息中心组织架构，理顺职能，加强人员配备；二是要构建区际、校际的信息化建设协作机制；三是要研究制定相关的信息化经费管理办法，完善教育信息化资金投入机制，研究建立"政府—学校—家长"三级投入机制，支持学校以"购买服务"的方式开展信息化建设和应用，保障支持企业运营经费；四是支持学生家长以自愿购买服务的方式向相关企业购买个性化学习资源、学习诊断与辅导增值服务，激励广大学校开展信息化建设和应用工作，全面推动教育信息化体制机制的现代化。

（三）推动"互联网+教育"发展

基于"互联网+教育"的发展理念，积极推动教育信息化基础环境建设、大数据应用、资源共建共享等领域的探索与实践。

一是结合国家5G网络的发展战略，完善教育基础网络管理体系，确保教育基础网络可管可控及建成覆盖教育场所的无线网络，建成支持"人人皆学、处处能学、时时可学"的泛在化教育基础网络环境。二是推进教育大数据发展与应用专项工作，研制广州教育大数据发展规划，开展广州教育大数据基础支撑平台和基于大数据应用系统的建设，推动教育大数据在教育管理、教育教学和教育服务上的应用，建立"用数据说话、用数据决策、用数据管理、用数据创新"的管理机制，实现决策支持科学化、管理过程精细化、公共服务人性化，推动政府职能转变，提高教育治理的现代化水平。三是推进优质教育资源共建共享。进一步做好国家、省的网络学习空间资源共建共享，积极构建本地化资源体系，探索建立数字教育资源版权保护和共享交易机制，建立优质教育资源准入制度，为学习者提供海量、适切的学习资源服务。到2020年，形成全市优质教育资源共建共享的局面。

（四）强化教育信息化人才队伍建设

一是要充分发挥高校人才培养和培训的优势，为教育信息化提供人才支撑，为基层信息化工作人才的进一步提升服务，使校长、教师信息化素养整体提升，能以发展信息化技能、提高信息化学习能力为目标，能够熟练运用信息技术开展教育教学的教师达到95%以上。二是要实施广州市基础教育计算思维和创新思维能力培养提升计划，以计算思维和创新思维能力为目标，以App Inventor和人工智能为载体，通过普及应用推广、竞赛项目引导、课程开发、校本课程开设、示范课程观摩等系列方式，全面推进计算思维和创新思维的培养。能够运用信息技术进行自主学习、探索研究并解决学习和生活中问题的学生达到90%以上。

（五）探索教育信息化的融合创新

一是深入开展智慧教育试点工作，在现有智慧校园实验校的基础上，大力推进智慧校园建设，培育和树立一批教育信息化创新应用的示范典型，带动区域教育高位均衡和优质发展。二是因应国家、省关于加快推动人工智能教育应用的政策导向，尽快出台相关文件，制定配套保障措施，引导和鼓励各级各类学校开展人工智能教育应用的研究与实践。三是发挥高校科学研究的作用，加强对教育和信息技术融合的研究与开发，催生更多适用型成果。四是发挥智力集聚的优势，强化广州信息化融合创新应用模式的提炼，打造形成在全国具有示范引领作用的广州模式，提升广州教育现代化的影响力。

广州市教育治理现代化发展报告

李柯柯*

摘　要： 广州市按照"全面上水平、全国有影响"要求，秉持"为了每一位学生的全面发展和终生幸福"的教育理念，通过不断深化教育管理体制改革、考试评价改革、财政投入改革、人事制度改革，完善教育人才引育机制，增强信息技术能力，提升教育对外开放水平等举措，使其教育治理现代化水平得以不断提升。为进一步加快实现城市教育治理现代化，广州还需要继续深化教育管办评分离改革和现代学校制度改革；多部门联合制定保障校长教师交流轮岗制度的配套政策；加快探索研制中小学教师退出机制和在南沙自贸区设立独资外籍人员子女学校进程等工作。

关键词： 教育治理现代化　教育改革　教育管理

"十三五"时期是广州全面实现教育现代化的决胜阶段。随着世界范围内新一轮科技革命和产业革命蓄势待发、国家"一带一路"倡议和中国（广东）自由贸易试验区南沙新区（以下简称南沙自贸区）战略的实施以及广州市"三中心一体系"、国家重要中心城市战略定位的确立等外部宏观形势变化，城市内部人口结构调整、教育需求升级等具体教育问题凸显，广州

---

* 李柯柯，教育学博士，广州市教育研究院助理研究员，研究方向为教育政策、教育基本理论、教育哲学。

市急需推进教育治理现代化进程，提升教育质量与效益以应对新时代的挑战。具体来说，当前广州市迫切需要有效突破教育体制机制瓶颈制约，实施依法治教、构建现代学校制度，激发学校内外各种教育主体的积极性，为打造世界前列、全国一流、广州特色、示范引领的现代化教育，为广州经济社会发展提供强大人才支撑、智力服务和动力保障。

至2017年底，广州市在管理体制改革、考试评价制度改革、财政投入改革、人事制度改革、信息技术能力提升、教育对外开放等方面稳步推进，教育改革工作取得一定成效，教育治理现代化水平显著提升。据全国教育治理现代化指数监测报告显示，广州市教育治理现代化总指数为86.34分，高于全国65个监测对象的平均值67.89分，也高于15个副省级城市的平均值71.39分。[1] 按照全国教育治理现代化指数监测指标体系[2]的划分，广州市6个A级指标值全部高于全国平均值：A1 教育决策科学民主指数（84.60）、A2 教育法治指数（79.87）、A3 教育公共事务透明指数（83.36）、A4 教育政务效能指数（97.17）、A5 教育监督质量指数（90.00）、A6 教育清廉指数（84.66）。[3]

一 广州市教育治理现代化推进情况

（一）管理体制改革不断深化，教育治理现代化水平逐步提升

1. 加强发展规划引领，推进教育设施规划和布局调整

近年来，广州市印发《广州教育事业发展第十三个五年规划（2016—

---

[1] 中国教育学会《教育治理现代化监测研究》课题组编《全国教育治理现代化指数监测报告（2016）》，现代教育出版社，2018，第22、43页。

[2] 全国教育治理现代化指数监测指标是在依据治理理论和我国依法治国、依法治教、政务公开、校务公开的相关政策法规，参考世界治理指数等28个国际国内治理指标体系共性因素的基础上建立起来的。经国内9位权威专家评判，内容效度比（CVR）达到0.78，符合CVR＞0.7的一般要求。中国教育学会《教育治理现代化监测研究》课题组编《全国教育治理现代化指数监测报告（2016）》，现代教育出版社，2018，第18页。

[3] 中国教育学会《教育治理现代化监测研究》课题组编《全国教育治理现代化指数监测报告（2016）》，现代教育出版社，2018，第33页。

2020年)》(以下简称《规划》),出台《广州市人民政府关于加快发展现代职业教育的实施意见》《广州市基础教育高层次人才引进办法(试行)》,制定推进市属优质教育资源集团化办学、推进区域学区化办学、推进老年教育发展等实施方案,编制广州发展学前教育第三期行动计划(2017~2020)、特殊教育第二期行动计划(2017~2020)等,完成《广州市幼儿教育管理规定》修订草案。成功创建"广东省推进教育现代化先进市",获评"广东省职业教育综合改革示范市创建单位"等,加强了教育综合改革的顶层设计。

在教育设施规划和布局调整方面,继续推进全市学前教育、中小学和职业教育建设发展策略研究与布点规划及建设控制性导则规划编制工作,市、区联动,深入基层对接,充分借鉴国内外先进城市的经验,对影响广州市学前教育和职业教育发展的社会经济、人口、用地状况等方面进行客观分析,在全市学前教育和职业教育学位数与用地规模预测上,综合考虑社会经济、服务人口、用地状况、适龄入学人口比例等指标,确定学位规模和用地规模,合理布局学前教育和职业教育。2017年完成《广州市学前教育和职业教育布点规划》编制工作,并整合《广州市中小学布点规划》成果,形成《广州市综合教育设施布局规划》,实现学前教育与职业教育专项与其他各类专项的"多规合一"。

2. 教育管办评分离改革逐步推进

有效落实事权下放工作,将"开办外籍人员子女学校审批"和"区属义务教育阶段学校招生计划由区根据实际办学条件合理制定"两个事项下放各区实施。深化"放管服"改革,梳理形成权责清单73项(含市招考办13项)。取消行政审批中介服务事项7项,进一步减轻办事群众负担,积极做好省下放委托的4项行政审批事项承接工作。

3. 教育督导机制不断创新,教育督导体系和队伍建设得到完善

健全工作架构。推动并成立广州市政府教育督导委员会,制定了《广州市人民政府教育督导委员会工作规则》。健全督学队伍,完成市政府督学、督导责任区市级督学换届工作,形成了市政府督学顾问、首席督学、专

业督学、专职督学和责任区督学的督学队伍,制定印发《广州市督学聘任管理办法(试行)》,健全完善了市督学聘任、培训、管理、考核工作机制。制定印发《广州市开展专项教育督导暂行办法》,指导各区人民政府及其相关职能部门、各级各类学校严格落实国家教育方针政策,全面实施素质教育,进一步规范办学行为。

创新"互联网+教育督导"工作模式,以数据信息资源整合与共享为基础,提升广州教育督导工作的信息化管理水平。一是已建成广州市教育局局属学校校长任期目标考核与过程管理工作平台,依托信息化手段开展校长任期目标考核与过程管理工作,有效减轻了学校的迎评压力。二是与国家教育行政学院合作,搭建广州市督学远程继续教育平台,组织市、区督学进行网上远程学习,有效丰富学习资源、提高学习效率。计划开发教育督导工作管理系统。已初步研究制定系统建设方案,申报教育信息化建设项目,委托专业机构开发、建设广州市教育督导评估与监测系统,强化教育督导评估与监测的数据支持、信息支撑、管理保障与服务决策能力,提升全市教育督导工作的信息化水平。

4. 现代学校制度改革不断深化,教育治理体系日益完善

一是教育治理体系日益完善,依法治教工作机制不断完善。评估认定省依法治校示范校24所、市依法治校示范校47所。严格执行学校法制教育教材、课程、师资、经费"四落实",实施学生法制教育评价制度。加强制度建设,推进干部队伍法治教育和普法工作。二是建立健全依法行政工作机制。制定了《广州市教育局行政机关合同管理办法》和《广州市教育局机关工作人员学法用法制度》,完善了机关有关制度文件,有力地推进了依法行政工作。三是开展依法治校示范校评估工作。积极推进全市依法治校示范校创建活动,全年参加评估学校71所,通过示范校评估,提高学校法治水平,完成24所广东省依法治校示范校评估工作和第六批广州市依法治校示范校评估工作。四是开展学生普法工作。实施法律进学校工程,加强青少年学生的法制宣传教育工作。落实学校法制教育(教材、课程、师资和经费)"四落实"制度,建立了比较全面、系统的学校法制教育课程体系;实施学生法制教育评价制度，将学生参与法制教育活动、守法、用法的情况纳入常规的德育评价，并将学生参加普法知识考试的成绩按照20%的比例计入学生思想政治课的总成绩之中；坚持实行法制副校长和法制辅导员制度，不断完善法制副校长选聘办法，进一步明确法制副校长的职责和任务，提高法制副校长的工作能力和水平。

（二）考试评价改革持续推进，人才培养体系不断创新

1. 中小学（含中职）招生制度改革不断深化

一是坚持义务教育阶段免试就近入学原则，合理确定招生方式。继续坚持公办学校免试就近入学，民办学校免试入学原则，由各区根据当地人口分布、学校规模及布局等因素和就近入学原则划分公办学校招生范围，并保持相对稳定。二是中考改革实施方案基本形成，服务教育决策能力有新提升。"四个三"异地中考新政顺利落地，中考录取平稳有序。三是稳步实施普通高中"指标到校"招生工作。2016年以来，继续平稳实施"指标到校"政策，指标分配比例保持30%不变，全市44所示范性普通高中（含校区）的指标计划共9002个，录取7269人。四是深化职业教育招生制度改革。积极开展深化职业教育招生制度改革，积极开展校企联合招生、联合培养的现代学徒制试点，继续开展高职对口中职"3+2"、初中起点五年一贯制、本科对口高职"2+2"等招生培养模式改革，完善中高职衔接贯通机制，逐步提高中职毕业生升读全日制高职院校的比例。五是积极探索中高职衔接人才培养模式的改革。形成《关于加强广州市中高本贯通人才培养工作的改革方案》，探索中高职衔接、高本接续以及中本贯通培养的实施路径，选择有条件的学校先行先试"五年一体化""三二分段""三元融合"等多种方式。

2. 来穗人员随迁子女"积分入学"制度不断完善

推进来穗人员随迁子女接受教育工作。有序推进来穗人员随迁子女异地中考和异地高考工作。2016年，广州市印发了《广州市人民政府办公厅关于进一步做好来穗人员随迁子女接受义务教育工作的实施意见》（穗府办函

〔2016〕174号），2017年，联合来穗人员服务管理部门建立了规范透明的工作流程和便民利民的信息化服务平台。2017年全市共安排2.5万名随迁子女入读义务教育学校起始年级，占总申请人数的63.29%。稳步实施异地中考政策。2017年，约2.9万名来穗人员随迁子女参加在穗中考，其中，约有1.4万名符合报考公办普通高中资格，较好地保障了来穗人员随迁子女享受广州市高中阶段教育权利和升学机会。

（三）财政投入改革继续完善，广州教育事业持续新发展

1. 公共财政优先保障教育投入得到切实加强

（1）不断完善市属公办学校预算内生均经费制度。2017年12月，经市政府同意，市财政局、市教育局、市人社局联合印发了《广州市财政局 广州市教育局 广州市人力资源和社保局关于完善市属公办高校、中小学、中职、技工学校预算内生均经费制度的通知》（穗财教〔2017〕586号），扩大了中职、技工学校生均公用经费的计算基数，提高了高等学校的生均综合定额标准。

（2）逐步提高生均公用经费标准，切实加大教育经费保障力度。一是建立普惠性幼儿园生均定额补助的机制，并按实际进行调整。自2016年起，按照《广州市幼儿园生均定额补助实施办法》，对普惠性幼儿园予以生均定额补助，建立以生均财政拨款保障普惠性幼儿园经费投入的长效机制，支持普惠性幼儿园发展。2017年，公办性质幼儿园和普惠性民办幼儿园生均公用经费补助标准每生每年提高了100元，并根据公办园办园成本完成普惠性幼儿园生均定额补助调整经费测算，于2018年提高生均定额补助标准。二是落实城乡免费义务教育经费保障机制，促进义务教育均衡发展。2017年市财政安排城乡免费义务教育补助专项经费5.28亿元，广州市城乡免费义务教育公用经费补助标准由小学每生每年950元提高到1150元，初中从每生每年1550元提高到1950元。按照《广州市人民政府办公厅关于进一步做好来穗人员随迁子女接受义务教育工作的实施意见》的精神，从2017学年小学一年级和初中一年级开始，对各区按《实施意见》规定条件解决随迁子女入读的公办学校和民办学校学位进行补助，2017年市本级财政通过一般性转移支付安排市教育局义务教育阶段随迁子女学位补贴1.5亿元，逐步实现外来务工人员市民化待遇。

2. 公共财政对贫弱领域实施重点倾斜，困难群体受教育权利得到有力保障

机制创新，提高扶贫助学工作实施效率。2016年，广州市共投入近百万元，落实了"广州市贫困家庭学生资助信息管理系统"的项目建设立项，与广州市学籍系统并联使用，自贫困家庭学生入学幼儿园开始至普通高中阶段学校毕业，全程建立了贫困家庭学生的获助信息管理和跟踪，有效地提高了广州市对家庭贫困学生资助的工作效率和准确性。

完善学前教育资助政策。2016年广州市财政局、广州市教育局转发《关于调整完善学前教育资助政策的通知》（穗财教〔2016〕309号），优先对在公办幼儿园（含公办性质幼儿园）和普惠性民办幼儿园就读的，符合国家相关政策的本市3~6岁常住人口家庭经济困难儿童、孤儿、残疾儿童及其他优抚对象给予资助，标准为每人每学年不低于1300元。2017年，将优先资助对象扩大到在经区级以上教育行政部门审批设立的公办幼儿园（含幼儿班）、普惠性民办幼儿园（含幼儿班）以及与普惠性民办幼儿园收费相当的幼儿园（含幼儿班）就读的，符合国家相关政策的广州市3~6岁常住人口家庭经济困难儿童、孤儿、残疾儿童及其他优抚对象。

加大对义务教育和普通高中学校建档立卡学生资助力度。2017年广州市义务教育和普通高中学校共资助建档立卡学生341名、资助非建档立卡农村低保和农村特困学生351名，共免费教育资助普通高中贫困学生1439名、国家助学金资助1950名；共资助义务教育阶段农村贫困非寄宿生3270名、资助义务教育贫困家庭寄宿生550名。2017年9月，广州市各普通高中学校开展的家庭贫困学生资助工作督察活动得到了省教育厅助学办的表扬，并作为典型在省教育厅助学网上宣传。

中职学校免学费、国家助学金以及建档立卡等精准扶贫政策全面实施，年度投入补助4500多万元，受益学生9万多人次，确保农村户口和家庭经济困难学生入读中职学校权益受到有力保护。

3.教育经费管理和绩效评价不断完善

加强督办，切实推进预决算公开制度。2017年召开局系统财务管理工作会议，对各单位预算执行工作提出了明确要求，预算执行实行月通报制度，每月以报表形式将预算执行进度呈报局主要领导，对预算执行不理想的单位，由局领导分别进行约谈。2017年10月，局党组会议审议通过了《广州市教育局预算执行管理考核办法（试行）》，并正式印发执行。根据该办法，对预算执行好的单位和单位负责人进行表彰，对预算执行差的单位和单位负责人进行批评，并将考核结果与绩效奖进行挂钩。

（四）人事制度改革不断深化，教育人才引育机制不断完善

1.以主题活动为载体，加强师德师风建设正面宣传

2016年以"感谢师恩——三代人的教师节"为主题，与新华社广东分社联合制作《羊城时政学堂》教师节特别节目；2017年以"立德树人、做好学生引路人"为主题，组织开展师德征文和微视频征集活动，进一步强化"立德树人"的理念。落实工作部署，严守师德底线。

2.师资队伍管理机制不断完善

（1）落实文件精神，加强中小学教职员编制管理。广州市基础教育系统编制总数是按照2012年在校生数核算的，市区编制部门无法根据当地在校生数增加的实际情况按标准及时核增编制总数。各区教育系统由于系统内部空余编制少，新增学位数巨大，无法及时得到区编制部门核增的编制。同时，考虑二孩政策全面放开带来的实际问题，为应对女教师休产假、学校扩建新校区等各类情况出现的师资不足问题，进一步规范广州市市属中小学临聘教师预算编制程序，严肃财经、人事、机构编制纪律，做好临聘教师预算编制的规范化管理，不断提高办学水平，市教育局和市财政局在2016年共同研究制定了市属中小学临聘教师预算编制管理的相关文件，不仅为市属中小学校临聘教师预算编制提供依据，也为各区在解决此类问题上提供重要的参考意见。天河、黄埔、南沙、白云、花都、番禺等区积极探索"新机制教师"机制。

（2）稳妥推进教师"区管校聘"，完善义务教育学校校长教师交流轮岗制度。2015年，市编办、市教育局、市财政局、市人力资源和社会保障局联合印发了《关于进一步推进义务教育校长教师交流轮岗工作的意见》（穗教发〔2015〕40号），2017年启动"区管校聘"市级试点区工作，遴选确定增城区为"区管校聘"市级试点区，典型引路，推进校长教师交流轮岗工作进入新常态。2017年12月，省教育厅、省编办、省财政厅和省人力资源和社会保障厅联合出台了《关于推进中小学教师"县管校聘"管理改革的指导意见》（粤教师〔2017〕13号），要求进一步加强县域内中小学教师的统筹管理，破解教师交流轮岗管理体制机制上的阻碍，实现县域内教师由"学校人"向"系统人"转变，有效促进教师队伍合理有序流动，推进城乡教师队伍一体化发展。

（3）稳步推进中小学教师资格制度改革，不断完善"广州市教师资格认定信息化管理平台"，积极向教育部申请开展"一网式"教师资格认定管理模式广州试点工作，基本实现教师资格认定工作全程网办，提升了教师资格认定的管理和服务水平。同时，认真调研并制定教师资格定期注册制度实施方案，按计划、按步骤、按类别逐步推进，在国家和省要求的规定时间内，确保改革进展顺利。

（4）加强职业教育教师队伍建设。一是实施"中职强师工程"，制定《广州市教育局关于鼓励和支持广州市中职学校聘用优秀兼职教师工作的实施方案》，支持局属中职学校面向社会吸引高水平技能人才到校担任兼职教师，深化教产对接和校企合作，建设高素质专业化教师队伍，不断优化教师结构，提高人才培养质量。二是积极推进中职学校职称改革，目前已会同市人社局拟订《关于广州市开展中等职业学校教师职称制度改革试点工作的方案》，下一步将进一步研究、完善方案，积极申请开展中等职业学校教师职称制度改革试点工作。三是加快推进职业院校"双师型"教师队伍建设，支持高职院校通过定期到企业跟岗培训、与企业共建教师培养基地、与境外机构共同培养等途径，积极推进高职院校"双师型"教师队伍建设，市属高校院校专业课教师中"双师型"教师比例达到66%。

3.教育领军人才引育机制不断完善

（1）基础教育人才引进见成效。制定印发《广州市基础教育高层次人才引进办法（暂行）》，"刚柔并济"面向全国引进人才。2017年，广州市基础教育系统引进人才53人，下达人才引进专项资金1929万元。

（2）创新引人机制，大力推进高水平大学建设工作。积极支持市属高校引进以院士、"千人计划"入选者、国家杰出青年基金获得者、长江学者、珠江学者等为重点的高层次人才及其创新团队，引进优秀青年博士和博士后，以及具有海内外高水平大学或科研机构学习背景和工作经历的优秀青年人才。2017年市属高校引进各类人才565人，与此同时，成立高水平大学建设领导小组，会同市人社局，推进广州大学和广州医科大学人事制度改革。印发《广州大学高水平大学建设方案（2016—2020年）》和《广州医科大学高水平大学建设方案（2016—2020年）》。

（3）开展前期试点，稳步推进中小学校校长职级制改革，促进校长专业化发展。为深化公办中小学人事制度改革，完善中小学校长管理机制，促进校长专业发展，广州市以校长专业化发展作为改革核心，在部分区前期试点的基础上，在市层面对校长职级制方面进行了研究，草拟了《关于推动广州市中小学校长职级制改革的实施意见（内部征求意见稿）》，目前在内部征求意见，并计划对深圳、山东等地进行实地调研，将按照省的统一部署，在市委组织部、市编办、市人社局、市财政局等相关部门的指导和协助下稳步推进该项工作。

4.建立教师专业发展联盟

一是进一步完善高校引领、专家指导、基地支撑、整合国内外高端培训资源的多元、开放的教师培训体系，目前省出台政策要求建设市县教师发展中心，广州市将根据省的部署积极推进落实。二是深入推进教师工作室建设，充分发挥基础教育领军人才的示范引领作用。目前，广州市建立省、市名校长、名教师、教育名家、名班主任工作室174个。为了充实基础教育领军人才队伍，2017年广州市评定教育专家工作室主持人10名、名校（园）长工作室主持人50名、名教师工作室主持人337名。2018年的工作重点之一，就是深化教育专家、名校长、名教师、名班主任、特级教师工作室建设，充分发挥基础教育领军人才的辐射带动作用。

（五）信息化基础支撑能力不断增强，管理决策创新能力不断提升

1. 教育信息化基础支撑能力建设得到提升

统筹规划，建设全覆盖信息化体系。广州市教育科研网骨干网络出口带宽全面升级，实现学校无线网络全覆盖。编制《广州市教育信息化"十三五"规划》《广州市"教育u时代"信息化提升工程实施方案》，为2018～2020年广州市教育信息化建设指明了方向，目前义务教育阶段基础设施第七期接入工程招标方案已制定完毕，出口带宽扩容升级项目招标方案已经基本完成。以各区、校为主体，指导、支持进行无线网络建设，各校按需开通。首批71所中小学（含中职学校）智慧校园样板校和实验校建设初具成效。市教育科研网经6期建设，光纤总长度近4万千米，实现宽带网络"校校通"。

重点推进非中心城区学校和民办学校，尤其是义务教育阶段学校的教育信息化基础设施建设，超前部署教育信息网络。运用信息化手段，扩大优质教育资源覆盖面，协助民办教育年检技术支撑，推进辖区内城乡义务教育一体化发展，广州市教育信息化已基本实现"网络全覆盖、资源全覆盖、服务全覆盖"。经过6期建设，市教科研主干网光纤总长度超过4万千米，出口带宽达40G，连接到城乡各中小学，与广东省教育视频网联通，为优质数字教育资源的共享创造了良好的条件。

2. 基于大数据的教育决策与管理支撑体系建设逐步推进

加快教育管理信息系统的建设，正在建设完善全面覆盖、功能齐全、安全高效的教育管理信息系统，提升信息化服务教育治理现代化的能力。一是完善教育管理基础数据库，建设和完善覆盖学前教育、基础教育、中职教育的学生、教师、校产等教育管理基础数据库，并与国家、省两级数据库平滑衔接；二是升级改造市教育局的门户网站、办公自动化系统、视频会议系统，开发建设局内部控制系统、青少年科技教育综合业务管理服务平台、职

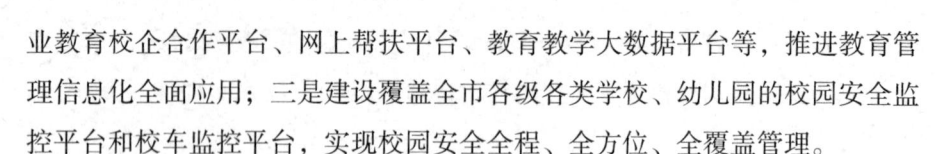

业教育校企合作平台、网上帮扶平台、教育教学大数据平台等,推进教育管理信息化全面应用;三是建设覆盖全市各级各类学校、幼儿园的校园安全监控平台和校车监控平台,实现校园安全全程、全方位、全覆盖管理。

3.完善教育信息化管理体制和工作机制

加强与市工信委等有关部门沟通协调,建立协同推进教育信息化工作机制。建立和完善市教育局信息化工作领导小组、工作机构及其运行机制,制定并印发《广州市教育信息化工作人员廉政守则》和《广州市教育局关于进一步规范市财政投资教育信息化项目变更管理的通知》。同时,加强网络安全建设。深入贯彻《网络安全法》,全面推进教育局系统关键信息基础设施定级备案和测评整改工作,信息技术安全监测和检查常态化;完成网络安全综合治理行动;深入开展网络安全专项培训,组织四期培训班培训约1200人次。

(六)教育对外开放水平不断提升,广州教育国际竞争力逐步增强

1.教育国际交流合作空间不断拓展

构建国际交流平台。依托国际友城、外国驻穗领馆等渠道和平台,开展多层次宽领域的国际交流与合作。丰富了国际城市交流的教育内涵,深化教育交流与合作。举办或参与国际会议,营造学术氛围,扩大学校国际影响。市属高校,尤其是高职院校,发挥办学优势与特长,开展跨国技术培训与校企合作工作,如广州番禺职业技术学院与加拿大北大西洋学院合作举办的机械制造与自动化专业高等专科教育项目获广东省教育厅、教育部批准和备案,实现了该校在中外合作办学项目方面零的突破。广州铁路职业技术学院与白俄罗斯国立交通大学签署共建"亚欧高铁合作学院"协议,与老挝、马来西亚、赞比亚等国合作开展轨道交通专门人才培养,广州工程技术职业学院与瑞典斯堪尼亚汽车公司合作培养商用车维修与服务高端人才。广州工程技术职业学院与尼泊尔全球旅游与酒店教育学院(GATE)签署了"师资培训"和"相关专业合作办学"合作备忘录。

以国际化特色引领学校办学水平提升。南沙区借力教育部基础教育课程

教材发展中心高品位的专业指导和服务，从理念、规划、技术、课程、文化、管理、活动、质量等8个方面全方位进行基础教育国际化的探索，教育国际化一枝独秀。2017年，英东中学NCPA美式高中课程班应届毕业生共72人，共收到来自161所大学超过390份录取通知书。绝大部分学生进入了全美排名前25位的公立大学及前50位的私立大学。广州外国语学校AP国际班和"2+1"国际课程班68名学生100%被美国综合排名前50位院校录取。

依托国际友城、外国驻穗领馆等渠道和平台，开展多层次宽领域的国际交流与合作，丰富了国际城市交流的教育内涵，深化教育交流与合作。广州大学与广州友好城市高水平大学开展交流与合作，布局全球战略合作伙伴关系，建立各类联合研究平台。同时，实施高端引智项目，带动国际合作平台建设，举办高端引智讲坛，形成了浓厚的学术气氛。广州番禺职业技术学院与坦佩雷成人教育中心合作建立中芬职业教育培训中心。举办或参与国际会议。举办国际会议约30场，营造学术氛围，扩大学校国际影响。

2. 重点领域的教育国际交流合作逐渐深入

（1）基础教育方面，广州市各普通高中积极加强与中外课程合作项目，以学科、专业、课程项目合作为主。一是鼓励部分有条件的学校开展国际课程实验探索，引进国外先进教学内容和教育手段。现有广州外国语学校、广东广雅中学、广州执信中学、广东华侨中学、广州市真光中学、广州市第二十一中学6所公办学校和8所民办学校。广东华侨中学与美国贝拉教育集团开设中美国际课程，广州市真光中学与美国密苏里州巴拉特中学开设真光－巴拉特国际课程班。二是引入境外大学合作开发校本课程或特色课程，目前已经有执信中学、广州六中等16所普通高中与国外大学有课程开发等多种形式的合作。

（2）职业教育方面，为引进国际先进职业教育资源，加强职业教育的国际交流与合作，深化专业建设和教学改革，逐步构建利用国际化交流和合作平台扩大优质教育资源覆盖在校生的有效机制，为学生提供多元化国际深造和就业渠道，番禺区开展了多项国际合作。如广州市医药职业学校与加拿大魁北克省玛格丽特·布尔瓦教育局、韩国南首尔大学开展了"加拿大魁北克省玛格丽特·布尔瓦教育局职业培训项目"和"韩国南首尔大学升学项目";广州市司法职业学校、广州市轻工职业学校与韩国南首尔大学开展合作办学,开展"韩国南首尔大学合作项目";市旅游商务职业学校、市电子信息学校、市轻工职业学校与新西兰北方理工学院、新西兰国立联合理工大学通过学分互认、教学合作等开展长期合作培养,毕业生赴新西兰攻读大专、本科学历,同时可在当地就业,等等。

(3)高等教育方面,市属高校大力实施引智项目,赴海外招聘高层次人才,引进海外高水平学术团队和人才来穗工作或者建立智库、开展科研合作。与此同时,积极引入外部优质高等教育资源来穗开展合作办学。目前市属高校已与30个国家或地区的200多所大学和科研院所建立了交流合作关系;部省市校共建华南理工大学广州国际校区工作得以推进,签署教育部、广东省、广州市、华南理工大学四方共建华南理工大学广州国际校区协议;广州大学深化改革中法旅游合作办学项目,分别与乌克兰国立技术大学、英国基尔大学签署合作框架协议、合作备忘录,广州医科大学分别与美国圣约翰大学、荷兰奈梅亨大学、西澳大利亚大学和多伦多大学、加拿大麦玛斯特大学健康学院签订友好合作协议;等等。

(4)孔子学院工作,积极拓展与"一带一路"沿线国家的联系,在伊朗马赞德兰大学建立了第三所孔子学院。目前,波斯语为广州大学第二外语,拟建立波斯语专业。2016年学校成为伊朗科技部推荐的四所广东大学之一,现有来自伊朗的留学生8名(6名博士、2名硕士),短期交流生28名。广州大学谋划并着手推进对现有的国际化办学学院优化整合,成立"一带一路书院"(暨"广州友城大学书院"),扩大与"一带一路"沿线国家、广州友城大学的学生交换和留学生数量。

3. 与港澳台、国际友好城市教育交流合作不断深化

一是落实推进粤港姊妹学校缔结计划,教育交流合作影响力更加彰显。组织穗港澳教育交流活动192次,创新组建穗港澳STEAM教育联盟,新增19所学校参与"粤港姊妹学校缔结计划",累计缔结粤港姊妹学校191对。二是召开穗台校长论坛,加强两岸职业教育的创新与合作。2016年7月

10~13日，召开第十二届穗台校长论坛。论坛围绕"现代职业教育发展与创新"的主题，就两岸职业教育的发展、创新和合作进行了交流和考察。三是举办穗港澳台四地技能节，推动职业教育资源的共享与应用。举办"2016穗港澳台四地技能节"，来自香港、澳门、台湾和广州四地的8所职业院校和协会组织参加了首届技能节。首届技能节以"交流、合作、发展、共赢"为主题，开展了主旨演讲、高峰论坛、技能展示和师生交流等专题活动，为加强两岸职业教育机构的交流与合作，推动职业教育资源的共享与应用，促进两岸师生思想交流与文化融合发挥了积极作用。四是推进引进香港科技大学来穗开展合作办学工作，以及与国外高水平高等教育机构和龙头企业开展深入的合作办学项目。重启与香港科技大学（以下简称"港科大"）合作办学洽谈工作，拟在广州市南沙区以合作创办高水平大学和合作建设价值创新园区（V-park）的形式建设粤港澳大湾区合作示范区，推进包括合作办学、科技研发、成果转化与产业促进等方面的合作，已与港科大就合作办学的重点学科领域、所需资源支持、推进工作思路等进行沟通交流，就合作办学的目标、模式、规模、用地、经费等达成了共识，现各项工作正在加紧推进中。

4. 基于教育信息化的国家交流合作机制不断完善

积极开展教育信息化国际合作，广州市教育信息中心App inventor移动软件开发平台注册用户总数超过40万，开发项目超过100万个，注册用户数和开发项目数均居全国首位。与麻省理工学院、谷歌中国三方联合组织面向全国中小学生的2017年Google中国App Inventor程序设计大赛，连续四年蝉联高中组特等奖。

二 广州市教育治理现代化发展中存在的问题

《广州教育事业发展第十三个五年规划（2016—2020年）》（以下简称《规划》）颁布实施以来，从市教育主管部门、区县教育主管部门到基层单位，都能较好地贯彻落实《规划》中所规定的各项改革举措，积极推动广州市教育治理现代化和教育改革工作。然而，广州市在推进教育治理现代化建设进程中和落实各项教育改革任务时还存在一些问题。

（一）教育管办评分离改革和现代学校制度建设需进一步落实

推进管办评分离，构建政府、学校、社会新型关系，实现教育治理体系和治理能力现代化，是全面深化教育领域综合改革的重要内容。然而，广州市级层面在推动教育管办评分离改革和深化现代学校制度改革方面尚缺乏相应的落实机制和创新举措。政府、学校、社会的权责关系尚未明晰；学校办学主体地位有待落实；政府、学校、专业机构和社会组织等多元参与的教育评价体系有待建立；依法办学、自主管理、民主监督、社会参与的现代学校制度需进一步建立。

（二）校长教师交流轮岗制度需进一步推进

为推进校长教师交流轮岗制度，广州市级层面启动了"区管校聘"试点区建设，然而现有事业单位人事管理制度的实名制管理，以及国家"二孩"政策的放开，限制了义务教育学校校长教师交流轮岗工作的推进，全市乃至全省进展缓慢，试点工作的开展需要得到市人社、财政部门的积极配合与大力支持。

（三）探索中小学教师退出机制工作需加快启动

现阶段教师队伍中存在学科结构不完善、年龄结构失调的现象，少数教师还存在道德品质下滑、教学能力不足等问题，造成这些问题的原因之一是多年来教师队伍处于"只进不出"的状态。《规划》中明确提出要"探索中小学教师退出机制"，然而此项工作尚未正式启动。广州市级层面需尽快启动中小学教师退出机制的方案制定和实地调研工作，积极主动探索中小学教师退出机制，使教师"能进能出"，从而打造一支师德高尚、业务精湛、结构合理、充满活力的高素质教师队伍。

（四）市级特级教师评选机制改革工作需加快落实

《规划》中提出要"探索设立市级特级教师评选机制"，然而，由于国家政策的规定，广州市级层面没有市级特级教师评审权，因此该项改革工作无法落实。

（五）南沙自贸区设立独资外籍人员子女学校和探索在南沙自贸区兴建职业教育国际化示范区工作需加快落实

《规划》中提出在"南沙自贸区开展国际合作交流综合改革实验，支持港澳服务提供者在南沙自贸区设立独资外籍人员子女学校"，"探索在南沙自贸区兴建职业教育国际化示范区"。然而，广州市级层面和南沙区此项改革任务尚未落实。

三 广州市教育治理现代化发展建议

为进一步提高广州市教育治理现代化发展水平，为打造世界前列、全国一流、广州特色、示范引领的现代化教育，建议增强对教育政策法规和规划、计划的执行力，并加强跟踪监测、加强配套政策文件的制定和支持。

一是深化教育管办评分离改革和现代学校制度改革。推进教育治理现代化，当务之急是简政放权，实现管办评分离。放权不意味着放任，政府需更多运用法规、标准、信息服务等手段引导和支持学校发展，逐步实现政府由微观管理、直接管理为主，向以宏观管理与服务为主转变，形成政事分开、权责明确、统筹协调、规范有序的教育管理体制。广州市层面应积极主动开展试点工作，在试点的基础上应注重提炼总结，将好的做法推广应用。落实学校办学自主权、激发学校办学活力是推进管办评分离改革的核心。现代学校制度的建设需要有一定的抓手，通过学校章程建设，强化"学校间章程、政府间章程"的治理要求，发挥学校、社会、政府部门各自职能并激发其积极性，各负其责，各司其职，增强学校运用法治思维和法律手段解决问题的能力，逐步推进决策的科学化、民主化。应落实学校办学自主权，建立健全多元参与的教育评价体系，逐步形成政府依法管理、学校依法自主办学、社会各界依法参与和监督的教育公共治理新格局，提高教育治理现代化能力。

二是多部门联合，制定配套政策，全方位保障校长教师交流轮岗制度真正落地。市教育局应联合市人社、市财政部门，制定相应的配套政策，切实保障校长和教师的利益，确保校长教师交流轮岗制度真正得以贯彻执行。健全教师编制动态调整机制，及时调整义务教育学校岗位设置方案，新增中高级岗位向农村学校、薄弱学校投放。将交流经历和农村学校、薄弱学校任教经历作为教师职称评审、岗位晋升、特级教师评选、评先评优以及干部提拔任用的必要条件，交流到乡村学校的教师按规定享受岗位生活补助和农村教师津贴。明确管理主体，以流入学校管理为主，纳入流入学校年度考核，参与流入学校的奖励性绩效工资分配。

三是加快探索研制中小学教师退出机制。《国家中长期教育改革和发展规划纲要（2010—2020年）》提出加强教师管理，完善教师退出机制。通过完善教师退出机制，可以有效地甄别、清退不合格或不胜任的教师，有利于激发教师专业发展的动力，优化教师资源配置，为教育改革与发展提供师资保障。针对教师队伍处于"只进不出"的状态，市级层面可以借鉴学习兄弟省市的做法，尽快研究制定《关于中小学教师退出教学岗位的实施办法》及其配套评价体系，使教师"能进能出"，纯化教师队伍，打造一支师德高尚、业务精湛、结构合理、充满活力的高素质教师队伍。

四是加快在南沙自贸区设立独资外籍人员子女学校进程，探索兴建职业教育国际化示范区。南沙区作为广州市未来重点打造的区域，市教育"十三五"规划和南沙区教育"十三五"规划中都重点提到了南沙区教育国际化建设。南沙区应借助现有的政策优势和毗邻港澳的地理优势，加快国际化进程。推动设立独资外籍人员子女学校进程和兴建职业教育国际化示范区。外籍人员子女学校的设立可以吸引高端国际人才落户南沙，解决其子女受教育问题。职业教育国际化示范区的建立有助于培养国际化的高技术高技能人才，服务于南沙经济发展和自贸区建设对国际化技术技能人才的需求。

广州市学校家庭教育工作发展报告

蒋亚辉*

摘　要： 近年来，广州市学校家庭教育工作在完善长效机制、拓展工作平台、创新工作模式、丰富工作内容、培育工作队伍、推动家庭教育科学研究等方面取得了新成就。为顺应新时代的新要求，更好地贯彻落实习近平总书记系列讲话精神，广州市需不断更新家庭教育观念、完善工作机制、拓展教育平台、完善工作措施、引导家长参与、凝练广州特色，提升学校家庭教育工作品质，实现家庭教育工作内涵发展、创新发展、特色发展，以此推动广州教育优质和谐发展。

关键词： 家庭教育　家校合作　协同育人

家庭教育是教育大厦的基础。优质教育不仅指优质的学校教育，也内在地包括优质的家庭教育和优质的社会教育。重视家庭教育指导、重视家校合作育人，促进教育优质发展，是广州市学校德育工作的优良传统和宝贵经验。2016～2017年，广州市深入贯彻习近平总书记"注重家庭、注重家教、注重家风"等重要讲话精神，落实中长期教育发展规划和《教育部关于加强家庭教育工作的指导意见》（教基一〔2015〕10号）提出的相关目标任务，将培育和践行社会主义核心价值观和弘扬中华民族优秀传统文化融入家庭教育，构建学校、家庭、社会紧密协作的教育网络，提升家长素质和能

---

* 蒋亚辉，教育硕士，广州市教育研究院编审，研究方向为学校德育、家庭教育指导。

力，提升家庭教育质量，促进未成年人健康成长和全面发展。至2017年底，全市有各级各类家长学校5474所，其中443所被评为优秀家长学校，120所被评为示范家长学校，15所被评为星级家长学校。广州市教育系统积极协调各方面力量，充分发挥中小学幼儿园在家庭教育指导中的重要作用，将家庭教育指导、家校合作育人作为完善学校管理制度，实施素质教育，推进未成年人思想道德建设的重要抓手，打造学校工作区域特色，促进家庭教育工作管理向"规范化、制度化、科学化、有实效、有特色"方向发展，推动着广州教育优质和谐发展。

一 主要做法与经验

2016~2017年，广州市中小学落实习近平总书记系列重要讲话精神，坚持注重家庭、注重家教、注重家风，学校家庭教育工作在继续保持和弘扬以前优秀的工作的同时取得了新成就。

（一）完善家庭教育工作长效机制

1. 完善领导机制

在广州市委、市政府领导下，广州市构建了市委牵头，各职能部门分工协同推进家庭教育事业的领导机制。这一机制改变了由市妇联单方面牵头组织家庭教育工作的局面，形成了由市文明办牵头，各职能部门分工负责，共同推进家庭教育工作的新机制。各级教育部门负责幼儿园和中小学家长学校建设，推动学校家庭教育工作；各级妇联组织负责社区家长学校建设，推动社区家庭教育工作。在这一领导机制下，逐渐形成了"政府主导、教育牵头、部门协作、家长参与、学校组织、社会支持"的组织管理架构，为家庭教育工作的高效推进奠定了坚实的组织管理基础。

2. 制定发展规划

立足于办人民满意的好教育，广州市教育局注重顶层设计、系统思考和整体构建学校家庭教育工作。2016年3月，广州市教育局委托广州市教育研究院制订了《广州市学校家庭教育三年行动计划》，充分发挥中小学幼儿园在家庭教育中的重要作用，将社会主义核心价值观融入家庭教育。广州市中小学德育研究与指导中心每年发布《学校家庭教育工作要点》，指导全市中小学有序推进家庭教育工作。各区教育局也加强了系统思考和整体建构家庭教育工作。例如，2016年，荔湾区制定并实施了《中国教科院教育综合改革实验区生态型德育和家庭教育项目规划》，在理念引领、战略谋划、制度建构、人才培养等方面整体促进荔湾家庭教育大跨越、大发展。

3. 加强经费保障

从2009年开始，广州市教育局将局属学校家庭教育工作经费列入财政预算，市文明办每年拨付专项经费支持全市家长学校工作。2016～2017年，广州市加大了家庭教育工作专项经费投入，制定了家长学校专项经费使用管理办法，每年再投入600多万元，用于家庭教育实验基地建设、家长学校骨干培训、组织家庭教育专项活动和课题科研，保障家庭教育工作的良性发展。各区也加大了经费投入，其中荔湾区投入八百多万元，是经费保障最充分的区域。

（二）拓展家庭教育工作平台

1. 拓展家校互动沟通平台

全市中小学幼儿园按照教育规程，每学期召开2次或2次以上的家长会，充分发挥了"家长会"这一家校沟通平台的作用。在此基础上，各中小学幼儿园应用网络技术，开发了校级、年级、班级的微信群和QQ群，有些学校还注册了微信公众号，拓展了家校沟通平台，促进了家校沟通。

2. 拓展家庭教育指导平台

家长学校是中小学开展家庭教育指导、提升家长素质的平台。2016年前，广州市在家长学校和家长委员会建设方面实现了两个"百分之百"的目标：中小学和幼儿园百分之百建立了家长学校，百分之百成立了家长委员会。2016～2017年，广州市妇联整合社会资源，成立了广州市家长学校总校，开办了广州市电视家长学校；许多学校也借助网络开办了具有校本特色的网络家长学校。

3.拓展家校合作平台

家长委员会是家校合作的平台和家长各种权利实现的平台。在学校建立家长委员会是推进现代学校制度建设的必然要求。2016年3月,广州市教育局转发了《广东省教育厅关于进一步加强中小学幼儿园家长委员会建设的通知》(粤教思〔2016〕1号),全面部署和推进中小学幼儿园家长委员会建设。全市中小学幼儿园明确家长委员会的职责与任务,加强家长委员会的条件保障,规范家长委员会的组建与运作,并推动建立年级、班级家长委员会。

(三)创新家庭教育工作模式

1.建立新时代的广州标准

在长期的实践中,广州市形成了自己的家长学校建设标准。2013~2016年,广州市研发出家长学校新建设标准,推动家长学校打造特色、形成示范。2016年,广州市选树出30所示范家长学校,这些示范学校均形成了"三优二突出一示范"特色(四有:①有一批较稳定、高素质的专兼职名师;②有教材或成果展示;③有自建网站、网页或博客;④有教科研课题或创新项目。三优:整合资源优、学校管理优、教学效果优。二突出:办学特色突出、创新理念突出。一示范:在本地区乃至全市同类家长学校中能够真正发挥辐射带动作用),形成文化影响力,具有区域代表性。

为打造广州品牌,促进学校家庭教育工作品牌发展,在示范标准的基础上,广州市致力于构建"基础+优秀+示范+星级"金字塔质量测评体系,打造家长学校建设的"广州标准",引领家长学校在新时代创新发展。2017年,广州市教育局、市妇联委托广州市教育研究院研发出家长学校"九有"新标准和"广州市星级家长学校建设标准"。按照新标准,当年选出15所最能代表广州市家长教育事业发展水平的"广州市星级家长学校"。"九有"是新时代的广州标准,其具体内容为:有先进的教育思想引领,为家庭、学校共同熟知和社会认可;有科学的家庭教育理念,相关理念获得家校认可并宣传推广；有完善的教育辅导技术，相关课例或活动有公开展示或研讨；有系统的校本教学内容，课程体系和教材使用校本特性鲜明；有优秀的合作育人团队，本校授课教师有一定知名度、影响力；有成熟的家校合作组织，保障家校合法权益，获得社会广泛认可；有鲜明的教育管理特色，在科研、建模、创新等方面形成社会影响力；有典型的带动引领作用，在全市家长学校中具有类别代表性或区域辐射力；有良好的区域融合能力，善用区域家教资源，促进学校和社区的家长学校互联、相融、共赢发展。

2. 建设家庭教育实践基地

为构建富有特色的家庭教育运行机制，推动学校家庭教育工作创新发展，2017年5月，广州市建立了26个家庭教育实践基地，并配备了相应工作经费。这些基地发挥辐射引领作用，促进家庭教育工作交流、分享与合作，总结、提炼和推广优秀家庭教育成果，带领区域内校际的交流与互动，共享资源，共谋发展。基地学校邀请知名专家对最前沿的家庭教育重点、难点、热点问题做了深度的剖析和研讨。至2017年底，全市家庭教育基地共组织亲子活动、家庭教育讲座、教育研讨等活动77场。

3. 建立各级网络指导平台

为构建处处可以学、人人能学、家家受益的家庭教育指导体系，2016年，广州市教育局开发了"广州家教学堂"微信公众号，每周提供家庭教育资讯和指导。各区也先后开发了自己的网络指导平台，其中荔湾区创建了家庭教育学院网站、微信公众号和"荔湾区家庭教育学院微信群"三个网络互动平台。这些网络指导平台定期推送国内外家庭教育理论前沿文章和实操指引。各中小学、幼儿园在校园门户网站中设置家庭教育栏目，宣传家庭教育的新理念新方法。2016年11月，荔湾区《创新多元家教载体　联动互享共育好家风》被评为全国中小学德育工作优秀案例；2017年5月，荔湾区家庭教育工作成果入选广东省大中小学德育工作成果展示。

（四）丰富家庭教育工作内容

1. 弘扬优良好家风

广州市发挥中小学幼儿园在家庭教育中的重要作用，每月开展系列化的主题教育活动，将社会主义核心价值观和中华优秀传统文化融入家庭教育。这些系列活动主要有"廉洁文化进家庭"、"寻名人·说家风"、"好家风伴我成长"讲故事大赛、"家训家规家风进校园"等。其中"广州好家风"系列活动成效最为显著。2017年，"广州好家风"系列活动之一的"追风好少年·广州好家风熏陶营"，吸引了900多所中小学的20多万家庭报名参加，总打卡量达到113万份，总评论数达50万条，总点赞数约1050万，总页面访问量约5500万次。全市掀起了学习广州好家风的热潮。

2. 教育活动主题化

广州市通过主题教育活动，内化核心价值观，建设好家庭、好家教和好家风。这些常年分阶段实施的主题活动主要有"传家训、立家规"书画作品评选、"好家风伴我成长"主题教育、"传承好家训，培育好家风"主题征文、"好家教，促成长"家庭教育征文等。例如，每年9～10月，组织"夸夸我的好爸妈"活动，引导全市在校学生以书信的形式，围绕友善、孝敬、诚信等中华传统美德和家风家训展开交流，弘扬社会主义核心价值观和传统美德。

3. 亲子活动重体验

广州市以体验活动为载体，创新亲子活动内容，持续推进家庭教育工作向高位发展。在各级教育行政部门指导下，广州市中小学幼儿园重视家长的感悟体验和内化。引入团体辅导和个案辅导的技术开展分层分类的亲子活动，在校园内逐渐丰富和发展。许多学校以实施"廉洁文化进家庭"家书评选活动、书香家庭建设、亲子游戏等亲子活动为抓手，形成了家庭教育实践品牌。例如，番禺区东怡小学组织"怡行番禺"活动，组织亲子研学旅行寻根番禺历史，形成了家校社区互动育人的"怡乐家校"教育模式。

（五）培育家庭教育工作队伍

1. 专业培训提升队伍素养

广州市每年开展各类培训，不断提升中小学家庭教育工作者的专业能力。一是现场观摩学习并推广成功经验。广州市教育局每年召开工作现场会，组织全市家庭教育骨干现场观摩学习成功经验，邀请专家点评指导。2016年6月，在广东华侨中学举办"广州市学校家庭教育工作推进会"。2017年11月，在天河区华阳小学举办"广州市中小学幼儿园家长委员会建设工作推进会"。二是组织家庭教育高端培训。广州市教育局每年分期、分批组织中小学家庭教育骨干到北京大学、清华大学、山东潍坊、江西南昌和四川成都等地学习先进的家庭教育理论和经验。三是市妇联每年也组织全市家庭教育骨干培训。在市教育局、市妇联的引导下，各区教育局和妇联系统每年也开展区级家庭教育骨干培训，不断提升家庭教育队伍的专业素养。

2. 发挥群众性队伍积极性

广州教育学会家庭教育专业委员会团结组织中小学幼儿园的家庭教育实务工作者，推动学校家庭教育工作创新发展。他们参与研发了《广州市星级家长学校验收标准》，每年参与家庭教育骨干培训，参与选树"示范家长学校"和"星级家长学校"，汇编《家庭教育经验成果集》推广最新成果，较好发挥了家庭教育群众性专业组织的作用。海珠、番禺、白云、荔湾等区，积极建立专业化家庭教育讲师队伍，培育家庭教育讲师。其中，荔湾区家庭教育讲师团有讲师252人。2016年4月，荔湾区组织了171名讲师脱产7天参加家庭教育讲师高端培训。荔湾区2017年出版的《荔湾区家庭教育讲师讲义集》收录的138篇家庭教育讲座讲义，都是讲师们在家庭教育的理论研究和实务工作中总结出来的具有普遍推广和应用价值的方法。

3. 引领社会组织热心参与

广州市鼓励和支持社会各界参与学校家庭教育工作。一是建立行政主管与专家指导相结合推进中小学家庭教育工作机制。广州市整合全国家庭教育专家资源，请他们来广州培训教师和家长。2016年组织77场"家庭教育大讲堂"，授课教师都是全国知名专家。荔湾区组织全国知名教育专家、大学和科研部门的知名学者专家近50人组成家庭教育专家智库，探索具有荔湾地域特色的家庭教育理论体系。二是引领两新组织（新经济组织和新社会组织）参与服务学校家庭教育工作。各社区依托街道家庭教育服务中心办好社区家长学校，各中小学依托两新组织开展托管服务、亲子活动。许多两新组织也积极主动参与行政部门组织的家庭教育骨干培训和家庭教育指导活动。各类社会组织的积极参与，形成了全社会关心支持学校家庭教育工作的态势。

（六）推动家庭教育科学研究

1. 加强家庭教育科研工作

广州市坚持问题导向，每年立项的"十三五"规划课题，都有一批家庭教育研究课题。2017年，广州市中小学德育研究与指导中心发布了《广州市家庭教育科研课题指南（2017—2019年）》。当年立项中小学德育研究"十三五"规划课题95项，其中涉及学校家庭教育工作课题29项。这些课题围绕当前家庭教育事业发展和改革中的重大问题，具有前沿性、时代性和创新性。广州市中小学幼儿园结合校本特点，积极申报省市区家庭教育研究课题，围绕社会主义核心价值观融入家庭教育、建设好家风、家校合作育人等热点、难点课题开展研究。广州市各级科研、教研机构继续加强家庭教育科研课题的指导与过程管理，提升家庭教育理论与实践研究水平，推动学校家庭教育工作创新发展。

2. 建立家庭教育研究基地

2016～2017年，广州市继续推动家庭教育特色项目研究，每年支持15所学校开展家庭教育特色项目研究。2017年5月，广州市教育局建立了26个家庭教育实践基地，广州市教育研究院研发了《广州市家庭教育实践基地管理办法》。这些基地从校本实际出发，针对热点难点问题，研究和探讨家庭教育理论和实践问题。基地学校通过项目驱动，形成工作创新和突破，成为家庭教育研究基地、成果孵化基地和示范引领基地。2014年成立的荔湾区家庭教育学院，实施"一十百千万"工程，建设十个家庭教育实验基地。这些基地有专项经费支持、专家队伍跟进，树立先进家庭典型，宣传优秀家庭教育案例，建设和谐家庭，擦亮区域家庭教育品牌。2016年6月，在中国家庭建设与教育高峰论坛上，国家卫生与计划生育委员会家庭教育司专题介绍了荔湾经验。

3. 形成家庭教育研究成果

2016年，广州市教育研究院汇编《第四届中小学德育创新成果集》，其中有5项是家庭教育工作创新成果。受市教育局、市妇联委托，广州市教育研究院编印了《2016年广州市示范家长学校经验成果集》《2016年学校家庭教育工作优秀成果集》《2017年家长委员会建设优秀成果集》，全面展示了2016~2017年度广州市学校家庭教育工作的特色和亮点。2016年，广州市教育研究院启动了"广州市家校关系现状研究"。在这一课题引领下，2016年向市教育局提交《广州市家庭教育三年行动计划》，2017年完成《广州市家庭教育基地建设和管理办法》《广州市星级家长学校建设标准》，这些成果已在工作中推广运用。各区也积极推出家庭教育区域研究成果，其中荔湾区教育局的《协同理念下的家庭教育研究》《社区家庭教育支持体系建设的研究》形成了一定影响力：2016年6月，《中国德育》杂志对该区的家庭教育研究工作进行了专题报道，同年11月全国妇联家庭教育工作调研组一行到荔湾区专题调研。

二 存在的主要问题

良好的学校家庭教育工作有两方面的内涵。一是家长积极参与学校教育：各级教育部门和中小学校创设条件，提高家长参与学校教育的积极性与有效性，保证家长对学校教育的知情权、评议权、参与权和监督权。二是学校热情指导家庭教育：学校发挥自身优势，加强对家长的家庭教育理论、内容和方法的指导，更新家长的教育观念，提升家庭教育质量，家庭成为学校教育的得力助手与有力后盾。目前,广州市学校家庭教育工作在这两方面取得了较好的经验,但仍然存在许多创新发展空间。

(一)家庭教育工作政策需进一步完善

2015年10月实施的《教育部关于加强家庭教育工作的指导意见》,对学校家庭教育工作做了全面的谋划和指导。广州市转发了教育部和广东省教育厅的相关文件,但还没有形成本市的具体实施意见。全市各区教育局将家庭教育工作纳入教育发展规划或计划,大部分区还制定了专门的家庭教育或家校合作的方案,但涉及财政经费支出、家庭教育指导服务工作量等具体问题,未能纳入这些规划或工作方案。市教育局按照教育部的有关规定,为局属学校每年配套家庭教育工作经费。但至2017年底,各区财政还没有为中小学家庭教育工作配套经费,有2/3的区每年只有面上的家庭教育专项工作经费。78.80%的中小学家庭教育工作经费是在学校公用经费中支出。调查显示,只有45.5%的区建立了家庭教育长效评价机制,广州市家庭教育工作评价与监督机制有待完善。为此,广州市需要制定《广州市学校家庭教育工作的指导意见》,加强家庭教育工作的政策保障和工作指导。

(二)家庭和学校沟通渠道需进一步畅通

良好的家校沟通是学校家庭教育工作顺利有效开展的基础。2016~2017年,学校与家庭沟通交流方式多样,学校更喜欢采用直截了当、方便快捷的方式,最常用的方式是"电话或短信联系"、"邀请家长面谈"、"家校联系手册"以及"召开家长会"。在这四种方式外,其他沟通方式采用比例明显不高。至2017年底,全市中小学幼儿园,45.9%没有"举办家长论坛、家长联谊会等",42.4%没有"建立家长学校网站或网页",34.2%没有"设立家长教育宣传栏、橱窗",32.3%没有"成立家长志愿者小组或义工队",23.2%没有"建立学校微信公众号",19.8%没有"组织亲子活动",17.5%没有"使用家校联系手册"。传统上有效的家访等沟通方式,在一些学校基本没有采用。家校沟通以家长会、电话联系、短信群发居多,沟通内容以作业布置和通知要求为主，这种单向的信息传递，内容与形式单一，沟通的实效不高。为此，需要完善多向多元沟通机制，提升家校沟通实效。

（三）学校家庭教育指导平台需进一步夯实

家长学校是开展家庭教育指导、提升家长教育素养、实现家校合作育人的基础平台。广州市家庭教育指导与服务方式和途径比较多样，但家长学校建设仍需要进一步夯实。一是部分学校对家长学校工作还在存在模糊认识，表现为不重视家庭教育指导、家长学校工作未列入工作计划、以家长会代替家长学校、整合社区教育资源开展家庭教育服务工作有待加强等。二是家长学校管理和办学质量的校际差异大。一方面，一些家长学校缺乏制度化的保障，工作流于形式，运作效果欠佳，家庭教育指导成效不明显；另一方面，一些学校重视合作育人，家长学校工作扎实有效，家校合作育人效果显著。家长学校发展不平衡还表现在，幼儿园、小学的家长学校办学质量和效益明显高于中学、中职学校。此外，许多中等职业学校前几年才划拨市教育局管理，与其他学校相比，这些家长学校建设起步晚、起点低、经验不足，需要进一步夯实基础、继续发展。

（四）家校合作育人机制需进一步健全

家长委员会是引领家长参与、促进家校合作育人的重要平台。建立家长委员会是构建现代学校制度的重要内容之一。2012年3月，教育部发文明确要求有条件的公办和民办中小学和幼儿园都应建立家长委员会。受各种因素影响，广州市中小学家长委员会的建设仍然存在组织松散、功利性强、家长认可度不高、教育参与度不高、作用发挥有限等问题。至2017年底，广州市所有公办中小学幼儿园都建立了校级家长委员会，但民办学校家长委员会建设与管理还需要加强。只有越秀、荔湾、花都、增城等四区民办中小学幼儿园100%建立了校级家长委员会，其他各区还需要进一步加强。同时，已经建立家长委员会的部分学校，不清晰家长委员会职责，将家长委员会等同于家长学校建设。调查发现，有27.4%的家长不了解家长委员会的工作。

各类学校家长委员会建设差异大，许多学校还未形成校级、班级和年级三级委员会架构。家庭教育工作先进学校通过家长委员会这一平台，引领家校有序参与学校教育，实现家长的各项权利，促进家校合作育人。但还有许多学校的家长委员会处于起步或停滞状态，为此，各级教育行政部门要进一步健全家校合作育人机制，出台中小学幼儿园家长委员会的指导意见，为家长委员会建设提供政策保障和清晰的指导。

（五）家庭教育工作实效需进一步提升

中小学幼儿园结合本校实际，开展形式多样的家庭教育工作，取得较好成效，但仍存在进一步提升的空间。在家庭教育指导方面，家长学校缺乏有针对性的个别指导或教育活动，需要加强分类指导，完善服务家长的内容和形式。中小学都较重视面上的普及指导，重视家庭教育观念的传授，但在个性化服务方面投入的资源不足；专题性教育活动缺乏系统性，难以持续进行。特殊儿童、问题少年的家庭教育指导仍是一个难点。家长学校在问题孩子的家教指导方面还需要投入更大的精力，开展有针对性的分层、分类或个案指导。家庭教育是家庭内部比较个性化的教育，需要个性化、专题性的教育指导，而个性化的家庭指导又需要较多的人力、物力资源。各学校的教育资源还需要适当向个性化的家庭教育指导倾斜，需要争取专家和志愿者的支持开展个案追踪指导。此外，一些家长学校渴望专家来校指导，但在邀请专家方面资源缺乏、信息不足、渠道不畅，影响到活动的质量，也难以保证这类活动常规、有效开展。

（六）专业人员素质需要进一步提高

广州市学校家庭教育工作主要由班主任、德育干部兼职承担。学校教师是学科教学专业人员，缺乏系统的家庭教育专业知识和技能训练，针对不同类型监护人（父母、祖辈、保姆等）开展有针对性的家庭教育指导有困难。上级主管部门对专兼职家庭教育工作队伍定期培训不足，受惠面不广。主要是不定期培训，培训层次多局限在区与校内，有的区甚至没有培训。一些学校对家庭教育工作认识不足，凭热情、凭感觉、凭经验，课程零散、不够系统和规范，导致了家长教育指导针对性不强、实效性不高。一些学校也积极邀请专家讲学，但受经费的局限，这类活动不可能经常进行。因此，还需要寻找整体提升家长学校师资质量的办法。另外，家庭教育讲师团队伍不稳定，讲师年纪偏大，工作模式固化，讲学课程易重合，内容不够新颖，不能满足新形势下家庭教育需求。各校借助校外资源，邀请"兼职教师"开展家庭教育指导，这些"兼职教师"的讲座有相当部分依托市场化运作，他们面上教育理念传播尚可，满足家庭个性化需要较难。

三 发展建议

2016~2017年，广州市学校家庭教育工作总体呈现良性循环发展趋向。党的十九大开启了中国特色社会主义新时代，也开启了学校家庭教育工作新时代，对家庭教育事业的发展提出了更高的要求。广州市要顺应新时代新要求，提升学校家庭教育工作品质，实现内涵发展、创新发展、特色发展。

（一）更新观念，明确家庭教育工作重要价值

1. 更新家庭教育工作观念

受各种因素影响，当前广州市一些区域、一些学校还存在应试教育倾向，对学校家庭教育工作重视程度不够，反映出家庭教育工作的观念还不明晰或不够准确。家庭教育是国民教育的基础，关系到每一个儿童的健康成长与一生的发展，关系到每一个家庭的生活幸福，关系到社会的安定和谐。家庭教育工作是学校德育工作的重要部分，是德育工作专业化、规范化、实效化，是形成全员育人、全程育人、全方位育人的德育工作格局的重要体现，是落实立德树人根本任务不可或缺的内容。为此，要明确家庭教育工作对促进少年儿童健全发展和亲子共同成长、提高家长家庭教育素养和增强家庭教育工作科学性、实效性的重要作用，充分发挥家庭教育工作的指导、提升和促进作用。

2.将社会主义核心价值观融入家庭教育

继续认真落实党的十九大精神以及习近平总书记系列重要讲话精神,特别是关于"注重家庭、注重家教、注重家风"的重要指示。坚持立德树人根本任务,将社会主义核心价值观融入家庭教育工作实践,将中华民族优秀传统家庭美德发扬光大。将社会主义核心价值观融入家庭教育,更新学校家庭教育工作观念、更新家长的家庭教育观念是复杂的社会工程,需要政府的积极推动和全社会的共同参与。建议广州提升宣传和普及好家教、好家风以及先进的家庭教育意识,进一步培育和践行社会主义核心价值观,从源头上引导全社会家庭教育能力的提升。

3.更新家长家庭教育观念

要进一步加强家庭教育指导,加强父母的家庭教育"源头教育"意识,明确家长在家庭教育中的主体责任。家庭是孩子健康成长的摇篮。家庭教育对人的成长具有早期性和终身性、血缘性和亲缘性、随时随地性的特点,"推动世界的手是摇摇篮的手"。家庭教育对孩子成长有不可替代的重要性,父母亲职教育在孩子健康成长和全面发展上有着不同的角色作用和责任要求。要在全市倡导和树立"父母好好学习,孩子天天向上"的家庭教育意识和社会风气;强化父亲的亲职教育和父亲对孩子成长行为、品格等的正面影响教育,强化家庭教育"第一影响源"的地位和作用。

(二)完善机制,保障家庭教育工作协调发展

1.完善家庭教育地方政策

围绕家庭教育发展中的重点、难点问题,开展家庭教育政策调研,对家庭教育工作的发展规划、条件保障、政策措施、法制建设等提出指导意见。修订完善《广州市中小学家长学校教学大纲》《广州市家长学校建设标准》,为家庭教育事业发展提供制度保障。要推动家长学校向法制化、制度化、规范化、社会化方向发展。广州市要参照重庆市的做法,加速广州市家庭教育立法进程,尽快出台广州市家庭教育地方法规,明确规范政府、社会、媒体、社区、单位、家庭、父母等对家庭教育的权利、责任和义务,做到家庭

教育工作有法可依，有章可循。

2. 健全家庭教育工作管理体制

由各级党政领导牵头，积极推进建立政府主导、部门协作、家长参与、学校组织、社会支持的家庭教育工作格局。各级政府要高度重视家庭教育工作，确保各项任务落到实处，推动家庭教育持续健康发展。要继续选树星级家长学校，以点带面，整体推进，形成推动家庭教育发展的合力。教育行政部门和科研部门要对家长学校的办学资质、办学条件、教育质量等工作进行有效指导，对家长学校的课程设置、教育教学、教学过程与验收等实施具体的协调监督，确保家长学校的办学质量。中小学幼儿园建立健全家庭教育工作机制，统筹家长委员会、家长学校、家长会、家访、家长开放日、家长接待日等各种家校沟通渠道。

3. 完善家庭教育经费保障机制

加大学校家庭教育工作经费投入，确保经费的来源相对稳定。推动各区财政切实为所属学校配套家庭教育指导经费。扩大市财政专项经费资助的范围，推动全市家庭教育事业发展。各区财政部门，要落实教育部、财政部的有关文件精神，为中小学幼儿园家庭教育工作配套相关工作经费。完善并严格执行家长学校专项经费管理办法，加大经费使用监管力度，提高家长学校经费使用绩效。专项经费的投入，对公民办学校一视同仁。拨出专项经费用于讲课的劳务费补贴、休息时间的管理费补贴及正常的一些必要开支等。

（三）拓展平台，保障家庭教育工作创新发展

1. 建立广州市家庭教育研究与指导中心

完善行政指导、专业平台、两新组织共同参与的机制，建立广州市家庭教育研究与指导中心，推动学校家庭教育工作的创新发展与专业化发展。"中心"协助广州市教育局德育主管部门组织、健全、统筹市、区、校三级学校家庭教育指导工作，承担学校家庭教育工作指导方面的课题研究、专业培训和实践指导等工作。配套成立广州市中小学家庭教育指导讲师团和建立广州市家庭教育工作指导基地，形成中小学校幼儿园家庭教育工作指导专业

队伍和实践平台。

2.建立家庭教育公共教育资源中心

家庭教育事业发展走向普及化、公共事业化是现代家庭教育发展的趋势，家庭教育社会资源"公共化"是一个关键步骤。建议依托市、区、街道社区三级家长学校、儿童活动中心、少年宫、图书馆、图书室和文化站等教育文化设施，建立家庭教育公共教育资源中心，为学校家庭教育工作和家庭教育事业发展提供支撑。"中心"建设包括场所、图书、设备设施的硬件建设和课程、师资、服务、信息网络中心等软件建设，为广州市家庭教育规范化、优质化、现代化等内涵发展提供有效支持和有力支撑。

3.建立区域家庭教育工作推动平台

目前，荔湾区联手中国教育科学研究院，成立了荔湾区家庭教育学院，实施"一十百千万工程"，推动区域中小学幼儿园开展家庭教育工作；海珠区成立了区家庭教育研究与指导中心、区家庭教育研究会，开展区域内家庭教育骨干培训。其他各区也要成立本区域的家庭教育工作平台。建议广州市教育局出台相关指导文件，要求各区教育行政部门明确学校家庭教育工作的负责科室、专责人员，建立本区域的家庭教育工作平台，加强学校家庭教育工作规范化、专业化指导，有序推动本区域内学校家庭教育工作。

（四）完善措施，保障家庭教育工作专业发展

1.家庭教育工作培训专业化

加强专业培训，促进家庭教育队伍专业化发展。尽快将家庭教育纳入教师继续教育课程体系，引领教师重视家庭教育，形成重视家庭教育工作的教坛新风。创新家庭教育指导骨干教师培养和聘用制度，提高家庭教育工作队伍职业化水平。每年开展全市家庭教育骨干培训，将家庭教育工作纳入教育行政干部和中小学校长培训内容。中小学幼儿园提供条件支持教师参加各类培训和进修、外出参观考察、参加各类家庭教育学术研讨活动，提高教师家庭教育指导能力。建成以分管德育工作的校长、幼儿园园长、中小学德育主任、年级长、班主任、德育课老师为主体，专家学者和优秀家长共同参与，

专兼职相结合的家庭教育骨干力量。

2. 家庭教育指导专业化

调查发现，广州市中小学生家长普遍关注家庭教育能力的提升。能力提升的基础是与时俱进的先进的家庭教育观念的树立，而能力提升的保障则是专业化的家庭教育培训指导。父母在孩子健康人格成长中的角色作用是家庭教育中一个专业化的问题。当前，广州市家庭教育专业蓬勃发展趋势明显，对今后学校家庭教育工作提出新的要求、新的机遇和新的挑战。学校家庭教育工作要创新活动的形式和载体，注重提高活动的参与性、互动性，调动家长儿童的主体意识和积极性，切实提升家庭教育指导的专业性。例如，可以多开展专业咨询和个案辅导，指导家长针对孩子的个性特点和特殊性进行个别性和个性化的教育辅导，促进孩子的健康成长和个性发展。

3. 家庭教育课程专业化

课程是学校教育的核心支撑，广州市家庭教育工作正在向"学习化""专业化""规范化"方向发展，家庭教育课程专业化是发展的主要任务和核心内容。家庭教育课程专业化是家庭教育科学化、规范化发展的标志，对于当前家庭教育课程零散无序的状况而言，家庭教育课程建设的意义更是不言而喻。为此，广州市要与时俱进修订《广州市中小学家长学校教学大纲》和《广州市中小学家长学校教材》。家长学校教材以"家庭、家教、家风"为核心内容，以提高家长家庭教育素养为课程目标，构建有广州特色的课程体系，内容应该包括培训者课程、指导者课程和家长课程。培训者课程培训家庭教育指导讲师团成员、家长学校校长；指导者课程培训学校家庭教育指导者特别是德育干部和班主任老师；家长课程培训指导中小学校（幼儿园）学生家长。

（五）引导参与，保障家庭教育工作协同发展

1. 引领家长参与学校教育工作

建设中小学家长委员会、引导家长有序参与学校事务，是中小学教育管理的常规要求，是建立现代学校制度的重要内容。广州市要继续推进中小学

幼儿园普遍建立家长委员会，推动建立年级、班级家长委员会。中小学幼儿园要将家长委员会纳入学校日常管理，制定家长委员会章程，将家庭教育指导服务作为重要任务。指导家长委员会科学运行，尊重家长的主体意识、权利意识和参与意识，加强家长志愿者（家长义工队、家长教师队）的培训，引导他们有序地参与家校合作育人。要通过教育评估，指导家长委员会科学运行，继续将是否建立家长委员会、家长委员会运行的绩效作为评价学校管理和德育工作的重要指标。

2. 引领社会参与学校家庭教育工作

除现职的中小学、幼儿园教师担任家长学校的教师外，广州市急需成立包括各类专家、学者在内的各级家庭教育讲师团，为一线学校提供及时的支持服务。可以拓宽渠道，像高校、科研机构从事家庭教育研究的教师、科研人员，一些社会机构、服务团体的相关工作人员，家庭教育成功人士与优秀家长，社会知名人士，志愿服务工作者，等等，都可以广泛吸纳到家长学校工作中来。此外，当前亟须在高等院校开设家庭教育学专业及其相关课程，培养家庭教育工作专业人才；同时大力发展社会服务系统，将更多的经过专业培训的家庭教育社会服务工作者充实到家长学校工作领域。

3. 提高学校家庭教育工作社会化程度

广州市要完善多方联动、协同共育机制，搭建社会育人平台，积极争取社会参与和支持学校家庭教育指导工作。要健全发展各级家庭教育学（研究）会，鼓励发展各类家庭教育社会组织，延伸家庭教育服务平台，加大各级政府购买服务力度，发展家庭教育公益项目，满足家庭教育工作发展需求。建立社区化家庭教育指导中心和培训基地的专业平台，营造家校合作协同育人社区化共育机制。规范家庭教育指导服务市场，发挥家庭教育学会行业监督和专业指导作用，逐步建立监管评估机制，为其良性发展提供保障。加强与服务妇女儿童和家庭的社会组织合作，促进家庭教育社会化进程。

（六）凝练特色，保障家庭教育工作品牌发展

1. 指导家长学校品牌发展

要进一步完善星级家长学校、家庭教育实验基地建设标准，创新发展学校家庭教育工作特色品牌。推进广州市中小学幼儿园家长学校和家庭教育示范学校的规范建设和特色创新，发展出广州中小学家庭教育品牌。及时提炼展示家庭教育的特色和经验，引导家庭教育特色成长成为家庭教育品牌。继续坚持开展广州市星级家长学校选树活动等品牌活动，还要不断创新，适应新需求，形成新时期广州市家庭教育工作新品牌，要尽快建立广州市学校家庭教育工作三级工作平台、完善家长学校经费投入机制、修订家长学校教材、推广广州家教微信平台等，满足"互联网+"时代下父母对家教知识的需求，打造广州家长学校工作新模式，为广大家长更好学习家教知识创造条件。

2. 指导家长委员会特色发展

建立中小学家长委员会，是我们国家走向教育现代化、完善中小学学校管理的制度性安排。广州市要切实加强对家长委员会组建工作的领导，制定具体的家长委员会实施意见，把建设和组织家长委员会作为教育行政干部和中小学校长的培训内容。培育优秀家长委员会，及时总结和推广家长委员会好经验、好做法，促进家长委员会的特色发展。把家长委员会作为建设依法办学、自主管理、民主监督、社会参与的现代学校制度的重要内容，所有中小学都要建立三级家长委员会。要发挥学校主导作用，落实学校组织责任，将家长委员会纳入学校日常管理；根据学校发展状况和家长实际，采取灵活多样的组织方式，确保家长委员会依法、规范、有序、有效地开展工作，取得实效。

3. 科研引领打造特色品牌

广州市要加强学校家庭教育工作研究，用学术引领、课题带动促进学校家庭教育工作创新发展。要坚持问题导向，设立一批家庭教育研究课题，形成一批在省、全国和国际有影响力的研究成果，为学校家庭教育工作的科学

发展和教育的实效性提供理论支持和决策依据，引领家长学校向更高水平发展。继续开展家庭教育现状、立法研究和决策调研，推动家庭教育制度化、法制化发展。深化家庭教育特色项目研究，对优秀项目进行跟踪指导，发挥项目的示范、引领作用。定期开展家庭教育指导学术研讨或经验交流活动，推广家庭教育工作优秀成果。继续加强家庭教育实践基地建设，总结推广优秀成果；发挥各级教育学会家庭教育专业委员会和家庭教育学会（研究会）等社会组织、学术团体的作用，定期开展家庭教育指导学术研讨或经验交流、推广活动，统整家庭教育理论研究工作，推动全市家庭教育理论与实践发展，探索建立具有广州特色的家庭教育理论体系。

参考文献

广州市教育局：《广州市教育发展规划（2011~2020）》，广东科技出版社，2012。

蒋亚辉：《经济转型期广州青年教育与学习发展状况研究》，《经济研究导刊》2016年第1期。

广州市教育局：《广州市教育事业发展第十三个五年规划》，2017年1月。

广州市教育局、广州市妇女联合会：《广州市示范家长学校经验成果集》，新世纪出版社，2016。

教育部基础教育司：《中小学德育工作指南实施手册》，教育科学出版社，2017。

全国妇联儿童工作部：《全国家庭教育指导大纲解读》，法律出版社，2011。

蒋亚辉：《广州青年发展报告（2017）——广州青年教育与学习发展状况研究》，社会科学文献出版社，2017。

区域篇

Regional Education

广州市番禺区教育事业发展报告

广州市番禺区教育局

摘　要： 番禺区通过加大经费投入、完善各级各类教育体系、加强"上品立人"德育特色和品牌推广、深化基础教育课程改革、构建"三位一体"体艺育人空间以及强化法制教育和督导工作，促进全区各级各类教育提升办学水平。为进一步促进教育提质增效，未来尚需要扩大优质资源缓解入学压力、多渠道促进均衡发展、培养高层次教师、理顺管理体制和创新管理方式。

关键词： 番禺区　均衡优质发展　上品立人

番禺区秉持"教育望高而立，高标准实现教育现代化，奏响广州好教育主旋律，营造师生幸福成长的教育新常态"的发展愿景，争先创优，打造教育教学质量品牌，创新模式，提升各级上品立人实效，完善体系，提升各类教育办学水平。

一 基本情况

学前教育不断追求公益普惠。2017学年，全区有幼儿园318所，其中公办园98所，占比30.82%，民办幼儿园220所，其中普惠性民办园占比74.09%；适龄儿童入园率达99.9%以上。义务教育逐步走向优质均衡。2017学年，小学招生共27000人，初中招生共16600人，共分配2140个公办学校起始年级积分学位。与此同时，不断推进番禺中学附属学校建设，探索小学、初中教育一体化的良性循环、优质培养机制，连同其他优质学校形成辐射带动效应。普通高中教育逐步走向内涵式发展，稳步推进"番禺区中学生发展指导实验"，在广东番禺中学成功举办第三届全国"高中学生发展指导高峰论坛"。职成教育方面也取得较大成效，其中广州市番禺区新造职业技术学校3门课程被认定为市级精品课程；新增省卓越职业学校2所，中职技能大赛团体总分蝉联全省第一。社区教育逐渐丰富，筹办第12届"全民终身学习活动周"，完成"百姓学习之星""终身学习活动品牌"评选。特殊教育受到更多关注，开展资源室建设工作；建立以财政为主、社会支持、全面覆盖、通畅便利的特殊教育保障机制。民办教育也逐渐走向规范，对民办中小学招生进行网上审核，全面监控；引入第三方年检制度，年检工作更加公平、公正、公开。

二 主要举措与经验

（一）加大投入，不断巩固教育保障体系

1. 稳步推进学校改建扩建项目

2016年全区教育基础建设完成投资43720万元，改扩建学校70所，新增竣工校舍面积约12万平方米。2017年教育基础建设投资约66000万元，新增竣工校舍面积约11万平方米。广东番禺中学附属学校、广州市番禺区

天誉小学、广州市番禺区毓贤小学等一批学校如期开学，顺利推进广东仲元中学第二校区及大学城、亚运城、广州南站"两城一站"教育配套项目建设。进一步落实中小学基础教育设施三年提升计划建设任务，取得了较好的成绩，得到了市政府的肯定，并于2017年5月召开了广州市中小学基础教育设施三年提升计划的现场会，向全市推广本区经验。全市首批通过专家审查的8个校园功能微改造项目中，番禺区占有5个项目，得到市教育局和评审专家的一致好评。积极跟进区十件民生实事，风雨连廊建设工程全区有63所中小学已完工。推进由区供销社代管学校小卖部等工作，已建成8所学校供销社"诚品轩"连锁店。

2. 装备提升推动教育现代化发展

一是加强创新实验室建设。截至2017年，建成广东第二师范学院附属中学新能源探究实验室、广州市番禺区市桥桥兴中学化学创新实验室、广州市番禺区石碁中学"碁妙空间"（3D机器人和传感器实验室）创新实验室。二是整合扩容，完成教育信息化核心设施升级。2017年度全区财政投入教育信息化建设资金超过2亿元，区内100%的学校接入互联网，100%的学校建有校园网，100%的学校配备计算机室，100%的教学班级配备多媒体教学平台，公办中小学师机比达0.89∶1，生机比达5.83∶1，超过50%的学校完成办公区域无线网络覆盖。投入200万元完成区域教育城域网的万兆骨干升级改造；投入450万元用于教育云计算中心机房扩容；投入300万元用于区域教育城域网无线管理中心建设，连续3年，每年投入100万元，完成区内中小学网站的集约化建设。三是大力推进智慧校园建设及培育工作。番禺区投入500万元用于市智慧校园基础环境建设，完成智慧校园试点学校无线网络全覆盖，并为每所智慧校园配备一个智慧课室。每年投入近200万元开展省现代教育技术实验学校特色应用试点项目。电子书包实验项目前后共确立42所实验校，217个实验班，983名实验教师，10785名实验学生，为参与实验教师及学生人手配备了1台星海教育平板。2017年度番禺区进一步加大投入，投放4500台平台对部分实验学校老旧设备进行更换。

（二）完善体系，促进各类教育协调发展

1. 学前教育更普惠

2016年番禺区被评定为广东省除佛山市外、广州市唯一的国家学前教育改革发展实验区，在2017年广州市学前教育三年行动计划第二期督导验收中获得"优秀"等级。

2. 基础教育特色均衡发展

公办学校100%成为标准化学校，被评为市、区"义务教育阶段特色学校"的占全区义务教育学校总数的58.5%，提前实现了市教育"十三五"规划"义务教育阶段特色学校达50%以上"的目标。2017学年秋季入学，全区义务教育起始年级共招收来穗人员随迁子女21311人，其中入读公办学校10721人，占来穗人员随迁子女入学总数的50.31%，完成了市政府"2017学年起以公办学校和政府补贴的民办学校学位解决随迁子女入读小学一年级和初中一年级的比例不低于50%"的目标任务。14所高中全部是省级以上优质学校，广州市番禺区实验中学、广州市番禺区石碁第三中学、广州市番禺区洛溪新城中学创建广州市示范性高中工作有序推进；全区有14门高中特色课程获得市立项，其中8门获市重点立项。

3. 番禺区积极促进中职教育校企合作

大力促进产教融合，采取"以奖代补"政策，吸引行业企业和社会力量投入中职教育，做好中职教育与番禺经济产业、社会需求的有效对接。同时大力发展成人职业技能培训和成人学历教育。为社区内在职人员、失业人员、外来人员、残疾人提供技能培训服务。进一步提供成人高等学历教育机会，社区教育中心、番禺电大与区域内高等教育机构联合办学，增设适合番禺经济、社会和文化发展需要的专业课程或其他学历教育课程。

4. 强化特殊教育发展水平

完善特教"3+9+3"教育模式。2017学年，广州市番禺区培智学校开设特教职业高中班，学制三年，共设4个专业7个班，在校学生81名；学前部开设4个班，在园儿童28名。本区公办中职学校也按照上级教育部门

要求，安排学位用于随班就读学生入读。继续在全区开展特殊儿童"送教上门"及家长培训工作。设置随班就读基地学校，成立了区随班就读资源中心，区随班就读指导中心和特殊儿童少年转介安置指导中心也已获得区编委办核准成立。

5. 助推民办学校发展

在广州市率先建立对民办学校的区级补助奖励制度，每年向民办学校拨付免费义务教育专项经费5000万元，资助奖励2000万元；2017年，区民办中小学教师培训投入464万元，资助民办中小学校改善办学条件投入590万元，公民办中小学结对帮扶、特色建设、奖励等项目投入571万元。

（三）稳步推进，提升"上品立人"工程实效

1. 大力推进"上品立人"特色工程，加强德育工作特色培育和品牌推广

番禺区教育局出台了《关于加强中小学文化德育工作的指导意见》，召开番禺区中小学文化德育工作会议，开展文化德育培训，编写《文化德育读本》地方德育课程，运用番禺区蕴含丰富的历史文化资源和彰显正能量的时代精神，帮助中小学生形成正确的价值观和人生观。

2. 以创建文明校园为抓手规范德育基础工作

一是组织区各德育研究会编制了《德育常规工作指引》《德育工作指引》《学校德育工作指引》《班主任工作指引》《学生假期生活指导》等读本。二是加强德育队伍建设，14个区级名班主任工作室挂牌成立，充分发挥省区市三级名班主任工作室的示范辐射引领作用。三是加强师德建设，严格师德管理底线要求，开展师德师风专项检查和师德建设优秀工作案例评选，建立健全"教育—宣传—考核—监督—奖惩"的中小学师德建设长效机制。四是以社会主义核心价值观为引领，编印《和风雅韵——番禺区教育系统教师好家风故事》，弘扬番禺教师好家风。五是加强家校合作，编制了《番禺区中小学、幼儿园家长委员会工作手册》和《番禺区中小学幼儿园家长委员建设指导意见》，并制定了家长委员会建设标准，引导家校合作健康有序发展。

（四）争先创优，深化基础教育课改工程

1.打造"研学后教"课堂教学改革升级版，构建课堂新样态

番禺区教育局出台《广州市番禺区深入推进"研学后教"课堂教学改革实施指导意见》，进一步深化课堂教学改革。2017年举行了番禺区深化"研学后教"课堂教学现场会；努力打造基于"研学后教"理念的"电子书包"应用新亮点，编辑出版了专著《电子书包进课堂》，填补了当前国内电子书包研究理论与实践的空白；推进"基于'电子书包'的双课堂教学应用"实验工作，2017年，各实验校共举办电子书包公开课近百节，专题研讨会40多次，番禺所采用的电子书包实验模式得到了国内同人的充分认可。2016年、2017年连续两年成功承办由中国教育技术协会、广东省教育技术中心主办的"'一师一优课、一课一名师'广东省'互联网+教研'现场课例展示和网上互动教研活动"，超过5万人通过网络观摩了课例展示的实时直播。

2.推进"番禺区中学生发展指导实验"项目研究，指导学生做好人生发展规划

按照实验方案有序推进中学生发展指导实验工作，区内5所实验基地学校在专家引领下积极开展实验，并取得了较好的阶段性实验成果。成功承办2017年全国高中学生发展指导高峰论坛。组织召开学科高考、中考备考研讨会。2017年番禺区普通高考成绩再创新高，重点本科率、本科率、总上线率均创历史新高，首次实现了"二六九"目标。2017年番禺区中考总分平均分为578分，总分700分以上考生1515人，番禺区中考成绩继续保持在广州市前列，呈现优质均衡发展态势。

（五）尚美健体，大力提升育人成效

番禺区以尚美健体工程促进体艺教学改革的深化和体艺教育水平的提升，高度重视学校体艺教育，构建课堂教学、课外活动、校园体艺教育氛围三位一体的育人空间。一是保障开齐开足体艺课程。二是加强学校体艺教育专用室场的规划和建设，注重营造校园体艺教育氛围。如加大对重点项目及

学校场馆设施的建设力度,扩大室内体育场馆的建筑体量;推进新一轮校园运动场及跑道塑胶化改造,建设覆盖率达到100%。三是深入开展"体育艺术2+1"特色的大课间体育活动,促进"一校一品""一校多品"校园体育特色建设。各中小学校推进校园足球、篮球、乒乓球、毽球等项目活动的开展。2017年,全区新增全国校园足球特色校26所。在国家、省市等各级大赛中,师生在啦啦操、篮球足球、田径击剑、科技创新、琴棋书画、音乐舞蹈等各类比赛中所获奖项不少为全国前列,为广州市各区获奖人数之最。区中学生田径队成功实现广州市中学生田径运动会自举办以来的团体总分十连冠。

(六)优制善治,助推学校优质发展

1. 强化法治教育

全区贯彻落实《依法治教实施纲要(2015—2020)》和《青少年法治教育大纲》的要求,组织学生参加广州市中学生法制知识竞赛,多所学校获得一等奖。加强教育预防、依法惩戒和综合治理,构建预防和惩治校园欺凌的长效机制。编制了《番禺区中小学防治校园欺凌工作指引》,录制反校园欺凌主题班队示范课《校园内外欺凌现象与如何做好防范》视频和番禺区反校园欺凌系列微视频,指导学校预防和处理校园欺凌。此外,还编制了《番禺区班主任工作之生命教育工作指引》,指导班主任教育学生珍爱生命。

2. 教育督导工作跻身全国前列

番禺区每年做好"均衡县"督导检查后的监测工作,跟进每学年教育事业情况表填报情况,确保全区公办义务教育阶段学校综合差异系数符合要求。2017年3月,番禺区被教育部评为第一批全国中小学校责任督学挂牌督导创新县(市、区)。

三 问题与展望

由于区域城市化进程快速及"二孩"政策后出现资源供给矛盾等因素影响,现阶段番禺区教育也存在着不少问题与挑战亟待解决。

（一）扩大优质教育资源缓解区域学位压力

由于部分区域人口集中，供需在空间上错位，部分镇街现有学校、幼儿园不能满足居民入学需求。义务教育阶段中心城区学校学位压力较大，学校可扩容和挖潜空间不足。目前市桥街、桥南街、大石街、洛浦街的义务教育学位较紧，随着"二孩"政策的实施，这些区域的学位压力更大。为缓解区域学位紧张局面，将主要采取以下措施：一是全力推进广东仲元中学第二校区建设，将广东仲元中学打造成为广州南部的龙头学校。二是进一步完善番禺中学附属学校的建设使用，积极探索九年一贯制学校办学的经验。三是加快推进三年提升计划项目的建设工作，继续推进大学城、亚运城、广州南站"两城一站"教育配套项目建设。四是创新办学模式，引进优质资源，开展与华南师大、广铁一中等名校合作办学，争取提供更多优质教育资源。

（二）多渠道促进区域教育均衡发展

番禺区虽于 2017 年获得了"广东省促进义务教育均衡发展先进单位"荣誉称号，但镇街之间、校与校之间的教育基础条件、教学水平仍存在一定差距。目前相对薄弱的农村学校在硬件、软件方面仍待再改造、再提升。

1. 政策倾斜扶持薄弱学校发展

在经费、项目建设上向薄弱学校倾斜，建立农村和薄弱学校教师的专项培训制度，逐步建立职务职称评聘、薪酬待遇向农村学校倾斜的激励机制；扩大优质学校高中招生名额均衡分配到区域内初中的比例。

2. 开展结对帮扶，整体提升办学水平

制定《广州市番禺区教育局关于推进学校"提升、改造工程"的工作方案》，组织区内 20 所优质学校与 20 所相对薄弱学校两两开展结对帮扶工作。加大区域内公办学校对民办学校的帮扶力度，鼓励优质民办学校和薄弱民办学校之间的结对帮扶，促进民办学校教师的专业发展。

3. 探索学区化管理和联盟学校建设模式

有机整合现有管理机制，试行教育指导中心管理下的学区办学探索，完善学区机构议事制度和一体化管理，在学区内实施"统一招生管理、统一教学管理、统一设施共享、统一教师管理、统一课程资源、统一研训活动、统一教学评价"等捆绑式发展策略。推动区的优质示范性高中牵头组建教育集团。

4. 加大区内教师的交流力度，推进校长轮岗制度

积极推进区内公办学校校长（园长）、教师定期交流制度。2014～2016学年，番禺区共交流教师1177人，其中参与交流的城镇学校、优质学校教师568人，区以上骨干教师78人；中小学校长、幼儿园园长区内轮岗交流126人。后续区教育局将建立区内教师定期流动的刚性约束机制，通过区域内校长、教师科学合理有序流动，把名校、名师的经验方法辐射到薄弱学校，逐步缩小校际师资水平差距。完善区内教师交流的待遇保障机制。城镇中小学教师支教期间的工作表现，作为岗位聘任、晋升职称或行政职务、评先评优的依据。

（三）内培外引提高高层次教师占比

番禺区教师中全国名校长、名教师、名班主任等高层次拔尖人才不足。为此，区教育局一是开辟了高层次人才引进的快速通道。2017年下半年按区委、区政府的要求制定了《广州市番禺区基础教育高层次人才引进办法》，以德才兼备、能力突出、业绩出色、业内认可为标准，开通引进高层次人才的绿色通道，一事一议、随时受理、限时办结，争取引进在小学、普通中学、特殊教育等领域具有丰富教学、教研或管理经验的广州市外高层次教育人才。二是加强内部培养工作，对公开招聘教师办法进行"微改革"。采取到优质高校招聘与本地招聘相结合的方式，优化考试结构和招聘环节，力求精选优秀年轻教师进入教师队伍。从2017年招聘结果看，教师来源结构比以往有明显改善，不少原985、211高校的优秀毕业生将加盟番禺区教育事业。调整体育艺术教师招聘顺序，一定范围内先技能测试后笔试及面试，增大体育艺术专项技能选择面。进一步加强体育艺术教师队伍建设，努力解决专业体育艺术教师结构性缺编问题，以便开足开好体育艺术课。三是

力促教师专业化发展。加强番禺区品牌教师的打造，重点实施名校长、名教师与名班主任培养工程，与中山大学、北京师范大学联合建设名校长、名教师、名班主任工作室。精心做好番禺区"师德模范""十佳班主任""十佳青年教师"的评选工作，通过表彰先进，发挥典型示范作用，带动番禺教育质量的全面提升。

（四）理顺教育管理机制破解学校建设困境

由于番禺区的建设用地指标有限，新修编土地利用规划只能做减量规划，即使通过各种方式调整，也仅能保障近期已明确新建、扩建计划学校的建设用地规模。而全区已开办的学校大部分没有用地手续，校舍建设时也未办理报建手续，导致学校在需要扩建、改建时难以报建。为此，需进一步理顺教育管理机制，通过市教育局、市国规局等部门合力，针对学校改扩建等历史遗留问题出台政策，解决无用地及产权手续校舍的历史确权问题、该类学校改扩建的报建及消防审批问题，为学校扩容扫除机制障碍。

（五）创新管理方式解决村集体办幼儿园发展困难

村办园规模小、水平较低、经费紧、办园体制未理顺，严重制约了学前教育的发展。自 2015 年实施"五证合一"登记制度改革以来，由于村集体办幼儿园举办者是村委会，资产属于村集体所有，无法完成登记，组织机构代码未能如期通过年审被银行要求冻结对公账户，严重影响教职工工资发放和幼儿园日常运营管理。为此，建议探索新的管理方式和经费筹措方式。

1. 改革运营模式

一是在各镇街中心幼儿园加挂"村集体办幼儿园管理办公室"牌，统筹镇街中心幼儿园编制，负责日常业务指导和统筹管理。二是加强村集体办园账目管理，或是设在镇政府（街道办）财政所，负责统筹村集体办园经费拨付使用；或是设在镇街中心幼儿园，由村集体办幼儿园管理办公室管理。三是解决村集体办园组织机构代码登记问题。由于村集体办园无法进行事业单位登记，考虑将举办者由"村委会"改为"镇政府（街道办）"，双方就园舍产权签订协议，以镇街名义完成单位登记，或者将村集体办园作为镇街中心幼儿园分园的形式完成单位登记。以上问题急需编制办等部门管理意见。

2. 建议将办园的村集体资产列入不得交易范畴

建议区农业部门牵头修订《番禺区农村集体资产交易管理实施细则》，禁止村集体物业通过三资平台竞投出租举办民办幼儿园，将用于办幼儿园的村集体资产列入不得交易的范畴，保障村集体办幼儿园物业用于举办公益普惠性幼儿园。

3. 增加经费来源渠道

区级财政参照市级安排学前教育发展经费向村集体办幼儿园倾斜的标准执行。村集体办幼儿园的限价收费标准不参照公办幼儿园标准，或是参照各区普惠性民办幼儿园收费标准，允许在公办幼儿园收费标准基础上略有上浮，或是本村村民子女继续按照公办幼儿园收费标准，非本村村民参考番禺区普惠性民办幼儿园等级限价收费标准。收支盈余必须用于幼儿园发展建设或教职工福利提升。

4. 改善办园条件

经摸查，全区现有37所村集体办园需要选址重建或改扩建，为改善现有园舍环境，初步估算经费总计13744万元，为此建议由区统筹建设资金，并报请省、市财政各支持部分资金。

广州市花都区教育事业发展报告

广州市花都区教育局

摘　要： 花都区通过加大投入、完善条件、调整布局、整合资源、内培外引、大力扶持等措施促进各类教育协调发展，全区教育现代化水平迈上新台阶。未来花都区还将多管齐下改善办学条件、完善后勤服务管理、完善责任区督学制度和推行校级领导和中层干部任期制等促进教育进一步发展。

关键词： 广州　花都区　教育现代化

一　基本情况

花都区践行"人本发展，止于至善"的区域教育发展理念，在巩固广东省推进教育现代化先进区成果的基础上，以"创新、协调、绿色、开放、共享"为发展主题，振奋精神，砥砺前行，坚定不移深化教育改革，全面推进依法治教，促进了各级各类教育均衡、优质、公平发展，为加快建设创新创业创造宜居宜业的枢纽型幸福美丽花都做出了贡献。2016年，成功创建为"广东省中小学校责任督学挂牌督导创新区"；2016~2017年，全区7个镇顺利通过"广东省教育强镇"复评；2017年顺利通过广州市发展学前教育第二期三年行动计划督导验收，全区教育现代化水平迈上新台阶。

2017学年，全区共有幼儿园104所（其中公办幼儿园29所），在园幼儿30699人，在园教职工4126人。公办中小学134所（其中小学98所、初中21所、九年一贯制学校6所、完全中学6所、高级中学3所），在校学生

117450人，教职工8370人；民办中小学46所（其中小学5所、九年一贯制学校39所、十二年一贯制学校1所、完全中学1所），在校学生80937人，教职工5356人，专任教师3961人。另外，有公办特殊教育学校1所，在校学生76人；公办中等职业技术学校3所，在校学生5217人；属地内普通高等院校11所，在校学生10多万人；镇（街）农村成人文化技术学校（社区学校）6所、村（社区）文化技术培训中心188个；非学历教育培训机构57个。

二 主要措施与经验

（一）加大投入，完善条件，提高公共教育服务水平

1. 实现十二年免费教育

花都区高度重视教育发展，不断增加财政投入，全面实施城乡免费义务教育、免费中等职业教育、免费普通高中教育。2017年，各级财政共安排免费义务教育资金共2.9亿元，安排免费中等职业教育经费2524万元，区财政安排免费高中教育经费2222万元。加大对困难学生资助力度。

2. 办学条件不断完善

一是广州市花都区秀全中学新校区完成整体搬迁。在区委区政府的大力支持下，秀全中学位于狮岭镇平步大道以北、芙蓉大道以西，投资91493万元、占地432亩的新校区于2016年9月完成首期项目建设并投入使用，2017年9月完成了整体搬迁，提高了花都高中教育的品质，很好地满足了花都人民对优质高中教育的需求。二是积极推进中小学校基础教育设施三年提升计划（2016~2018年）。其中政府主导建设学校及示范性高中建设项目共16项，计划总投资204649.48万元，2017年9所学校已完成工程招标手续开工建设，项目总开工率56%。住宅配套建设学校项目共5项，其中3个项目已经移交接收并顺利开办；天马丽苑配套小学、华南师范大学附属花都学校已完成主体工程建设。校园功能微改造试点项目共3项，计划总投资4779万元，目前均

已完成初步设计方案，正在推进项目前期准备工作。三是按计划推进基础教育658个体育卫生设施改造提升项目建设。截止到2017年10月，已有460个项目完工，67个项目正在施工建设中，项目开工率80%，项目完成率70%。四是教育信息化不断提升。完成花都区教育局远程视频互动录播教学及会议培训系统、教育信息化"云应用"平台及资源平台系统、10所"云桌面"样板学校、10所智慧校园样板学校网络改造等四大项目建设。

（二）调整布局，整合资源，构建现代教育发展新格局

1.合理调规，科学布局，适应城市及产业发展需要

早在2011年，花都区教育局、区规划分局已编制《花都区中小学建设发展策略研究与布点规划》和《广州市花都区中小学建设控制性导则（2009—2020）》。现阶段，全区中轴线区域、花都湖区域、广州北站区域、空港经济区等区域正在进行规划修编，同时还在进行产业园区规划。为进一步合理配置和有效利用教育资源，需要根据全区规划修编情况对中小学布局进行新一轮调整，从而构建适应花都现代教育发展新格局。

在新一轮学校布局调整中，对学位偏紧城区进行了调整，将中学向城区外移，原高中校址改建初中，初中改建九年一贯制学校，小学改建幼儿园。2017年已经将秀全中学搬至城区外围新校区，并且恢复了初中部招生。秀全中学原址整体划归秀全外国语学校，扩大4个教学班的办学规模；花东中学改造成为全寄宿制优质公办初中；培新中学调整为九年一贯制学校，金华中学逐步调整为完全小学，横潭小学逐步调整为幼儿园。

2.积极推进成片住宅小区配套学校（园）建设

2016年与2017年，新开办花都区狮岭镇御华园小学、花都区狮岭镇金碧小学、花都区秀全街第二小学、花都区新雅街嘉汇城学校、花都区自由人花园学校、花都区赤坭镇碧桂园小学、花都区花东镇峰境小学、花都区秀全街学府路小学等8所小区配套学校，有效解决了配套小区业主子女入学问题。

3.建立义务教育学校委托管理机制

推动名校办分校，增加小学优质学位。2017年，全区共建立4对托管

与被托管学校：花都区新华第五小学托管花都区新华五华小学，花都区新华云山学校托管花都区新华田美小学，花都区骏威小学托管花都区花城街三东小学，花都区圆玄小学托管花都区狮岭镇石岗小学。2017年上述4所名校增加68个班共3060个优质学位，盘活了教育资源，有效地解决了城区小学优质学位不足的问题。

4. 引进市级名校合作办学

2017年引进广雅中学花都校区，花都区政府于2017年3月与广州市教育局就广东广雅中学（花都校区）建设签订框架协议，目前已编制了项目建议书，对建设指标、建设规模、建筑成本都有了初步计划。2017年9月，花都区人民政府、华南师范大学、广州万达城正式签订合作办学协议。

（三）深化改革，内培外引，建设高素质的师资队伍

1. 推行校级领导和学校中层干部任期制，配齐配强干部队伍

2017年花都区教育局通过竞争性选拔方式选任了11名小学校长、16名幼儿园副园长，对28位校级领导干部进行了交流。首先在初中副校长队伍中推行任期制，2017年全区37名任期满5年的初中副校长职务自然免除。目前正在开展4个高中副校长岗位、50个初中副校长岗位，75个小学副校长岗位的竞争性选拔工作。通过以上举措，将基本配齐配强校级领导班子，大大提高了管理效能。制定《关于实行学校内设机构领导任期制的实施方案（试行）》，在广州市花都区邝维煜纪念中学开展了中层干部任期制试点工作。其次是加大杰出人才引进力度。2017年区政府出台了《广州市花都区引进杰出教育人才实施办法》，对杰出教育人才中的名校长安家补贴提到200万元，名教师的安家补贴提高到120万元，2017年已经落实引进名教师1名、名校长1名。

2. 加大新教师招聘力度

为解决适龄学生人数不断增加及二孩政策正式实施后教师缺员的实际问题，花都区教育局根据各学校学生变化情况，科学调整学校编制配备，为中学流动教师的入编和新教师的招聘打好基础。2017年到湖南师大和广西师

大招聘新教师73名，在区内招聘新教师34名，配备到区内缺编的小学。同时招聘新机制教师282名。通过以上举措，极大缓解了区内部分小学、特别是部分偏远农村学校的严重缺编现象。其中新招聘心理教师15名，配备到部分学生较多的学校，以利于加强学生的心理健康教育。

3. 加强师德培养与业务培训

抓实师德师风建设工作，开展新进教师岗前师德培训、开展中小学和幼儿园师德师风检查。在全员培训的基础上，2017年选派了6人参加了省级骨干校（园）长跟岗学习；39人参加省级校长、教师培训学习；2人分别参加广东省2017年紧缺领域骨干教师培训和2017年中小学教师省级能力提升高端研修班学习；7人参加广州市"百千万人才培养工程"中学名教师培养对象赴台研修班学习；16人参加市级教师专项培训学习。

4. 积极稳妥解决历史遗留问题

花都区教育局党组大力推进人事管理制度改革，坚持原则，实事求是，主动作为，平稳推进中学流动教师调编的岗位重新聘任，化解了可能存在的风险；大力实施乡村教师支持计划，在编制、人员、资金的分配上向农村学校和部分学生较少的学校倾斜，落实了农村学校的界定；初步理顺了局机关借调人员的人事关系；对长期病休人员的聘任等敏感问题按政策得到了初步的落实。

5. 整合资源推进机构改革

一是整合优化局属机构，2017年花都区教育局教学研究室新增45个编制，达到78人，加强了区教学研究室的教研力量；合并了炭步、赤坭教育指导中心，成立西片教育指导中心。二是建成全市首个区一级安保中心——"花都区教育系统综合治理安全保卫中心"。2017年7月花都区教育系统综合治理安全保卫中心正式成立，核定事业编制10名，同时扩充办公场所，增加相关设备，对应各项校园安全工作实行专职化、网格化管理。

（四）各类教育，协调发展，公共服务能力达到新水平

一是学前教育公益普惠发展。推进第二期学前教育三年行动计划收官攻

坚，2017年2月与11月分别通过省、市的督导验收。全区规范化幼儿园82所，占比78.8%；公办幼儿园和普惠性民办幼儿园占比61.5%；被认定广州市首批《3—6岁儿童学习与发展指南》实验园6所，区级实验园13所；2017年90%的学位面向社会公开派位招生。二是义务教育均衡优质发展。义务教育阶段公办学校100%、民办学校87%建成义务教育标准化学校。圆满完成2017年义务教育招生工作，实现当地户籍适龄儿童100%就近入读小学；2017年来穗人员随迁子女积分入学录取人数占符合积分条件人数的77.43%，在广州市各区名列前茅。三是高中教育教学跨越式发展。有省、市一级公办高（完）中学校9所，广东省国家级示范性普通高中3所。其中，广州市花都区秀全中学等4所学校成为广州市普通高中特色学校；黄冈中学广州学校顺利完成广州市示范性普通高中认定视导；广州市花都区圆玄中学顺利通过广东省一级学校评估。四是职业教育集约发展。按照区委区政府审定的《花都区中等职业教育布局调整工作实施方案》，全面铺开中职整合工作，2017年完成将3所中职整合为2所国家重点职中的工作，即把三所中职文科专业整合至偏重文科的区职业技术学校，把三所中职理科专业整合至偏重理科的区理工职业技术学校，为花都区职业教育快速发展奠定了基础。五是特殊教育积极发展。区智能学校实行"一校两区"发展模式。2017年，新华校区因北站建设需易址新建，区政府已同意把区金属回收公司地块（约18亩）作为办学用地。目前，已设计好建设方案，于2018年春节后学生到安置点上课。残疾儿童入学率97%。六是社区教育稳步发展。举办全民终身学习活动周，推广数字化学习资源。

（五）创新做法，大力扶持，引导民办教育规范有序发展

1. 规范管理

多次组织召开民办学校安全管理工作会议，在广州市花都区新星学校召开校园安全工作现场会，在广州市花都区东骏学校召开2017年花都区教育系统预防溺水专题教育现场会，推广民办学校安全管理先进经验；开展公办学校结对帮扶民办学校活动；联合区发改局举办收费政策宣讲班，

规范民办学校收费行为；组织签订《广州市花都区义务教育阶段民办学校规范招生行为承诺书》，规范招生行为；健全和完善年检制度，2017年花都区教育局聘请了第三方即广州现代教学研究中心开展花都区民办中小学办学水平评估暨2016年年检工作；落实网上报名招生工作，健全招生简章及广告备案制度，建立民办学校风险防范机制。

2. 大力扶持

引导民办学校优质发展，建成广州市义务教育阶段特色学校4所、广州市普通高中特色学校1所、广州市义务教育标准化学校41所，标准化学校占比达87%；对通过广州市特色学校、广州市标准化学校、区一级学校验收评估的学校给予奖励，鼓励其继续完善办学条件、提升教学质量；设立民办教育发展专项资金，每年安排100万~200万元专项资金，奖励规范办学、成绩突出的办学单位和个人；加大对来穗人员随迁子女的财政补贴力度，落实城乡免费义务教育经费补助；落实区民办学校教师津贴补助政策，对符合条件的民办学校教师给予每年3600元的补贴，落实广州市民办学校教师从教津贴和年金政策，对符合条件的民办学校教师以每人12000元/年的标准给予补贴；进一步稳定教师队伍，落实民办学校教师积分入户政策；免费为民办学校安装校门口监控系统等。

（六）以生为本，全面发展，素质教育硕果累累

1. 全面落实立德树人根本任务

开发德育资源，创新活动载体，突出实践环节，培养社会责任感、创新精神和实践能力。开展"书香校园""阅读之星""书香家庭"评选活动。花都区教育局团委、创文办开展"青年教师啦啦操大赛""我们的节日·重阳经典美文诵读展演活动""花都区第十四届书信节"等活动。全区学校校风学风良好。

2. 教学质量稳步提高

花都区以"科学课堂"为抓手，落实教学目标清晰化、教学策略科学化、教学评价准确化，提升课堂教学的有效性。普通高考成绩继续突破新

高。在上年取得佳绩的基础上，特别是在 2017 年一本没有扩招的情况下，当年高考再度实现历史性突破，全区一本上线人数一举跨越 500、600 两个关口，达到创纪录的 644 人，比 2016 年增加 151 人。本科上线 2489 人，各线均创区历史最佳成绩。

3. 素质教育成绩卓著

一是体育呈现明显的"品牌效应"和"金牌现象"。落实全面提升学生体质体能各项工作，跳绳、健美操、啦啦操、大课间体育活动、定向运动成为花都区学校体育品牌。花都区花东镇七星小学、花都区狮岭镇石岗小学参加 2017 年亚洲及太平洋跳绳锦标赛，共获奖项 77 个，其中有 33 个项目获第一名。2017 年学生参加国家级跳绳比赛获金牌超过 300 枚；其中广州市花都区狮峰中学在分站赛中包揽竞速类金牌（30 枚）。二是艺术特色教育成绩斐然。2017 年获市级以上奖项 500 余项；获评市第二批艺术教育重点基地学校 5 所，市器乐先进单位 6 所。新华四小舞蹈队受邀参演中央电视台 2017 年"六一"晚会。雅瑶中学参加全国艺术人才展示会获广东赛区金奖。三是科技教育硕果累累。参加全国创意结构搭建邀请赛获团体赛一等奖 2 项、二等奖 2 项、三等奖 1 项；个人赛获奖共 101 人；18 人在竞速、创意、美观评比中获奖；参加 32 届市青少年科技创新大赛共获奖项 52 项。

4. 推进区域教育特色建设

全区累计建成花都特色项目学校 12 所、特色实验学校 48 所、特色示范学校 36 所，广州市特色学校 30 所。

（七）加强依法治教和安全综治工作，营造法治、安全的教育环境

一是落实责任区督学制度。在全市率先建立督导责任区制度，率先实现全区中小学责任区督学挂牌督导全覆盖，2017 年增加区责任区督学办公室人员，在依法治教方面发挥积极作用。二是成立"花都区教育系统综合治理安全保卫中心"，平安校园建设成效显著。组织开展禁毒、防溺水、预防校园欺凌、交通安全、消防安全、防邪教等方面的宣传教育活动和检查工

作，开展应急救援疏散演练。持续开展校园周边食品安全专项整治。对涉及卫生、交通、环保、治安、消防等方面隐患的学校进行了及时的整改。100%学校开设安全教育课程，100%学校创建"平安校园"，其中有"省安全文明校园"6所，"市安全文明校园"43所。加强卫生工作。在全市率先开展公办学校、幼儿园食堂食材统一配送。切实落实中小学校、幼儿园传染病防控工作，"学生健康监测"网络直报上报率达到100%。2017年花都区中小学幼儿园没有出现一例突发公共卫生事件。

三 展望与建议

（一）多管齐下改善办学条件，提高办学效益和办学质量

一是统筹解决小区配套教育设施规模达不到标准化建设要求问题。目前，住宅小区配套的公共服务设施基本按照各地块的规划设计条件进行配置，部分用地由于用地规模较小，按照规划要求配置的小区配套学校往往会规模过小，使得移交接收后，达不到标准化学校建设标准，出现"麻雀学校"。花都区要求规划国土部门研究在用地规划和用地出让过程中，考虑周边地块的连片开发，对配套公共服务设施进行集中规划、建设，土地出让金由政府统筹建设配套教育设施，避免小区配套学校、幼儿园规模过小，以满足标准化学校建设要求。

二是建立义务教育学校委托管理机制，加强对托管办学的研究，盘活城区中小学优质教育资源，缩小学校间办学效益的差距，为更多薄弱学校的发展造血，提供更多优质学位。

三是组建"国资教育发展建设有限公司"，积极鼓励国企投资教育。花都区国资局、花都区教育局就国有企业履行社会责任、开展教育办学的事宜开展了实地勘查和外出调研学习，初步形成了组建国有教育发展建设公司进行投资办学的工作思路，该公司将由区公有资产投资控股总公司全额出资注册组建，投资建设的学校（幼儿园）拟实施"公办民营"办学模式，教育

部门指导办学（义务教育阶段不以营利为目的），通过公开招标引进品牌学校（幼儿园）带动产业，产业发展促进学校（幼儿园）建设。目前已草拟了《关于组建国资教育发展建设有限公司方案》，将首先承载支持花都区幼儿教育办学等社会责任，并逐步撤并办学效益较差的民办学校。

（二）完善后勤服务管理，满足多样化教育需求

一是开展"社区少年宫"试点工作，为解决学校放学后、家长下班前小学生无人看管的社会难题，切实解决家长的后顾之忧，保障未成年人安全，花都区根据教育部、省、市有关文件精神，由区委办、区政府办牵头、有关部门协作，依托较为完善的三级社区教育服务体系，拟在"总宫"（成人教育培训中心）的指导下，设立学校社区少年宫，由总宫聘请第三方社区组织机构或民办教育培训机构，在试点学校向下午放学17：00～18：00之前接送困难、在家无人照料的学生提供服务，以满足不同层次学生多样化学习的需要。

二是完善"租购同权"实施细则，建立大数据，组织多部门联动，认真贯彻"租购同权"实施细则，为来穗人员随迁子女提供更多入学机会。

三是探索校医购买服务模式。通过购买服务的方式，切实解决中小学校校医严重缺配的问题。

（三）推行校级领导和中层干部任期制，激发教育发展活力

逐步全面推开任期制，形成干部"能上能下""能者上庸者下"的干事创业的良好氛围。在校级领导选任过程中，将首先进行履职能力测试，由教育专业权威机构首先进行培训和测评，测试合格的才有资格参加选任。选拔一批优秀年轻干部到农村学校任职，给年轻干部成长锻炼的机会，给农村学校带来新的理念，以提升农村学校办学质量。

（四）完善责任区督学制度，提升教育治理水平

进一步加强督学队伍建设，成立责任区督学办公室，配强配足专兼职督

学人员，强化业务培训，不断提高督学业务能力和工作水平；出台一系列工作方案和操作规程，参照政治巡察制度，强化督导整改力度、强化结果应用，狠抓依法办学及各项常规管理，实行督学驻点学校督导制度，督导结果与年终绩效挂钩，强化管理，提升教育教学质量。

广州市海珠区教育事业发展报告

广州市海珠区教育局

摘　要： 海珠区通过构建区域德育一体化体系，教育资源整合优化，搭建终身学习多元开放平台，优化特殊教育服务平台，加强民办教育管理指导，坚持共享发展理念等措施有序推进了各级各类教育发展。未来还需要优化布局、盘活存量、深化学区化集团化办学和强化队伍建设等途径来促进海珠教育高位均衡发展。

关键词： 海珠区　共享发展　高位均衡

2016~2017年，海珠区紧跟广州市"打造世界前列、全国一流、广州特色、示范引领的现代化教育"的奋斗目标，围绕海珠区城市战略定位，编制了《海珠区"十三五"时期教育事业发展规划（2016—2020年）》《海珠区中小学建设发展策略研究与布点规划（2013—2020年）》《海珠区幼儿园布点规划》等，通过整合资源、部门联动，科学预测城乡一体化进程中来穗人员随迁子女以及开放二孩政策后市民对新增学位的需求，努力巩固义务教育均衡发展以及教育现代化发展的成果，有序推进各级各类教育发展，促进教育发展与区域发展协调共进。

一　基本情况

（一）公平普惠教育服务体系更加健全

海珠区把"深入推进民办义务教育标准化学校建设"纳入2016年区政

府"十件民生实事",把"实现公办幼儿园和普惠性民办幼儿园占比80%以上"写入政府工作计划,公平普惠的基础教育体系更加健全。截至2017年底,全区新增民办义务教育阶段标准化学校8所,现有公/民办义务教育阶段标准化学校112所,占比达95.73%;新增规范化幼儿园29所,规范化幼儿园共163所,占比达97.02%;新增普惠性民办幼儿园16所,公办及普惠性民办幼儿园达到80.36%;《3—6岁儿童学习与发展指南》市级实验园10所、区级实验园19所。2017年新增1所广州市示范性高中,全区示范性高中学校数增加至3所。户籍残障儿童入学(园)率达到100%。进一步做好来穗人员随迁子女接受义务教育工作,2016年、2017年共提供5302个公办小学学位安排来穗人员随迁子女就读小学一年级,占当年全区小学一年级就读随迁子女总数的28%。

(二)教育教学质量更上一个台阶

海珠区坚持立德树人,坚持教育内涵发展,重视学生个性特长培育。截至2017年底,全区共有义务教育阶段特色学校64所,占比达54.2%。初中毕业生学业考试成绩稳居全市前列,2016年、2017年区总平均分超市总平均分近29分、30分;达到示范性高中录取分数线考生占比分别达40.59%和48.08%,700分以上考生在全市占比均在12%以上。与2015年相比,2017年区属高中学校的重点本科上线率提高了9.11个百分点,达17.24%,本科上线率提高了14.78个百分点,达60.61%,总上线率排名全市第二,示范性高中重本上线率突破30%,实现跨越式发展。区域中小学德育一体化建设得到加强,通过优化德育课程体系、开展德育社会实践、强化心理健康教育和家庭教育,形成学段衔接、学科融合、家校社贯通的区域一体化育人新格局。加强体教、文教、科教结合,全方位深入实施素质教育,实现以体育人、以文化人、以艺塑人的目标。至2017年,海珠区市级健康学校达到29所;2016年、2017年,全区义务教育阶段达到国家学生体质健康标准的学生分别达94.75%和95.36%。

（三）教育对经济社会发展支持力逐步提升

教育对区域经济转型、产业发展和技术创新的贡献力进一步增强，应用型人才培养规模和质量更加适应经济社会发展需求。中职学校专业结构更加合理，职业教育与职业培训有机结合，与行业企业的合作进一步加强。充分发挥广州市海珠商务职业学校竞争力和发展力，将其更名为广州市海珠工艺美术职业学校，逐步将其打造成具有美术特色的艺术类职业学校，为其申报省（国家）级重点职业学校创造条件。坚持"职业导向、德技兼修"，培养经济转型和社会进步需要的知识型、发展型技能人才。2017年，该校毕业生"双证率"达91.77%、一次性就业率达81.9%、升学率达17.1%。学习型组织建设不断深化，重新明确了海珠电大（社区学院）的功能定位，加挂"海珠区社区教育学院"牌子，社区教育定位进一步明晰。100%社区建有社区教育（文化、艺术及娱乐）中心，每年接受社区教育的社区成员占全体成员的比例达50%以上。2017年，广州市全民终身学习活动启动仪式在海珠区举行，"推进全民终身学习，加快建设学习型社会"的宣传理念得到深入推广。

（四）教育基础设施建设取得新成果

"十三五"前期，海珠区充分发挥海珠区中小学幼儿园校舍建设和移交专项工作领导小组以及海珠区教育局重点建设项目工作队的作用，加快教育基础设施建设进度。截至2017年底，共接收了6所公建配套幼儿园及2所托儿所，同时以校园"微改造"为契机，完成了6所学校微改造项目、9个运动场改造工程、1个校舍改扩建工程；稳步推进二期校安工程，目前有4个项目已经开工，在推进校园文化建设、全面优化育人环境、提升学校办学品位方面不断进步。学校信息化建设水平进一步提升，校园网达标率占100%，无线网络接入率达100%，100%教师配备专用教学终端，中小学校网络多媒体教室占总课室的比例达到94.8%。截至2017年底，海珠区共建成市级智慧校园6所，区级智慧校园试点校 2 所。教育网络安全管理制度进一步完善，校园网络、信息安全得到进一步巩固。

（五）教育保障能力持续加强

公共财政教育支出占公共财政预算支出的比例不断提高，2016 年比 2015 年提升 29.95 个百分点。采用"以奖代补"等方式补贴民办教育，建立民办学校（园）教师从教津贴和年金制度。师资队伍结构进一步优化，教师学历层次、专业水平不断提高。2016 年和 2017 年，面向全国公开招聘教师共 367 名，引进高层次基础教育人才 10 名。截至 2017 年底，海珠区共获省教育科学"十三五"规划课题立项 61 项，获市级以上教育类教学成果奖 32 项，均居广州市前列。研究制定《海珠区"名师""名校长"评选实施方案》《广州市海珠区基础教育系统骨干教师评选认定工作方案》等制度加强师资建设，现阶段全区共有省特级教师 10 人，省正高级教师 6 人，省名师工作室 12 个，省名校长工作室 1 个；另有市级以上教育家、名师、名校长及培养对象 90 人，市级骨干教师 81 名，教育发展的人才优势更加凸显。

（六）教育综合治理体系逐步完善

稳步推进"管办评"分离，深化"放管服"改革，逐步构建政府、学校和社会的新型关系。保障学校自主办学权，加强教育教学过程性评价和指导。贯彻执行国家教育法律、法规、规章，全面推进依法行政，规范行政许可行为，落实行政许可设定、实施和监督检查等配套制度。深入落实依法治教，指导学校进一步推进章程建设和内部制度建设，全面落实校务监督委员会制度，推进政务公开、校务公开，加强民主监督。2016 年和 2017 年，共新增省级依法治校示范校 2 所、市级依法治校示范校 4 所。强化安全教育、安全监管，加强校园及周边环境综合治理，两年共新增省级安全文明校园 2 所、市级安全文明校园 13 所。不断健全督导工作体系，完善督学管理制度，新聘第四届区政府督学 67 名，做好督学培训，提高督学履职水平；深入实施督导责任区工作制度，调整督导责任片区划分，指派督学对学校工作实施经常性督导，建立健全督导结果通报制度，强化督导结果运用。做好教育信访工作，及时化解矛盾和纠纷，维护教育系统稳定。

（七）教育对外影响力持续深入

积极引进国内外高水平学科专家和人才团队，与国内外优质教育资源交流合作的平台进一步拓展。引入广州市执信中学琶洲实际学校、广州市第六中学等优质教育资源，以委托管理模式开办广州执信中学琶洲实验学校、广州市六中长风中学；南武中学引进斯坦福大学实验室项目，广州市第四十一中学与广大附中共建国防班。以足球教育等体育特色项目、科技艺术特色项目、民间文化传承项目等为依托，区少年宫艺术、体育、科技等教育成果屡创佳绩，近两年共荣获省级以上奖项47项。全国科技体育传统校示范区、全国校园科技体育示范区、全国青少年校园足球试点县（区）优势凸显，教育对外影响力持续扩大。与中国香港以及英美澳俄等国的教育交流日益频繁，粤港交流机制日趋成熟。省内外对口帮扶任务高质量完成。

二 主要措施与经验

（一）构建区域德育一体化体系，提升学生综合素养

以学校德育能力建设为主线，探索具有海珠风格和特点的社会主义核心价值观教育新路径。实施体教、文教、科教融合计划，不断优化德育课程体系，开展德育社会实践，推进体育、艺术"2+1"项目，做强校园足球品牌，强化心理健康教育和家庭教育，形成"全员、全方位、全过程、全环境"的协调一致的立体德育体系。

1. 区域德育工作特色日显

加强完善区家庭教育中心体系建设，海珠区少年宫、广州市九十七中学、宝玉直实验小学被广州市教育局认定为首批家庭教育实践基地。发挥名

班主任工作室引领作用，委托三个市级名班主任工作室举办班主任系列培训交流和主题班会教育活动，参训班主任达到600多人次。强化心理教育师资培训，组织中小学心理健康教育教师A/B/C/培训班，共有658名教师参与培训。积极开展"最美南粤少年""最美羊城少年""美德少年"评选活动。组织开展社团文化节活动和中学生校园小记者社团调研活动；开展校园阅读活动、海珠区"书香校园"全民阅读选树活动；继续开展禁毒教育宣传工作。

2. 科技、艺术教育成绩突出

举办"海燕杯"2017年海珠区青少年书画比赛，接受了市美育工作专项检查；举办了2017年海珠区中小学生海洋科普知识竞赛活动、广州市海珠国家湿地公园第二届观鸟比赛暨2017年海珠区中小学生鸟类和植物识别比赛、2017年海珠区青少年电子制作锦标赛等活动。区少年宫小海燕艺术团再创佳绩，荣获广东省第四届少儿舞蹈大赛5个金奖，在2016~2017年全国啦啦操联赛（广州站）、中国啦啦之星争霸赛（广州站）暨广东省啦啦操锦标赛中获得8个冠军。

3. 体育、卫生教育全面推进

全力保障第17届市运会训练，巩固海珠区学校竞技项目在全市体育第一集团军地位；巩固海珠校园足球领先地位，印发了《海珠区2017—2020校园足球发展规划》，目前区内共有65所市级以上校园足球推广学校；在2017年市第三届富力杯中，海珠区获得5项冠军；南武中学女子足球获得全国中学生女子足球总决赛亚军；海珠区后乐园街小学取得了全国"我爱足球"小学争霸赛冠军；广州市第五中学代表全国参加亚洲区的中学生足球总决赛获第四名。

（二）做好教育资源整合优化，提升教育均衡优质水平

1. 提升学前教育多元优质发展水平

海珠区积极探索学前教育改革发展的新路径，确立了"整合资源、深化改革、多元办学、分类研训、提升师资、文化引领、创建特色"的工作

思路，推动了学前教育向纵深发展。一是集中力量改善提升规范化幼儿园、普惠性幼儿园以及新开办幼儿园的办园条件，推动幼儿园实施一园一理念、一园一景观、一园一亮点的"三个一"微改造。二是以"抓规范、上等级、创品牌"为思路，完善幼儿园综合督导评估制度，为不同层次、类型的幼儿园量身定做了不同的"特色优质"发展的目标。三是落实教师研修制度，采用划片研修、需求研修、"一园一方案"研修等方式提升教师专业素养。四是落实课改要求，按照"宏观指导+自主发展"的思路，以《3—6岁儿童学习与发展指南》和《幼儿园教育指导纲要》为风向标，加强园本化课程建设和特色课题研究。目前，海珠区共有《3—6岁儿童学习与发展指南》市级实验园10所、区级实验园19所，辖区内学前儿童"入好园"的需求得到更好满足。

2. 提升义务教育高位均衡发展水平

2014年3月海珠区已经顺利通过"全国义务教育发展基本均衡县"评估，成为广东省首批全国义务教育发展基本均衡县。为促进教育公平，办好"家门口"的好学校，满足老百姓日益增长的对优质学校的迫切需求，全面推进教育的进一步优质均衡发展，海珠区积极探索改善教育环境，实施加快教育优质均衡发展的系列举措，取得了明显成效，得到了社会的广泛认可。主要从以下四个方面加速解决教育的优质均衡发展问题。

一是以学区化办学、集团办学加速教育优质均衡发展。以学区化办学、集团办学实现发展联盟，聚焦内涵发展与整体水平提升，实施一定区域范围内的优质带动、资源整合、配置优化、专业引领、校际合作、人才流动、信息共享等策略，有力提升了海珠区义务教育整体均衡水平和办学质量水平。2017年海珠区有学区9个，覆盖130所学校、132690名学生；现有教育集团4个，分别为五中教育集团、南武教育集团、实验小学集团、同福中路第一小学集团，覆盖17所学校、22424名学生。

二是以特色学校建设为抓手探索教育优质均衡发展。海珠区坚持"特色项目—学校特色—特色学校—品牌学校"的路子梯级推进特色建设，指引学校"文化立校、特色兴校、质量强校"，形成了"顶层设计、政策驱动、学术引领、内涵发展"的义务教育特色发展模式，有力促进了区内学校特色课程体系的建立和完善，特色文化的形成和重构，提升了区内学校的办学质量和品位。

三是以教育信息化建设促进优质均衡发展。海珠区通过信息化手段跨时间、跨空间的优势，全面推动教学革新与发展，提高区内中小学基础教育的效益和质量，以促进区域教育均衡发展，目前已经建成全区中小学、幼儿园OA办公系统、家校联系的"海教通"等平台，全区已基本建成包括学生网络学习平台、教师专业发展平台、教育管理服务平台等教育公共服务平台，推进信息技术在教学、管理和科研等方面的深入应用。

四是以教育资源布局优化为基础，促进教育硬件均衡发展。海珠区统筹规划、整体设计义务教育资源布局，通过扩征用地、撤并学校、整体搬迁、改建扩建、新建学校、回收用地等措施，不断优化教育资源结构，实施有针对性的设施设备升级改造，重点推动相对薄弱学校校园周边环境整治、功能场室升级、运动场地改造、信息设备现代化、学校文化内涵和特色建设等项目建设。

3. 提升高中教育多样特色发展水平

高中教育多样特色发展稳步推进，强化优质发展与特色发展相结合、基础知识学习与个性发展相结合、知识传授与社会实践相结合。一是课程教学改革更加注重学生个性化学习要求，积极引导学校在课程实施中调整必修课，丰富选修课，突出选修课，加强校本特色课程的建设，以特色课程建设形成学校发展特色，以特色文化引领办学理念，最终形成特色学校乃至品牌学校，目前全区各高中均有具有学校特色的课程供学生选修学习。二是立足课堂教学改革，全面提高教育教学质量，部分学校不断探索"互联网+"与教育教学的有效融合、自主学习课堂、思维课堂、学案教学等教学模式，起到了较好效果。三是与大专院校的有效合作机制更健全，把大学教师引入高中课堂、把大学实验室引入高中、把大学课程与高中课程有机融合、让高中生参与大学教授的课题研究等，为学生个性化发展提供更多、更高的发展空间与展示舞台。四是特色项目发展水平更高，广州市第五中学的足球、科技、传统文化，广州市南武中学的STEM课程、广州市第四十一中学的国防教育、广州市第九十七中学的生态教育、海珠区外国语实验中学的外语教学、广州市岭南画派纪念中学的美术、广彩等得到学生和社会的广泛认可。

4. 提升职业教育产教结合水平

积极建设适应产业发展的专业体系，实现专业与产业、企业、岗位对接，培养适应经济社会发展需求的初中级专业技能型人才。定期核定职校教师编制，开设"绿色通道"引进具有企业工作背景的"双师型"教师。建设教师企业实践基地，遴选与课程专业关联度高的企业作为教师实践基地，保障"双师型"专业教师的培养。搭建校企对接平台，举办企业参与的学生技能作品展洽会，鼓励学生展洽技能作品，构建"学生作品链—企业产品链—市场商品链"等更高层次的校企合作、产教结合模式。2016年，海珠工艺美术职业学校建立了产教结合工作室，开展校企合作，顺利实现第一届特教毕业生的成功就业。

（三）搭建终身学习多元开放平台，深化学习型社会建设

推动新型学习型社区建设，积极拓宽成人教育发展渠道，积极打造教育资源开放、学习型家庭、心理健康辅导为主要特色的社区教育。充分调动社区资源，设置社区教育相关课程，建设一批学习内容丰富、形式多样、满足群众终身学习的综合学习平台。有效利用海珠电大多层次、多项目的办学优势，以开放教育为龙头，大力开展非学历教育。2016年度考证及审核人数达1600多人，通过率均在90%以上。2016年5月，依托海珠区广播电视大学建立的"海珠区数字化终身教育平台"正式启动，"数字化学习中心"已建成投入使用，将为社区教育的可持续发展提供支持服务。

（四）优化特殊教育服务平台，提升特殊教育融合发展水平

1. 不断完善特殊教育体系网络

不断完善以特殊教育学校为康复教育主基地、以特教班和随班就读为主体、以"送教上门"为补充的四级网络特殊教育体系，为特殊学生的多元

安置提供保障。开展特殊儿童学习能力评量,根据学生残疾程度进行多元安置(中重度安置在特殊教育学校,中轻度安置到特教班,轻度学生进入普校随班就读)。加强教育与卫生、民政、残联等部门的合作,建立特殊儿童的筛查—检测(鉴定)—转介—安置—康复与教育的一体化运行机制,建设医教结合工作机制,搭建学前儿童特殊教育工作室。

2. 持续加强特殊教育资源供给

建立了以特教教研员、特教中心教研组、资源教师、随班就读教师的教科研培训指导网络;同时,由区特殊教育资源中心、区随班就读指导中心、区特殊教育专业委员会、区教育发展中心开展对普校的联合视导,为全区资源教室建设及普校融合教育提供专业支持。区特殊教育资源中心派出特教骨干教师对普校进行特殊教育的巡回指导。巡回指导教师长期跟进指导相关学校做好孩子的个别化教育工作,实现入学前评量,入学后跟踪,个别化教育,为孩子量身定做相应的教学方案。组织特殊教育专项培训,参训人数达600多人;开展普通学校特殊教育宣讲以及特殊教育融合交流会。

(五)加强民办教育管理指导,促进民办教育健康发展

1. 做好民办教育分类管理

加强过程性监督和指导,规范民办学校(园)资产和财务管理,对民办学校(园)实行营利性和非营利性分类试点管理。民办教育工作更加规范:一是规范学籍,开展对民办小学固化名单的全面清查工作;二是规范招生,实行民办小学、小升初网上报名;三是规范处理,处理民办教育各类投诉事件14件,立案查处行政违法事项2件;四是规范检查,对年初数据报送误差率较高的19所民办学校进行现场核查,对161所民办中小学、幼儿园开展2015年度民办学校年检工作;五是规范扶持,2016年下拨792万元民办教育专项资助资金,为10所民办学校安装了英语听说系统。

2. 助力民办教育提质增效

推进民办义务教育标准化学校建设,截至2017年底,海珠区民办义务

教育标准化学校覆盖率达85.19%。制定"硬件提升一校一计划",加大扶持力度,完善标准化学校建设、幼儿园综合督导评估"以奖代补"机制,大力支持举办普惠性民办幼儿园。着力提高举办者和管理者的综合素质。定期组织民办学校的管理行政人员到民办教育先进地区考察学习,拓宽视野,更新教育教学管理知识和理念。实施海珠区公/民办学校"2+1"牵手结对工作("2"所公办学校与"1"所民办学校牵手结对)、公/民办幼儿园的"1+1+10"的模式("1"所公办片长幼儿园+"1"所民办副片长幼儿园+"10"所幼儿园)的教研责任片制度,促进公民办教育相互支持、共同发展。

3. 加强民办教育保障工作

建立民办学校(园)教师从教津贴和年金制度,海珠区民办学校教师最低薪酬指导标准为3790元/月。依法保障民办学校(园)师生的合法权益。加强民办教育行业协会建设,促进行业自律,为群众提供多元化、优质化的民办教育服务。

(六)坚持共享发展理念,提升区域教育辐射服务水平

1. 坚持共享发展,公平配置公共教育资源,促进教师合理流动,进一步缩小办学差距,努力办好每一所学校

一是试点探索教育集团、学区内校长和教师的流动机制,逐步建立校长教师交流轮岗制度,促进人才队伍的优化管理。二是深入实施校长职级制改革,推进校长任期目标责任制。三是建立名师名校长培养认定长效机制,设立教育专家、名校长、名教师、名班主任、特级教师工作室。作为海珠区政府的十大民生实事之一,2017年认定了区首批名校长工作室主持人5名、名教师工作室主持人10名,第四批名校长(园长)8名、名教师30名,骨干教师50名,教坛新秀150名。以学区为单位,增加了区域内学科带头人的数量,促进区域教育均衡发展,提升海珠教育的软实力。四是继续加大"东部"学校师资队伍建设的力度,在"东部研训"工程的基础上,由区教育发展中心作为学区长学校"蹲点"东部的两大学区,指导东部学校科组

建设和教师专业发展。同时通过区域内各类人才交流帮助东部学校提升内涵建设。

2.依托先进信息技术，以"互联网+"促进优质教育资源的共建发展

海珠区在信息化建设与日常教育教学过程中积累了大量的数据，但这些数据分散在不同的信息化系统中，没有很好汇聚起来发挥价值。在"十三五"开局后，海珠区教育局依托"互联网+"大数据技术，建设大数据服务体系，统一数据汇聚规范，统一数据仓库结构，开发数据统计与分析挖掘的典型应用，为教育管理者提供辅助决策分析场景支持，为教师提供教学分析场景支持，为学生提供个性化学习场景支持，并为区域教研科研人员提供开放的数据分析平台。平台总体架构如图1所示。

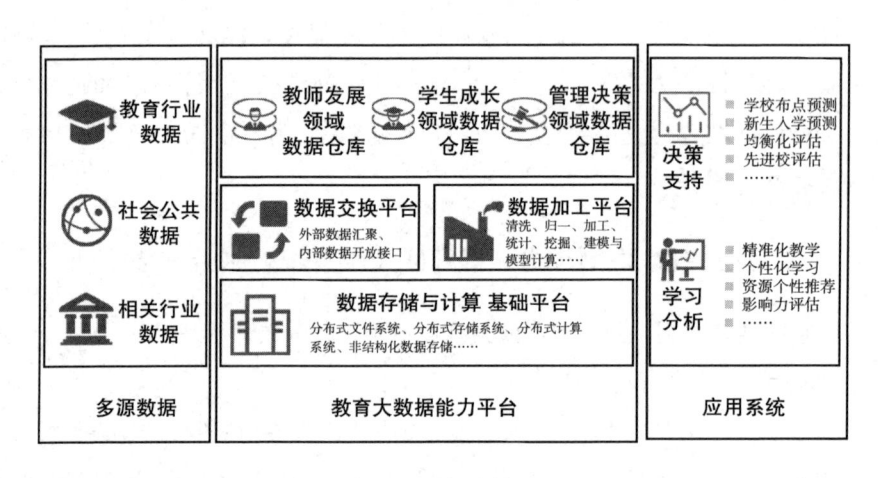

图1 海珠区教育信息化系统

大数据服务平台在"互联网+"的基础上，充分应用大数据技术，创新管理模式。通过建设教育数据展示系统与教学质量过程性评价系统，创新教育管理模式与教育评价模式，促进教育优质发展。目前两系统已完成方案设计与论证，后续进入建设阶段。

3.为来穗务工人员随迁子女、残疾儿童少年等提供更公平接受义务教育的机会

根据广州市人民政府办公厅下发的《关于进一步做好来穗人员随迁子

女接受义务教育工作的实施意见》（穗府办函〔2016〕174号），海珠区教育局联合来穗人员服务管理局制定了《2017年广州市海珠区来穗人员随迁子女积分制入学实施细则》（海教〔2017〕42号）。全区共19所公办小学、16所民办小学参与积分入学招生。2017年积分入学参加报名申请共736人，经审核共354人符合条件，最后电脑派位共128人确认学位，其中106人入读公办小学，22人入读民办小学。

三 展望与建议

以"基于公平，追求卓越，办家门口的优质学校，办人民满意的海珠教育，为每一个孩子提供适性的教育"为核心思路，坚持创新、协调、绿色、开放、共享五大发展理念，推动海珠教育逐步从目前的"一般均衡"向"高位均衡"发展，聚焦教育资源均衡配置，努力为每一个学习者提供公平而有质量的教育，不断增强海珠区教育的社会认可度。在资源配置上，重点提升学校在教师、校舍、仪器设备等方面的配置水平；在教育质量上，重点关注学校管理水平、学生学业质量、综合素质发展水平。

（一）切实保障学位供给，有效延伸教育用地空间

1. 腾笼优化，盘活存量

一是集中力量推进校舍改造项目，完成海珠区菩提路小学等5所学校改扩建工程，启动五中中海名都配套学校（暂定名）、广州市第五中学（本部）、海珠外国语实验中学、海珠区晓港东路小学等4所学校新改扩建项目，完成3个用电增容和2个运动场地基础设施改造项目，不断改善现有学校的办学条件。二是坚持提升场室使用效能，引导学校挖掘现有场地使用潜力，通过集约利用现有场室，实现一室多用，提升场室使用效能，最大限度增加中小学、幼儿园的可容纳学位数量。三是加快公建配套设施接收和开办，新增中小学学位和幼儿园学位。

2. 优化布局，升级服务

按照"集团化提升存量，学区化促进均衡，品牌化打造增量"的规划布局思路，一是结合建设琶洲互联网经济集聚区的契机及其优势，全力推进生态城示范学校建设工作，启动新滘东、沥滘片区的示范性中学规划工作，对东部原有薄弱学校（新洲小学、黄埔小学、黄埔中学等）进行统一规划建设，打造一批东部高端开放的优质学校；二是引进优质教育资源，开展深度合作，拟在琶洲筹办高端国际学校，继续引入省内外优质教育资源，以委托管理形式办学；同时，引进名牌高校的优质资源共建新开办学校，丰富优质教育资源供给主体。

（二）高度关注质量提升，确保海珠教育持续发展

1. 聚力创新学前发展格局，强化普惠优质服务能力

部署实施广州市学前教育三年行动计划（2017～2019年），根据《海珠区幼儿园布点规划》，合理规划和布局幼儿园，完善以政府主导、社会参与、公办民办并举的公益普惠性学前教育服务网络建设，优化公办园管理模式，加快发展普惠性民办幼儿园，推进区幼儿园综合督导评估，推进贯彻落实《3—6岁儿童学习与发展指南》实验幼儿园建设，促进学前教育的规范、普惠、优质水平的进一步提高。

2. 大力提升优质资源总量，深化学区化集团化办学

进一步扩大原有优质教育品牌的片区辐射面和影响力，加快教育布局调整步伐，通过合并重组等方式，整合本区教育优质品牌学校和周边薄弱学校，快速带动片区教育质量的整体提升，计划由实验小学承办富基广场教育配套小学，组建海珠区第二实验小学教育集团。

3. 精准把握教育改革机遇，多措提高教育质量水平

一是加大毕业班奖励经费投入。加大对规范办学的民办学校提升质量的扶持力度。二是探索适应新一轮高考改革的高中课改路径。推动学业以及职业生涯规划教育，加快对新一轮高考改革的研究，全面启动高中职业生涯规划教育教学；进一步完善高中教学目标责任制，加强质量监控与过程管理，加快建立、完善新高考教研的工作机制。

（三）强化队伍建设手段，持续助力教师精准培养

1. 加强师德师风建设

加强师德师风建设，把教师职业理想、职业道德教育融入培育、培训和管理的全过程，引导广大教师爱国敬业、关爱学生、严谨笃学、自尊自律，做学生健康成长的指导者和引路人；针对教师有偿补课、违规收受礼品等情况开展常态督查和专项整治，切实端正师德师风。

2. 加大外引内培力度，培养高素质教师队伍

一是继续面向全国招聘名校长和名教师等高层次教育人才。二是建立中小幼用人新机制，保障专任教师配备。每年核定中小学、幼儿园编制，探索通过新机制教师（不入编、合同制）补充教师缺口，实现同工同酬。三是实施海珠区教师专业梯级发展计划。通过制定阶梯评价机制，引领中小学教师专业发展，深入实施区教育系统校长绩级和教师专业发展梯级培养成长制度。

Contents

I General Report

General Report on the Development of Education in Guangzhou
Chen Fajun / 001

Abstract: Over the past two years, keeping with the education core concept of "for the sake of every student's all-round development and lifelong happiness," Guangzhou has accelerated the modernization of the educational governance system and governing ability, deepened the reform of the educational system and mechanism, pushed forward the structural reform on the supply-side of education, focused on solving the problem of the inadequacy and imbalance in the development of education, constantly promoted the development of high quality education, and strived to meet the increasing needs of the people for quality education. In view of the pressure of enrollment supply in Guangzhou, the insufficient number of high-level talents, the low overall level of teachers and the relative shortage of financial investment in education, this paper puts forward the strategic measures for future development of education.

Keywords: Education Development; Education Planning; Development Indicators

II Education at All Levels

Report about Preschool Education Development in Guangzhou

Liu Xia / 031

Abstract: From 2016 to 2017, Guangzhou increased investment and constantly improved preschool education security mechanism, accelerated the development of inclusive preschool education resources and constantly highlighted the public welfare of preschool education, planned scientifically to promote the coordinated development of preschool education, consolidated the developmental foundation and constantly improved the overall quality of preschool education. In order to promote the high quality development of preschool education, Guangzhou should scientifically plan and increase the supply of kindergarten, continue to raise the level of balanced development of preschool education, focus on complementing and stabilizing kindergarten teachers, speed up the construction of quality kindergartens, and pay attention to the establishment of early education social service system .

Keywords: Inclusive Preschool Education; Quality of Preschool Education; Preschool Education

Report on the Development of Compulsory Education in Guangzhou

Zhang Haishui / 043

Abstract: During the period of 2015 - 2017, Guangzhou has made remarkable progress in the development of compulsory education, made certain breakthroughs in the reform of the system and mechanism, and taken a more solid step in the high-quality development of compulsory education characterized by high-quality and balanced development. Looking forward to the future,

Guangzhou should further enhance the level of high-quality development of compulsory education by balancing schools, leading standards and improving the system and mechanism.

Keywords: Guangzhou; Compulsory Education; Development

Report on the Development of Senior High School Education in Guangzhou　　　　　　　　　　　　　　*Chen Fajun* / 058

Abstract: The overall scale, teaching staff and facilities of senior high-school education in Guangzhou have maintained a stable growth, and the education quality has been rising year by year. By advancing characteristics development of high school, promoting the construction of model high schools, guiding high-quality resources to the suburbs, strengthening education infrastructure and exploring innovative talent training, the high school education has been promoted with high quality, and the remarkable achievements have been made in the reform of education teaching and school system at the same time. In view of the problems in senior high school education, it is suggested to promote the construction of stratified classification of senior high schools, promote the construction of characteristics of senior high schools by projects and bases, eliminate the barrier between ordinary education and vocational education, and improve the evaluation system of students comprehensive quality and so on.

Keywords: Senior high School Education; Diversified Development; Characteristic Development

Report on the Development of Secondary Vocational Education in Guangzhou　　　　　　　　　　*Xie Min*, *Liu Rongxiu* / 068

Abstract: Guanghzhou has promoted the development of high quality vocational education by strengthening the top-level design, promoting the construction of the modern vocational education system, establishing a dynamic adjustment mechanism for the specialty layout, perfecting the open and integrated mechanism of horizontal joint schooling, promoting the development of connotation, enhancing the students' comprehensive vocational ability and quality, and give full play to comprehensive social benefits and other measures. Guangzhou should cultivate the superiority of vocational education and build up Guangdong-Hong Kong-Macau Greater Bay Area as the center of high quality vocational education through improving the system and mechanism of middle and higher vocational education, speeding up the adjustment of specialty layout and improving the conditions of running schools.

Keywords: Secondary Vocational Education; Integration of Secondary and higher Vocational Education; Specialty Adjustment

Report on the Development of Higher Education in Guangzhou

Du Xinxiu / 078

Abstract: Higher education in Guangzhou has been made great progress by advancing the collaborative mechanism and scientific platform construction, constructing high-level universities or higher vocational colleges as a whole, strengthening the construction of disciplines, innovating intellectual training mechanism and deepening the internationalization of education. In order to promote the further development of higher education, Guangzhou needs to strengthen system planning, keep the continuity of coordinated development policy and perfect the higher education quality assurance system of internal and external linkage.

Keywords: Higher Education in Guangzhou; Coordinated Innovation; Intellectual Training Mechanism

Report on the Development of Special Education in Guangzhou

Gao Kejuan / 096

Abstract: Special education in Guangzhou has the features of complete academic section, high quality of integrated education, strong implementation of "zero rejection" policy, and guarantee of special student enrollment. To promote the balanced and coordinated development of special education in the future, Guangzhou also needs to perfect the system of referral and placement of special students, form a special education quality evaluation system, create special education brand characteristics in Guangzhou, enhance the level of teachers through various channels, and strengthen planning and integration of resources.

Keywords: Guangzhou; Special Education; Comprehensive Development

Report on the Development of Private Education in Guangzhou

Li Qinggang / 108

Abstract: Private education in Guangzhou has entered a new stage of improving quality and efficiency from scale expansion. The main experiences in the development of private education in Guangzhou include formulating rules and regulations, increasing support, providing precise assistance, strengthening the construction of teachers, expanding the increment of high-quality resources and promoting the training institutions in the forefront. This paper holds that the suggestions for further development mainly include raising social awareness, creating a good ecological environment, further implementing support and standardization policies, and further improving the management system.

Keywords: Private Education Development; Support; Supervising

III Topics of Special Concern

Report on the Moral Education in Guangzhou　　　　Wan Hua / 119

Abstract: The framework of the integration system of moral education in Guangzhou is preliminarily constructed, the students' moral education, physical education, health education, science and technology education are fully carried out, students have a new level of all-round development, and the standard of students' physical health in compulsory education is close to the target value. In the future, Guangzhou should carry out the educational policy of the new era in an all-round way; strengthen the design and guidance at the top level, further enhance the effectiveness of moral education; Improve the system and mechanism construction, Further strengthen the moral education team building, and build the brand of education in Guangzhou.

Keywords: Virtues; Moral Education Planning; All-round Development

Report on the Development of Primary and Middle School
Teachers in Guangzhou　　　　Yang Jing / 140

Abstract: Guangzhou has emphasized on the construction of teaching staff and implemented many measures in the professional development of primary and secondary school teachers, team management, the training and introduction of high-level talents in basic education. The teaching staff has initially completed a steady expansion of the scale, improvement of quality, continuous optimization of the structure, full of vitality of professional innovative. In new era, Guangzhou should insist on the construction of teachers as the most important basic work in the development of education, deepen the reform of system and mechanism, further expand the scale of teachers, continuously improve the overall quality of teachers, rationally allocate teachers' resources to meet the growing quality of the people's diverse educational needs.

Keywords: Teaching Staff; Teachers' Professional Development; Allocation of Teachers' Resources

Report on the Development of Educational Informatization in Guangzhou　　　　　　　　　　　*Li Zanjian, Jian Ming'er* / 159

Abstract: The investment in educational informationization in Guangzhou has been increased steadily and the investment structure tends to be reasonable, the basic environmental construction has been comprehensively strengthened and the platform construction is in the leading level in China; the management system and service support system have been constantly improved; the Smart Educational mode and the model of co-construction and sharing of Digital Educational Resources have been constructed; the brand of Guangzhou education informatization has been formed through international cooperation. In order to further promote the high-quality development of education informatization, Guangzhou should cultivate leadership in educational informatization, strengthen the system and mechanism, promote the application through networking; strengthen the construction of educational informatization talents and explore the integration and innovation.

Keywords: Education Informationization; Smart Education; Digital Educational Resources; Educational Big Data; Artificial Intelligence Education

Report on Modernization of Educational Governance in Guangzhou　　　　　　　　　　　　　　　　*Li Keke* / 169

Abstract: In accordance with the requirements of "overall level, national influence" and the educational concept of "for the all-round development and lifelong happiness of every student", Guangzhou has enhanced the modernization level of Educational governance through deepening the reform of the educational management system, the reform of examination and evaluation, the reform of financial investment and the reform of personnel system, the enhancement of the ability of information technology and education internationalization. In the future, Guangzhou should deepen the reform of separating system of educational management and the reform of modern school system; to jointly formulate a supporting policy to ensure the exchange of principals and teachers; to speed up the exploration and development of primary and secondary school teachers' withdrawal mechanism and the process of setting up solely foreign children's schools in Nansha Free Trade area.

Keywords: Modernization of Educational Governance; Educational Reform; Educational Management

Report on Family Education in Guangzhou Schools   *Jiang Yahui* / 187

Abstract: Implementing the thought of General Secretary Xi Jinping's series of important speeches, new achievements of Family Education in Guangzhou Schools have been made on improving the long-term mechanism, expanding the work platform, innovating the work model, enriching the work content, cultivating the work force and promoting the scientific research. In order to meet the new requirements of the new era and promote the quality and harmonious development of education, Guangzhou should constantly renew the concept of family education, perfect the working mechanism, expand the educational platform, perfect the working measures, guide parents to participate, condense the characteristics of Guangzhou to improve the quality of family education in schools.

Keywords: Family Education; School-Family Cooperation; Collaborative Education

Ⅳ Regional Education

Report on the Education Development of Panyu District in Guangzhou　　*Guangzhou Panyu District Education Bureau* / 207

Abstract: Panyu District has promoted all kinds of education systems at all levels by strengthening the character and brand promotion of *Shangpinliren* moral education, deepening the reform of basic education curriculum, building a three-in-one art education space, and strengthening the administering and supervision work to promote the level of all kinds of education in the district. To further improve the quality and efficiency of education, we still need to expand quality resources to ease the pressure of school enrollment, promote balanced development through multiple channels, train high-level teachers, streamline the management system and innovate management methods.

Keywords: Panyu District; Balanced Quality Development; *Shangpinliren*

Report on the Development of Education in Huadu District
　　Guangzhou Huadu District Education Bureau / 218

Abstract: The modernization of education in Huadu District has been promoted to a new level through increasing investment, perfecting conditions, adjusting distribution, integrating resources, hiring and cultivating teaching staff, vigorously supporting private schools. To promote the further development of education, Huadu District should also improve the conditions of schools, perfect the management of logistics service, perfect the system of supervising and carry out the appointment system of school leaders and middle level cadres.

Keywords: Huadu Education; Educational Modernization

Report on the Education Development of Haizhu District

in Guangzhou　　　　*Guangzhou Haizhu District Education Bureau* / 229

Abstract: Haizhu District has promoted the development of education at all levels by constructing a regional moral education integration system, integrating and optimizing education resources, establishing a diversified open platform for lifelong learning, optimizing special education service platform, strengthening the management and guidance of private education, and adhering to the concept of Shared development. In the future, it is necessary to optimize the layout, activate the stock, deepen the school district collectivization and strengthen the team building to promote the balanced development of Haizhu education.

Keywords: Haizhu District; Shared Development; High Equilibrium

图书在版编目(CIP)数据

广州教育事业发展报告.2018/方晓波,查吉德主编.--北京:社会科学文献出版社,2019.2
ISBN 978-7-5201-4327-1

Ⅰ.①广… Ⅱ.①方… ②查… Ⅲ.①地方教育-教育事业-研究报告-广州-2018 Ⅳ.①G527.651

中国版本图书馆 CIP 数据核字（2019）第 028326 号

广州教育事业发展报告（2018）

主　　编／方晓波　查吉德
副　主　编／杜新秀　陈发军　张海水

出　版　人／谢寿光
项目统筹／邓泳红　陈晴钰
责任编辑／陈晴钰

出　　版／社会科学文献出版社・皮书出版分社（010）59367127
　　　　　 地址：北京市北三环中路甲29号院华龙大厦　邮编：100029
　　　　　 网址：www.ssap.com.cn
发　　行／市场营销中心（010）59367081　59367083
印　　装／三河市龙林印务有限公司
规　　格／开　本：787mm×1092mm　1/16
　　　　　 印　张：16.5　字　数：249千字
版　　次／2019年2月第1版　2019年2月第1次印刷
书　　号／ISBN 978-7-5201-4327-1
定　　价／89.00元

本书如有印装质量问题，请与读者服务中心（010-59367028）联系

▲ 版权所有 翻印必究